富裕層のためのヘッジファンド投資入門

富裕層のためのヘッジファンド投資入門

髙岡 壮一郎（著）
ヘッジファンドダイレクト株式会社（編）

ダイヤモンド社

はじめに

真実とは議論の余地のないものだ。
悪意が襲ってきて、無知にあざ笑われようとも、
最終的には、真実がそこにある。

ウィンストン・チャーチル（政治家）

ハーバード大学基金や海外の超富裕層が買い漁るヘッジファンド

純金融資産1億円以上を保有する富裕層なら、あなたもヘッジファンドを買うべきです。

富裕層であるあなた（もしくは富裕層になる可能性の高いあなた）の周りには資産運用に関する売り込みがあふれていると思います。

ですが、世界で最もお金持ちな人が「今、実際に、自腹で何を買っているのか？　買い増しをしているか？」という情報ほど、あなたの資産運用にとってリアルに役に立つ情報はないでしょう。

世界で最も賢明と称されるハーバード大学の運用基金。その資産配分（ポートフォリオ〈複数の運用商品の組み合わせのこと〉）の36・4％をヘッジファンドが占めています（出所：ハーバード大学2020年）。しかも2018年の21％から大幅にヘッジファンドが買い増しされています。

また2021年1月に発表されたブラックロック（世界最大の資産運用会社）ほかの調査では、超富裕層の資産を管理するファミリー・オフィス185社のうち4分の3がヘッジファンドを保有しており、ファミリー・オフィスの3分の1以上がこれからさらにヘッジファンドへの資産配分を増やすと回答しています（出所：ブラックロック＆ジュニパー・プレイス2021年）。

超富裕層やハーバード大学基金のような機関投資家がヘッジファンドを買うのには明確な理由があります。それは「低リスクなのに高リターン」が期待できるからです。

20年間のデータで実証済み「最も低リスクで、最も高リターン」のアセットクラスはヘッジファンド

「高いリターンを得るには、高いリスクを取らざるをえない。低リスクで高リターンなんかは絶対にありえない」

おそらく多くの方はそう考えると思いますが、まずは論より証拠です。ヘッジファンドは、ほかの株式や債券といった伝統的なアセットクラス（投資対象の資産）と比較して、「低リスクで高リターン」という事実を8ページの【図表0－1】でご確認ください。リーマン・ショックなどの金融危機を挟んだ過去20年間のアセットクラス別のリスク・リターン実績の長期データです。

図表の見方をご説明します。もしあなたが8％以上のリターンを求めているなら、縦軸の8％のあたりを左から順にご覧ください。リスクが低い順に投資対象が並んでいますので、求めるリターンに対して最もリスクが低い投資対象を選ぶことができます。ヘッジファンドは金（ゴールド）や世界株・日本株よりもリスクが低いという事実に驚かれたのではないでしょうか。

つまり投資すべきアセットクラスを実績で選ぶなら、金や世界株・日本株を買うよりも、「低リスクで高リターン」のヘッジファンドを買うほうが合理的といえます。

【図表0-1】2000年から2020年末までの各資産のリスクリターン

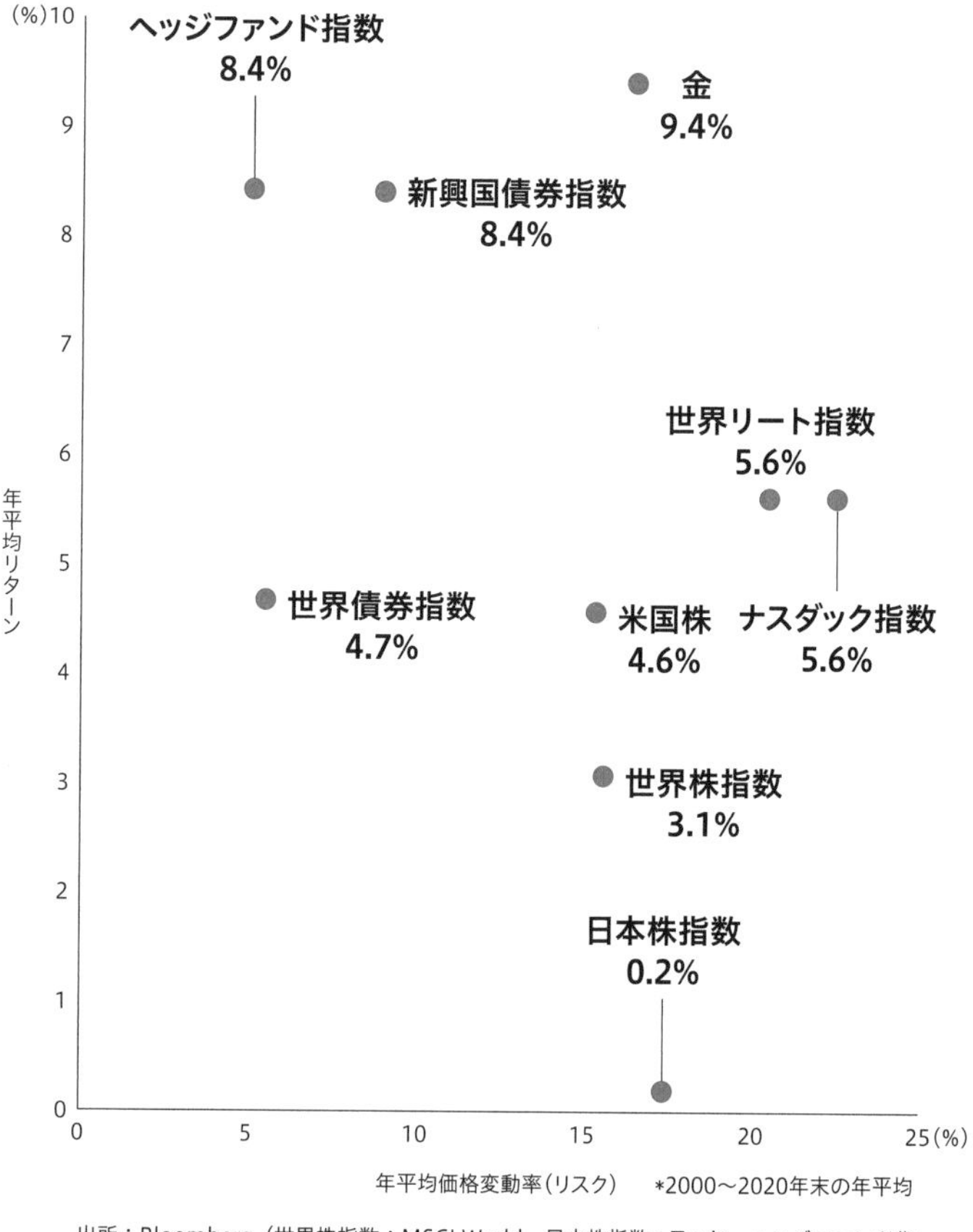

出所：Bloomberg（世界株指数：MSCI World、日本株指数：Topix、ヘッジファンド指数：Eurekahedge Hedge Fund Index、世界リート指数：FTSE NAREIT All Equity REITs Index、世界債券指数：Bloomberg Barclays Global Aggregate Index、新興国債券指数：J.P. Morgan EMBI Global Total Return Index、米国株：S&P 500 Index、ナスダック：NASDAQ Composite Index、金：金スポット価格）

本当にあった 過去10年間、一度も損をしたことがない「無敗ファンド」

次は具体的に、日本の富裕層が実際に投資している著名な債券系ヘッジファンドのリターン実績をご覧ください。このファンドは2003年の運用開始以来、設定来の年平均リターンは13%（直近10年間の平均リターンは15・2%）、直近10年は年単位でマイナスになったことがありません。つまり「10年間、損をしたことがないファンド」です（【図表0-2】参照）。

安定的な運用の秘訣は、同社の採用するレラティブ・バリュー戦略と呼ばれる運用手法です。独自の計算モデルに基づいて欧州地域の債券のイールドスプレッドや流動性プレミアムを刈り取るよう売り買いを行っています。年平均リターンは同時期の世界株指数の約2倍です。

コロナ禍に見舞われていた2020年も16%プラスと安定的な実績となっています。

【図表0-2】過去10年間でマイナスは一度もなし
平均リターンは13％の債券ファンド

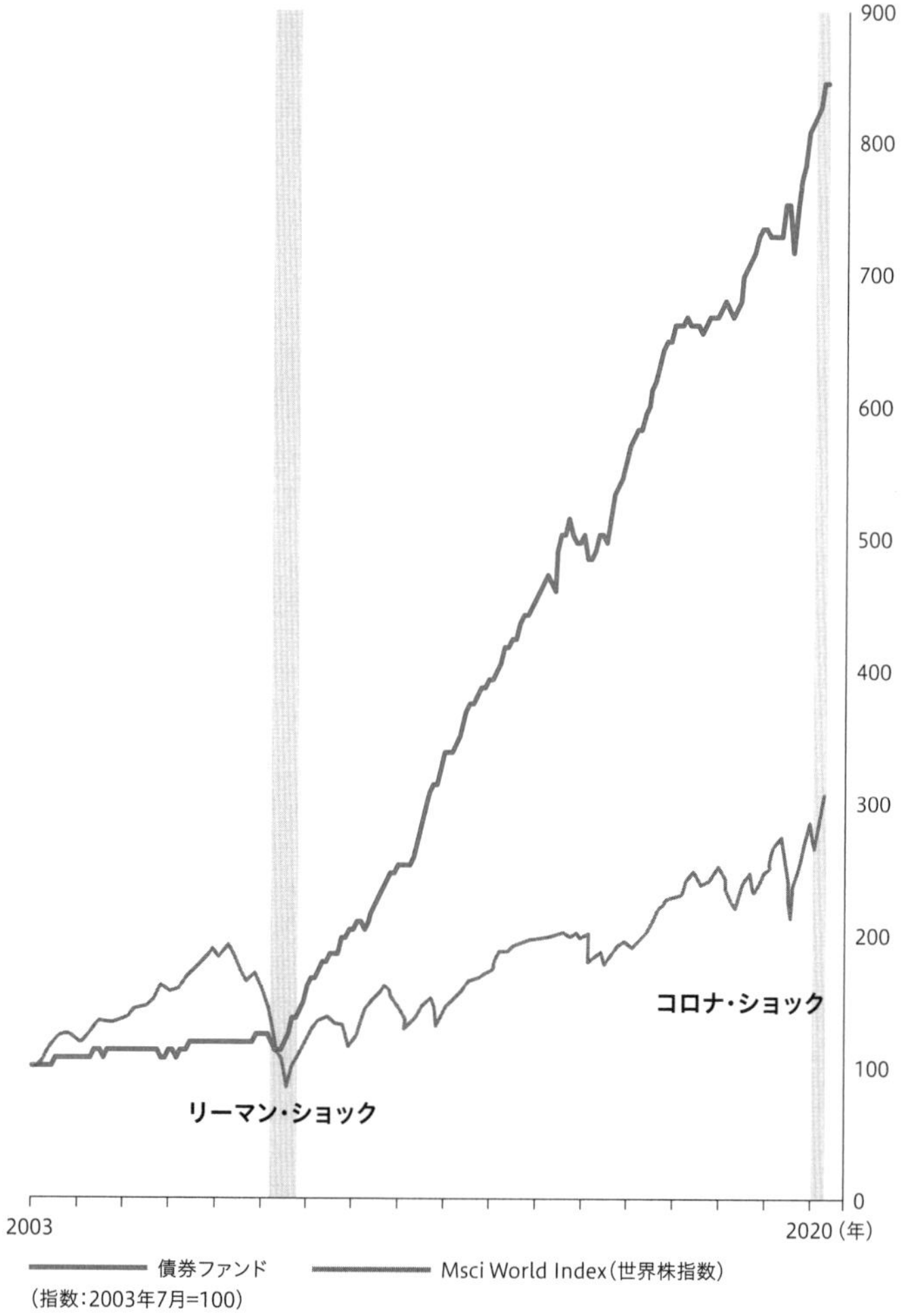

「10年で安定的に2～3倍のリターンを目指したい」と考える企業オーナーや開業医などの富裕層に人気です。

いかがでしょうか。ヘッジファンドというアセットクラスが、「低リスク高リターン実績がある」ということ、紹介したヘッジファンドのような「10年間マイナスになったことがない安定的なファンドがあるということ」も、いずれもご存じなかったのではないでしょうか（本ファンドの詳細は第4章をご覧ください）。

もしもあなたがこの事実をもっと前から知っていたら、きっとヘッジファンドを買って、値動きに一喜一憂することなく、ストレスなく、自分の資産が長期的に殖えていくのをゆったりと楽しめていたのではないでしょうか。

このような事実は、機関投資家や超富裕層には昔からよく知られています。その結果としてヘッジファンドをポートフォリオに入れたがる機関投資家・超富裕層は年々増えており、2010年時に比べて2020年のヘッジファンドの残高は2・7倍に増加しています（出所：バークレイヘッジ2020年）。

世界に存在しているファンドの95%以上は、日本人には市販されていない

日本で市販されている投信だけを選択肢にするべきではありません。世界に存在しているファンドは12万本以上あるのですが、日本で市販されているファンドはその4・9%にすぎません（出所：ＩＩＦＡ〈国際投資信託協会〉２０２０年）。

そして残念ながら日本で市販されているファンドには、リーマン・ショックの暴落を挟んだ期間を含めた10年以上の長期において、平均年利10%以上を達成した実績のあるファンドはほとんどありません。したがって、投資家が手取りリターンを最大化するには、視野をグローバルに広げるしかないのです。

まだ富裕層でないなら、初心者向けのインデックス投資から

ただし、今はまだ純金融資産１億円以上の富裕層ではなく、手元にまとまった資金がな

い方にとってはヘッジファンドを買うのは早いため、あまりおすすめできません。

資産形成途上の方にとっては、世界の株価指数（インデックス）などを購入して国際分散投資の積立を長期で続けるのが、理論的な最適解の一つです。

ただし、この万人向けで投資の初心者に優しい投資法にも、実はデメリットがあります。それは、リーマン・ショックなどの金融危機の際に、資産を大きく減らしてしまうリスクが高いということです。

いくら分散投資をしていても、金融危機などの際には、すべてのアセットクラスが下落してしまう現実があります。もちろん10年から20年の超長期のスパンで投資をすることで、含み損を我慢していればいつかは下落分を回復できる可能性は高いのですが、結局、相場頼みの受動的な投資法は、それはそれでストレスがたまります。

もしあなたが富裕層で、初めから手元にまとまった資金があるのであれば、ヘッジファンドというアセットクラスをポートフォリオに入れることをおすすめします。

前述した成績グラフ【図表0－2】のとおり、「10年間、損をしたことがないファンド」

は、世界株指数の2倍のリターン実績があります。同じく前述した「過去20年間のアセットクラス別のリスク・リターン実績の長期データ」(【図表0－1】)が示す、最も低リスクで最もハイリターンを得られる資産は、ヘッジファンドです。

このような事実を踏まえて、ヘッジファンドを購入することで、より安全に、安心に、市場全体の騰落に一喜一憂をすることなく、ストレスフリーで、資産を殖やすチャンスがあるのです。それをしないのは機会損失であり、せっかく富裕層という立場にいるのにもったいない、といえるでしょう。

時間を節約、自分より優秀な「世界一流」にアウトソース

資産運用の世界は、世界最高峰の知性を持つプロたちと、まったくの素人たちが平等に闘っています。その結果、運用実績は数字で客観的に明らかになり、ピンからキリまで序列が明白につく世界です。

あなたがヘッジファンドというアセットクラスを買うということは、資産運用という知的作業を、あなたが自力で行うのではなく、世界レベルでトップに位置するヘッジファン

ドマネジャーという専門家にアウトソースをすることを意味しています。例えるなら、自分の病気を治すために、自分で何年間も受験勉強をして苦労して医学部に入り、専門知識を蓄えて一流の医者になった末に自分の病気を治すのではなく、お金を払って、国際的にも実績があって信頼できる名医に早期に治療をしてもらえるイメージです。

資産運用の第一の目的は、安全・安心に資産を殖やすことです。自分より優秀な人にアウトソースをするほうが成功確率が高いのはいうまでもありません。

さらに、どうせ任せるなら、たまたま営業に来た普通の金融機関のサラリーマンにではなく、しっかりと視野を世界にまで広げて、誰もが認める世界ランキング上位の一流のプロに資産運用を任せるべきです。

「過去10年以上の年平均リターンが10%以上」のファンド（運用者）だけが本物

偽物を相手にするほど、あなたは暇ではないはずです。

『まぐれ』『ブラック・スワン』などの名著で有名なナシーム・ニコラス・タレブという

元トレーダーで確率を専門とする大学教授は、不確実性のあるこの世界で、「時だけがモノの運命を評価できる」と述べています。過去生き残ったモノは、これからも生き残る確率が高いと説いています。

古典が素晴らしいのは、「時の審判」を経ているからです。

同様に、資産運用の世界でも、厳しい競争にさらされて、生き残った本物だけを投資家は相手にするべきなのです。少なくとも10～15年の運用期間があれば、その途中でさまざまな「予期できなかった事件（主に市場の暴落として表れる）」に巻き込まれたはずです。

そのような厳しい市場環境でなんとかやりくりして、血を流しながらも、なんとか生き残ることができて、運用収益を上げて投資家を儲けさせることができたファンドマネジャーだけが信用できます。

ぽっと出のルーキーや、トラックレコードが短く、まぐれでリターンを出しただけかもしれないファンドマネジャーに資金を預けるべきではありません。このようなことを書くと、日本の銀行や証券会社に勤務している金融商品の売り手のほぼ全員の気分を害しますし、アマゾンのレビューで匿名で嫌がらせをされかねないため、本当は言いたくはないのですが、投資家の利益を最大化するために、その真実を言わざるをえません。

あなたが自分の大切な資金を誰かに託するのであれば、金融危機を乗り越えて10年以上の優良トラックレコードを安定的に誇り、運用実績が世界ランキング上位の勝ち組ヘッジファンドマネジャーに任せるべきです。そのような海外ヘッジファンドで日本人でも買えるものを第4章で厳選して具体的に紹介しています。

なお、私ならびに私の経営する会社は、特定のファンドから一切の金銭を受け取っていません。

うぬぼれは厳禁！あなたは本当に、過去10年間で資産を2・6倍にできたのか？

優秀な世界ランキング上位のファンドに資産運用をアウトソースしましょう、という話をすると、「いや、自分で株をやってもっと儲けているから、ヘッジファンドなんかに任す必要はない」などとおっしゃる個人投資家もいらっしゃるかもしれません。

そこで、質問です。あなたの純資産（総資産から負債を除いた金額）は過去10年間で2・

6倍に増加しましたか。正直に振り返ってみてください。

あなたがイエスと答えて、純資産が2・6倍以上になっているなら、過去10年間、平均年率10％以上で資産運用ができたことになります。

おめでとうございます！　あのウォーレン・バフェットですら平均11・2％の運用実績ですから（出所：バークシャー・ハサウェイ2011～2020年）、もしあなたにそのような卓越した運用実績があるのなら、あなたこそが世界ランキング上位のヘッジファンドマネジャーとして、世界中の金融メディアでその功績を報道されていることでしょう。

でも実際は、株式投資や不動産の転売で、一時的にまぐれで儲かった年もあったのかもしれませんが、10年間以上もの長期間、平均して10％以上の年率リターンを達成したことはないと思います。現実問題として、あなたがそのような世界レベルの安定的な運用実績を持っていないのであれば、自分よりも優秀なプロに資産運用をアウトソースする以外の選択肢はないのではないでしょうか（目的が自分の財産を殖やすことである場合。暇つぶしに株式をいじってギャンブルとして遊びたい場合は除く）。

情報収集に年間数千億円の経費を使うヘッジファンドの素顔

世界最大のヘッジファンド、ブリッジウォーター・アソシエーツの運用資産は17兆円です。そのヘッジファンドマネジャーであるレイ・ダリオは、年俸が1500億円以上です。巨額の年俸を取れる理由は、預かった資金17兆円を年利10％で回せば、それだけで1・7兆円が稼げるからです。日本で最も営業利益を稼ぐのはトヨタ自動車で2・4兆円、2位が日本電信電話で1・5兆円ですから、彼の稼ぎがいかに桁外れかわかります。

そんなレイ・ダリオは資産運用の情報収集・リスク分析のために年間数千億円の経費をかけていると発言しており、世界中のプロがしのぎを削る金融市場に素人が飛び込むことを彼はすすめていません。

今ほどグローバルな情報が容易には手に入らなかった時代、竹槍で米軍飛行機に勝てると本気で思い込まされていた国民が存在していたと聞きます。

普通の個人投資家が『会社四季報』やSNSなどの日本語の情報だけを頼りに株の売買をしているのだとすれば、彼らが今やっていることは、竹槍で死地に向かうようなものです。現実を知らずに勝てるほど、市場は甘くはないのです。

個人でも海外一流のヘッジファンドが買える時代に

「投資家なら、海外の一流ヘッジファンドを買うのが合理的なのはわかった。でもね、最低投資単価が10億円以上だったりするんでしょ？」と思われるかもしれません。

しかし実は、外為法が１９９８年に改正されて以来、個人でも海外ファンド（日本の証券会社や銀行で市販されていないファンド）を購入できる時代に変わっています。

そして、最低投資単価２０００万円から海外の一流ヘッジファンドを直接買える時代になっています。

そんなグローバルな視野を持つ新しい個人投資家を支援する金融機関が、投資助言会社です。

私は「ヘッジファンドダイレクト株式会社」〈金融商品取引業者〈投資助言・代理業〉関東財務局長〈金商〉第５３２号〉という、東京は大手町の投資助言会社の創業社長です。

レイ・ダリオ（ブリッジウォーター・アソシエーツ）
写真提供：共同通信社

当社はこの領域では顧客数・投資助言金額ともに、国内第1位*の実績があります（累計契約額957億円、2020年12月現在）。私たちのサポートを通じて、日本の富裕層の多くがすでに過去10年以上にわたって年利10％以上を達成した実績のある海外一流ヘッジファンドを購入し、当社が創業してからの12年間、ストレスのない資産運用を実施しています。

2020年に新型コロナウイルスが世界を襲った際には、金融相場が不安定な動きをしました。その際に、相場に左右されない〝安定資産〟に資金を移しておきたいという富裕層の需要が急増した結果、当社の新規顧客は前年の2倍以上に急増しました。

当社は特定ファンドを販売して手数料を稼ぎたい証券会社のような立場ではありません。関東財務局登録の投資助言会社という立場で、客観的なデータをもとに、世界中の金融商品の中から、最も投資家サイドに有利な商品に関する情報を提供する「富裕層のためのゲートキーパー（門番）」です。

ファンド側からは一切、販売手数料などの報酬を受け取らず、投資家サイドからのみコンサルティングフィーをいただいている中立的な立場です。銀行や証券会社のような金融商品の販売業者とまったく違い、個人投資家との利益相反がない点が強みです。

「ヘッジファンドにダイレクトに投資できる機会を個人投資家に提供する」という意味を込めて、ヘッジファンドダイレクトという社名にしました。

＊投資助言契約額業界第1位について：２０２０年12月31日現在の金融庁公表「金融商品取引業者登録一覧」において投資助言・代理業に専業登録している業者のうち、個人向けに海外ファンド（ヘッジファンドを含むより広い対象）を助言対象とし、かつ１０００件以上の投資助言契約を有する国内所在の大手企業各社の投資助言契約額・顧客数を調査（２０２１年３月ＴＰＣ調べ）。

自分の命がかかったときに相談するべき医者は誰か？

あなたは、自分の命がかかった脳の病気を絶対に治そうと思ったときに、まずは脳に関する手術実績で日本一の名医に相談しますか。それとも、近所の床屋さんに相談しますか。

やはり「その分野でのＮｏ．１」の名医にお金の糸目をつけずに頼みたいはずです。


ご存じのように、巷には専門家ではない方が書いた不正確で無責任な情報があふれています。それは富裕層向けのヘッジファンドに関しても同様です。

たとえば、「ヘッジファンドに運用を任せると手数料が高い」などともっともらしく評論家が書いていたりしますが、年利10％以上の実績を誇るヘッジファンドといえば、それは手数料を差し引いたあとで10％以上のリターンを出しているという意味です。手数料の安さだけを求めて、運用成績の悪いファンドを購入してしまっては、元も子もありません。そもそも評論家はマス層を読者の対象にしていることが多いため、「取れない葡萄はすっぱい」ではないですが、読者受けを狙って、富裕層向けの商品を非難する傾向があります。

国内の銀行や証券会社で営業マンに相談したとしても、自社に手数料が落ちる金融商品が売れなくなってしまうのは困るので、実は海外には高利回り実績のある一流ヘッジファンドが存在するという事実は教えてもらえません。当然、海外のヘッジファンドを個人投資家がダイレクトに入手するノウハウについては、まったく経験がないでしょう。

仮にその方法を知っていたとしても、それを個人投資家に教えてしまうと自社に手数料が落ちなくなってしまうので、あの手この手で不安を煽って全力でそのやり方を止めるでしょう。これでは到底、顧客本位の営業とはいえません。

13万人が読んだ前著『富裕層のNo.1投資戦略』

ヘッジファンドダイレクト株式会社は、「業界No.1」の立場の責任を社会に対して果たしていきたいと考えています。

現状、資産を殖やすために必要な金融リテラシーがまだまだ日本には根付いていない、大手金融機関にとっては都合が悪いが個人投資家には役に立つデータが世間に共有されていない、という状況を打開するべく、資産運用に関する書籍『富裕層のNo.1投資戦略』（総合法令出版）を出版しました。

私の息子（当時小学校低学年）が大人になったときにでも読める内容、「時の審判」に耐えうる内容を目指して執筆したのですが、港区の一部の書店でベストセラーになるなど好評だったので、もっとたくさんの方に資産運用で役に立つ情報が伝わればと、オンラインで全文を無料で公開しました（「ヘッジファンドダイレクト　書籍」で検索してください）。

思い切って全文公開した結果、読者は13万1３７４人にも上りました（２０１７年6月2日～２０２１年3月23日の累積閲覧者数）。

この情報公開のおかげで、4年前に比べて、日本の投資家の金融リテラシーの底上げに少しは貢献できたのではと自負しています。

とくに日本の富裕層の間では、視野をグローバルに広げた上でのヘッジファンド投資が当たり前になりつつあることを日々実感しています。

前著に続く本著では、より実践的で具体的な内容をお届けいたします。とくに実際に当社のお客さまが購入している個別ヘッジファンドに関する説明や、お客さまからの相談事例については、当社のコンサルティングチームが執筆しています。

本書の構成

本書は、次の五つの章で構成されています。

忙しいあなたが、どの章からご覧になっても、その章単独で効率的に情報収集ができるようにしています。その結果、重要な情報は本書全体から見ると重複している点はご容赦ください。

第1章では、**「なぜ富裕層はヘッジファンドに殺到するのか？」**と題して、日本の個人投資家が置かれている状況を冷静に分析しながら、ヘッジファンドを購入することで個人投資家の資産運用上の悩みがどのように解消されていくのかを検証していきます。

第2章の**「ヘッジファンドの正しい買い方と、リスクと仕組み」**では、個人でヘッジファンドを購入する方法について、大手証券会社、プライベートバンク、投資助言会社という三つのルートを紹介します。

続いて、ヘッジファンドのさまざまな戦略を紹介し、ヘッジファンドという金融商品のリスクや不正を防止するスキームなどについて詳細に解説します。

加えて、ヘッジファンドに限らず、ファンドを評価する際には、単にリターンだけを見るのではなく、その裏にあるリスクを評価する必要があるのですが、「低リスクで高リターン」をどのように判断するのかという視点も提供します。

続く第3章では、**「検証 ヘッジファンド以外の投資商品との比較」**と題し、ヘッジファンドと従来型の投資商品の違いについて詳しく検証します。

10年以上にわたって年率10％以上の運用実績を上げているヘッジファンドに投資をするのが良いのか、それともほかの投資対象（高金利債券・収益不動産・太陽光発電など）で運用するのが良いのかを客観的に検証していきます。投資商品にはそれぞれメリットとデメリットがあるので、自分にふさわしい投資対象を選ぶ一助になればと思います。
また、最近問題になっているのですが、ネット上で散見される詐欺まがいの業者と本物との見分け方についてもご説明することで、読者の皆さまに真贋《しんがん》を見分けるための視点をご提供します。

第4章の**「2000万円から買える 年利回り10％以上の厳選ヘッジファンド」**では、実際に日本の富裕層が購入しているヘッジファンドを四つ厳選し、それぞれの特徴について詳しく紹介します。

「時の審判」に耐えた希少な一流品こそ、購入者に安心と満足を与えてくれます。
ヘッジファンドならなんでも買えば良いわけではありません。世界に約1万3000本あるヘッジファンドの中でも、平均年利10％以上のパフォーマンスを10年以上にわたって上げているのは、上位11％だけです。また、個人投資家を一切受け付けていないヘッジファンドも多く、日本の富裕層が買えるヘッジファンドはそれほど多くはありません。

この章で紹介するのは、世界の機関投資家が買っていたり、国際的な賞を受賞していたりするような実績のあるヘッジファンドで、かつ日本の個人投資家でも2000万円あれば購入できるような、そんな珠玉のヘッジファンドです。すぐにヘッジファンドを購入して資産運用をスタートしたい方は、まず第4章からご覧ください。

第5章では、**「誌上相談会　3人の富裕層の具体的なヘッジファンド活用事例」**と題して、ヘッジファンドを購入した富裕層が、投資アドバイザーにどのような課題を相談して、どのような提案を受けて、どのような運用ポートフォリオを組んだのか、その代表的な事例をケーススタディーとして紹介します。

あなたと似た立場の投資家がどのように意思決定してヘッジファンドを購入したのかを「追体験」することで、あなた自身の資産運用に関する新しい視点を得ることができます。

「おわりに」では、当社創業の経緯やＮＨＫニュースで報道されるほどの大失敗もあえてさらけ出します。

読者諸兄が資産運用に関する相談相手を選ぶ際の一助にしていただければと思います。

本書は、企業オーナーや開業医、相続で資金を得た方など、純金融資産１億円以上を有する富裕層、国内１３２・７万世帯の方を中心的な読者と想定していますが、これから富裕層にならんとされる個人投資家の皆さまにとっても、有意義なファクトを整理・公開したつもりです。本書を通じて、一つでも新しい視点をお持ち帰りいただけますと幸いです。

富裕層のためのヘッジファンド投資入門　目次

第1章

なぜ富裕層はヘッジファンドに殺到するのか？

第2章

ヘッジファンドの正しい買い方と、リスクと仕組み

第3章

検証 ヘッジファンド以外の投資商品との比較……135

第4章

2000万円から買える年利回り10%以上の厳選ヘッジファンド……185

第5章

誌上相談会　3人の富裕層の具体的なヘッジファンド活用事例

第1章

なぜ富裕層は
ヘッジファンドに殺到するのか？

人間は宝石探しをやめない。
もっと大きな宝石があると知っているから。

マリー・ブレナン（人類学者）

投資のあり方を見直すべきときがやってきた

なぜ日本の投資家は損をするのか？

「投資信託を買っているのに、まったく資産が殖えない」

この本を読んでいる方の大半は、おそらく一度はそんな悔しい経験をしたことがあるのではないかと思います。

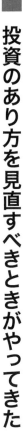

なぜなら、あなただけでなく、日本の個人投資家の約7割は投資で負けていることが明らかになっているからです。

2020年9月18日に金融庁が公表した「安定的な資産形成に向けた金融事業者の取組み状況」によると、同年3月末時点で、投資信託での運用において、運用損益がプラスと

【図表1-1】投資信託の運用損益別顧客比率
(全公表事業者の単純平均)

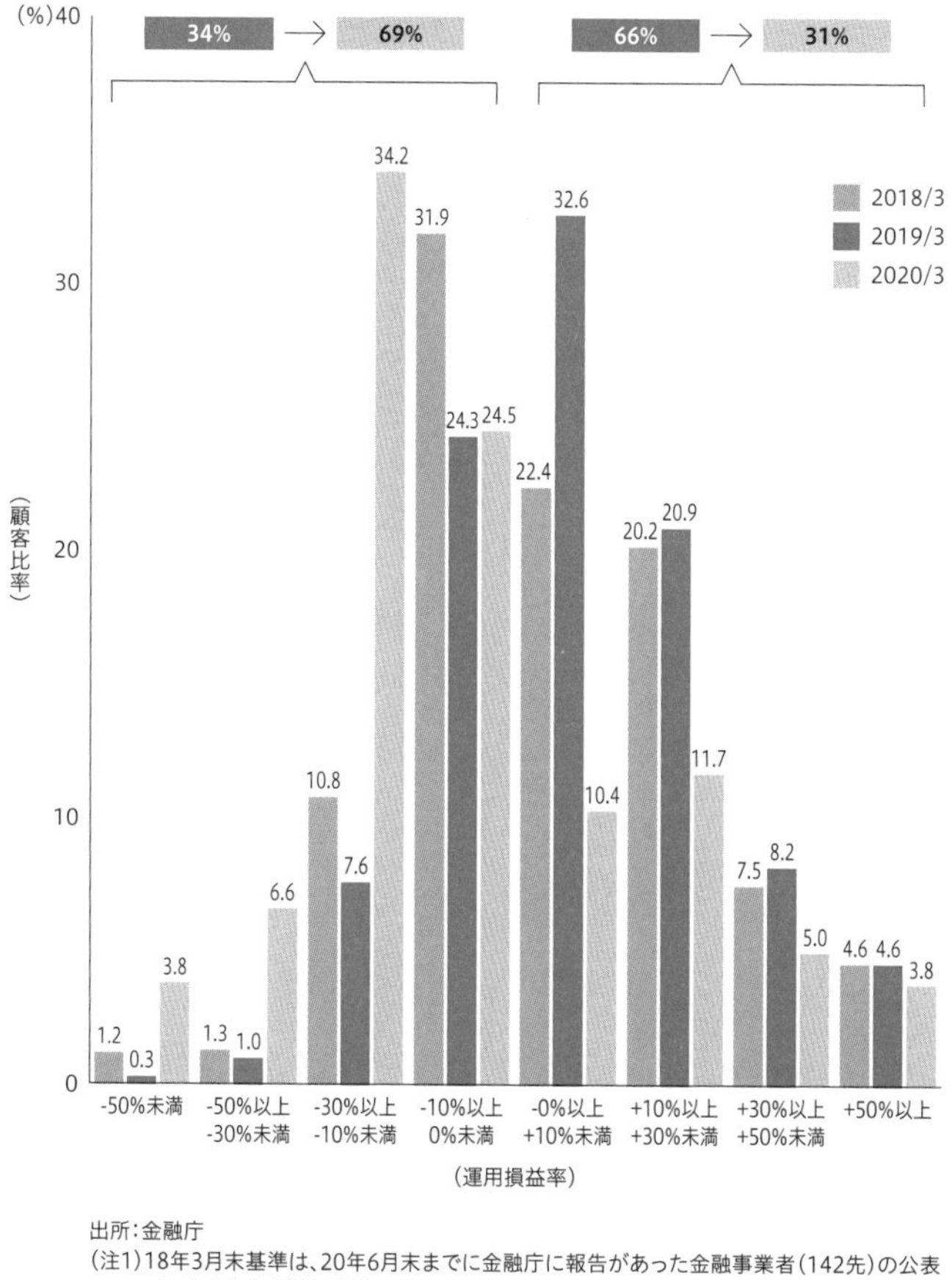

出所:金融庁

(注1)18年3月末基準は、20年6月末までに金融庁に報告があった金融事業者(142先)の公表データを集計(単純平均)

19年3月末基準は、20年6月末までに金融庁に報告があった金融事業者(311先)の公表データを集計(単純平均)

20年3月末基準は、20年6月末までに金融庁に報告があった金融事業者(218先)の公表データを集計(単純平均)

なっている顧客の割合（金融事業者275社の単純平均）は3割のみであり、7割は損していることです（【図表1-1】参照）。

株式や投資信託を買うのは、いうまでもなく、「蓄えた資産を少しでも殖やしたい」という思いがあるからでしょう。

それなのになぜ、日本の投資家はなぜこれほど損をするのでしょうか。

大きく、二つの理由が考えられます。

一つは、残念ながら日本の個人投資家の金融リテラシーが不足しており、適切な金融商品の選別ができないから。

そして、二つ目は、日本で市販されている金融商品では儲かりにくいからです。

それぞれの理由について、より詳しく見ていきましょう。

日本の個人投資家の金融リテラシーはG7の中で6位

まず、日本の個人投資家の金融リテラシーは、世界的に見ると、どの程度の水準なのでしょうか。

米国の有力格付け会社スタンダード・アンド・プアーズ（S＆P）が世界各国を対象に実施した「グローバル・フィナンシャル・リテラシー調査」の最新版（2015年）によると、G7（主要先進7カ国）のうち、日本は下から2番目の第6位。世界では第38位でした。イタリアをやや上回って最下位こそ免れたものの、新興国である南アフリカの金融リテラシーとほぼ同水準という結果となっています。

とくに、資産運用を考えるにあたって最も基礎的な概念となる「インフレ」や「複利」についての理解は、G7中最下位の水準でした。

「複利」を理解していれば、高利回りの金融商品を長期間保有することが、資産が拡大していく一番良い方法だということが理解できます。その理解が足りないため、場当たり的に金融商品に手を出しては短期売買を繰り返し、損を重ねている日本の個人投資家の姿がこの調査からは浮かび上がってきます。

投資機会に恵まれない、残念な国ニッポン

2020年に日本銀行調査統計局が公表した「資金循環の日米欧比較」によると、日本

人は金融資産のうち54・2％を現金で持っており、投資信託と株式への投資金額は合計でわずか13％となっています。

米国では逆に現金の割合が13・7％、株式と投資信託が44・8％です。

この結果を見て、「日本は遅れている。もっと日本人は投資に資金を振り分けるべきだ」と識者は言います。たしかに、資産が預金に偏っているため、国民の多くが株や投資信託からの収益を享受できておらず、資産運用益を得ている他国民と比較して、経済的に貧しくなっているのは確かです。

しかしながら、そもそも、日本で流通している金融商品の質が良くないのだとしたらどうでしょうか。「ニワトリが先か、卵が先か」ではないですが、多くの人が投資に関心がなくなるのも無理はありません。

たとえば、日本国内で販売されている投資信託の過去10年間の平均年リターンを見ると、インデックスファンドを超える成績を上げているファンドは1割以下です。

ブルームバーグのデータを利用して抽出した10年以上実績のある投資信託1855本の中で、世界株インデックスよりも高いリターンを上げたのはわずか9・3％、S&P500インデックスよりも高いリターンを上げたファンドは、わずか3％という状況です（出所：ブルームバーグにより抽出した、運用期間10年以上、5億円以上の残高があるＥＴＦ・ＥＴＮを除いた投資信託。比較したインデックスは、上場インデックスファンド海外先進国株式と、上場インデックスファンド米国株式〈Ｓ＆Ｐ５００〉。

金融商品の売り手についても問題があります。それは、投資信託の販売業者である証券会社が個人投資家に回転売買を促すことです。

販売業者の主な収入源は、投資家が投資信託を購入する際の販売手数料です。そのため、少しでも収入の機会を増やそうと、投資家になるべく早く投資信託を手離してもらい、次の投資信託を買ってもらおうと働きかけます。

その結果、個人投資家が投資信託を保有する平均年数は、米国の４・６年、英国の４・５年に対し、日本は2・6年と非常に短くなってしまっています（２０１５年実績）。また、２０２０年7月に金融庁から発表された「投資信託等の販売会社による顧客本位の業務運営のモニタリング結果について」によると、残高の多い対面証券会社の２０１９年の平均保有期間は２・９年です。

保有年数が短いと、資金の出入りが頻繁になり、運用できる資産の規模が安定しなくなるので、投資信託の運用効率はどうしても悪くなってしまうのです。

　こうして日本では、優れた金融商品がないから、国民の資産が投資に向かわない。その結果、証券会社が無理やり短期売買をすすめて手数料稼ぎをする。その結果、投資家は損をするので、ますます投資から縁が遠くなる、という悪循環が出来上がってしまいました。現在は金融庁が力ずくでその悪循環を断ち切るべく、大手証券会社への行政指導を繰り返している状況なのです。

　個人投資家が優良な金融商品を長期保有して、複利で資産を殖やしていくのが王道なのですが、今の日本はまだまだその域に達していないといえるでしょう。

投資の一般論はもうやめて、現実を見よう

国際分散投資をしていれば安心な時代ではない

一般的に投資について学ぶとき、まずは初心者がすすめられるものの一つが、「国際分散投資」です。

日本株や世界株や債券など、資産ごとの相場は絶えず変化し続けているわけですが、複数の資産に分散して長く持ち続ければ、資産全体の下落リスクを抑えながらトータルリターンを着実に稼げるというのが、国際分散投資の基本的な考え方です。

たとえば、戦争などの有事によって地政学リスクが高まると、一般に株価は下がりますが、逆に金やプラチナといった貴金属の価格は上昇しやすくなります。

このように資産ごとの相場は、その特徴によって動きが異なるので、それぞれの資産を

バランスよく保有すれば、下落リスクをよりいっそう抑えられるはずだと考えられてきたわけです。

こうした分散投資の考え方が投資家に推奨されるようになったのは、資産運用の考え方の基本ともいえる「現代ファイナンス理論」に立脚しているからです。

現代ファイナンス理論では数々のノーベル経済学賞受賞者が出ており、1990年に「資産運用の安全性を高めるための一般理論形成」、いわゆる「現代ポートフォリオ理論」で受賞したハリー・マーコビッツは次のように述べています。

「相関性のない資産を組み合わせて保有したときに、期待リターンはそのままに、ポートフォリオ全体のリスクは最大限、減らすことができる」

この考え方はまったく正しいのですが、しかし残念ながら、今日のようにあらゆる市場の相関が強まったグローバル経済においては、単純な国際分散投資だけでは資産を守れない時代になっています。

その事実が知れ渡ったのが、2008年9月の「リーマン・ショック」でした。

米大手投資銀行リーマン・ブラザーズの破たんによって発生したこの金融危機では、世界の株式が51％のマイナスとなり、株とは相関関係が低いといわれていた不動産も63・5％下がりました。さらに金属はマイナス58・2％、原油もマイナス36・7％と、ありとあらゆる資産が同時に大暴落しています（【図表1-2】参照）。

有名なヘッジファンドマネジャーであるジョージ・ソロスは、「2008年の暴落によって、効率的市場仮説（現在の市場価格は利用可能なすべての情報を反映しているという仮説）に対する信用は完全に打ち砕かれた」と述べ、投資家の合理的・効率的な判断によって市場が形成されるという現代ファイナンス理論には限界があったことを指摘しています。

「低コスト」にだけ着目するのは「安物買いの銭失い」

一般的に投資について学ぶとき、分散投資の次によく言われるのが「低コスト」の金融商品を選びましょう、という話です。

【図表1-2】リーマン・ショックではあらゆる資産が大暴落した

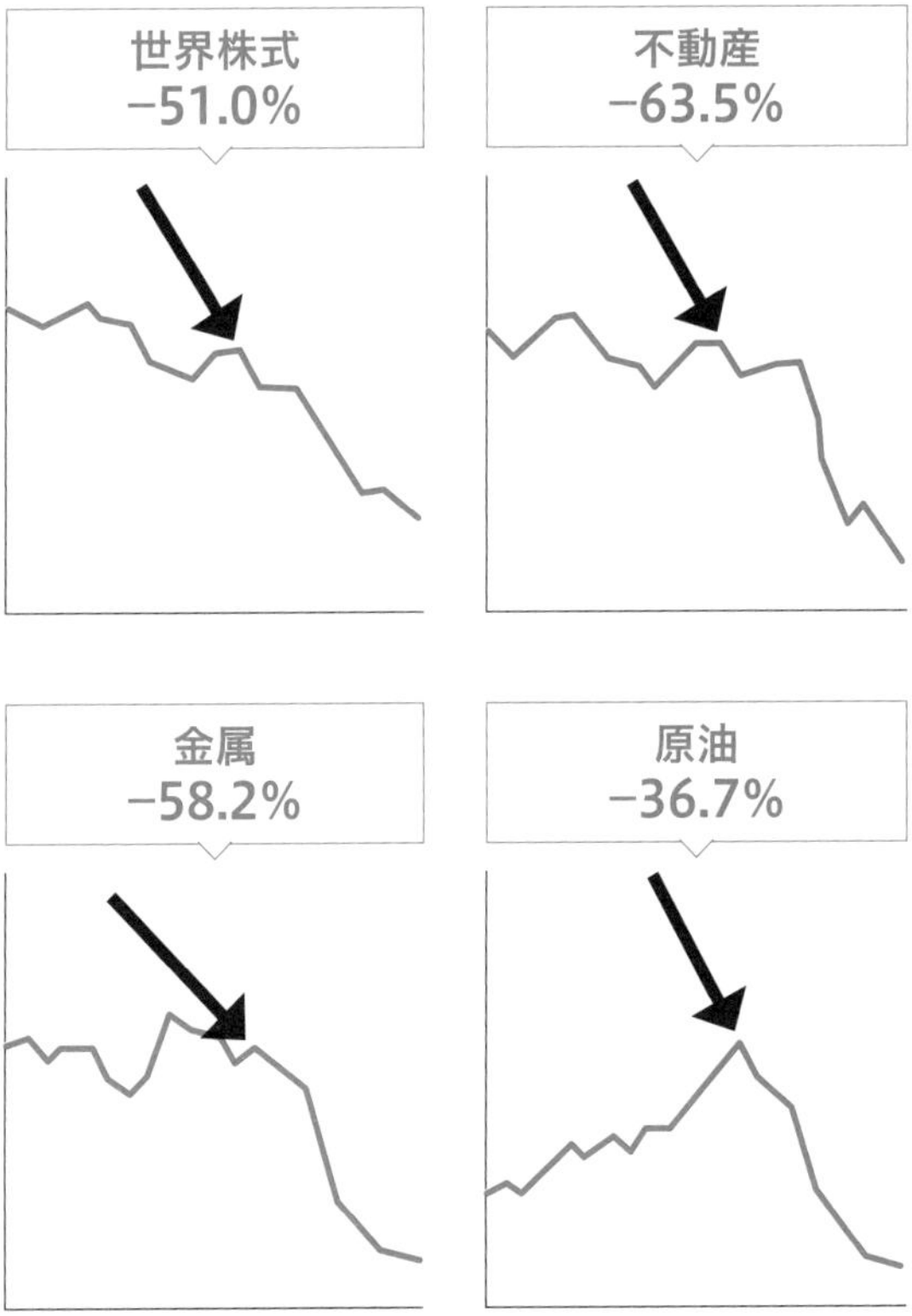

出所：Bloomberg
世界株式：MSCI世界株式指数（米ドルヘッジ）、不動産：FTSE米国不動産（REIT）指数（総合収益率）、金属：S&P/GSCI Industrial Metal指数（総合収益率）、原油：Crude WTI Future（Generic 1st）。
データ期間：2007年6月30日〜2009年2月28日

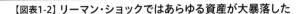

投資信託には、大きく分けると「アクティブ型」と「パッシブ型」の2種類があります。アクティブ型とは、たとえば上がりそうな銘柄を厳選し、相場の変動をにらみながら巧みに売買することで、ベンチマーク（目標とする指標。多くの場合は株価指数）を上回るパフォーマンスを目指す投資信託のことです。

一方、パッシブ型とは、受け身になって市場全体の値動きと同じパフォーマンスだけを狙えば良しとする投資信託です。

両者を比較すると、調査・分析コストがかからないため、信託報酬はパッシブ型のほうが安くなります。

しかし、コストだけに着目して金融商品を選ぶのは賢明とはいえません。

なぜなら、どんなにコストが低くても、十分な運用成果が得られなければ、最終的に手元に残るお金は殖えないからです。

あなたが経営者や企業幹部なら、どんなに費用を抑えても、利益が上がらなければ意味がないということは、常識としてご存じのはずです。

投資で利益を上げる場合も、いかにコストを抑えるかだけでなく、その金融商品がどれだけ稼いでくれるかに着目しなければならないのです。

投資によって、いくらの利益が得られるのかは、次の方程式で出すことができます。

「利益」＝「売却値」＋「保有中の配当・利子」－「買値」－「税金」－「投資コスト」

この方程式に照らし合わせれば、どんなに投資コストが低くても、売買差益や、保有している間の配当や利子が得られなかった場合は、満足のいく利益が上がらないことは明らかです。

投資コストを気にする人は、右の方程式のうち、たった一つの要素だけに着目しているにすぎません。「安物買いの銭失い」にならないためにも、どれだけ費用（投資コスト）が抑えられるかだけでなく、いかに利益（パフォーマンス）を稼げるのかに着目すべきなのです。

つまり、金融商品を選ぶ際に重要なのは、「コスト控除後のリターン」です。

コスト控除後で年利10％以上の優秀な金融商品を長期保有することで、自身の資産を複利で雪だるま式に殖やすことができるのです。

外為法の改正により個人投資家も海外ファンドを買える時代に

では、コスト控除後で年利10％以上の優秀な金融商品はどこにあるのでしょうか？

それは海外です。前述したとおり、日本には、世界で流通している12万本以上の投資信託（ヘッジファンドを含む）のわずか４・９％しか流通していません。

つまり、日本で売られている投資信託の中から投資対象を選ぶということは、世界中に存在する投資信託の95％以上を選ぶチャンスを自ら放棄しているのに等しいのです。

日本国内で優秀な金融商品が市販されていないのなら、海外の金融商品を個人投資家が直接購入すれば良いのです。

日本では、１９９８年の外為法（外国為替及び外国貿易法）の改正によって対外証券取引が自由化され、一般の個人投資家でも、海外の金融商品を自由に売買できるようになりました。日本の投資家が海外の金融商品にアクセスするための〝門戸〟は、すでに20年以上も前から開かれているのです。

にもかかわらず、海外の金融商品を購入する国内の投資家はまだひと握りに限られているのは、「海外の金融商品の英語の資料を読める」人が少ないからです。

この点、のちほど詳しく説明しますが、海外の金融商品を専門に取り扱う投資助言会社の支援を受けることで、英語がまったく苦手で、海外の金融事情に詳しくない人でも、簡単に海外の金融商品を自分で購入できるようになっています。

これは、経験豊富な大手旅行代理店に任せれば、どんな日本の田舎の人でも、安全に米国でもフランスでもアフリカにでも旅行できるのと同じです。ガイドブックと辞書を頼りに自分で海外旅行ができない場合には、その道のプロをガイドにすれば良いだけなのです。

ヘッジファンドが選ばれる三つの理由

海外の超富裕層や機関投資家がヘッジファンドに注目する理由

今までは日本の投資環境について述べてきましたが、ここからは世界に目を向けてみましょう。

「はじめに」でも触れましたが、なぜ今、海外の超富裕層や機関投資家がヘッジファンドを買い増しているのでしょうか。理由は三つあります。

①債券投資では十分な利回りが得られなくなっているから
②世界的な金融危機へのリスクヘッジとして
③世界トップクラスのエリート集団に運用を任せたいから

以下、それぞれの理由について詳しく見てみることにしましょう。

【理由①】債券投資では十分な利回りが得られなくなっている

海外の富裕層による伝統的な資産運用は、債券投資でした。

債券は株式に比べるとボラティリティ（価格変動率）が低いので、長く保有し続けても資産が目減りするリスクはそれほど大きくありません。

しかも、保有すれば必ず利回りが得られたので、資産を着実に殖やせる投資対象として選ばれ続けてきました。

債券が富裕層の投資対象として選ばれたのは、金利もそれなりに高かったからです。たとえば、1970年代から80年代にかけて、米国や英国の長期国債利回りは年12〜16%前後と、今では考えられないほど高水準でした。

同じ時期の日本の長期国債利回り（長期金利）も6〜10%前後とかなり高めでしたが（【図表1-3】参照）、それとは比較にならないほど高利回りの時代が続いていたのです。

欧米の富裕層の多くは、金利が相対的に低い短期の資金を借り、利回りが高い長期国債

【図表1-3】日本国債長期金利推移

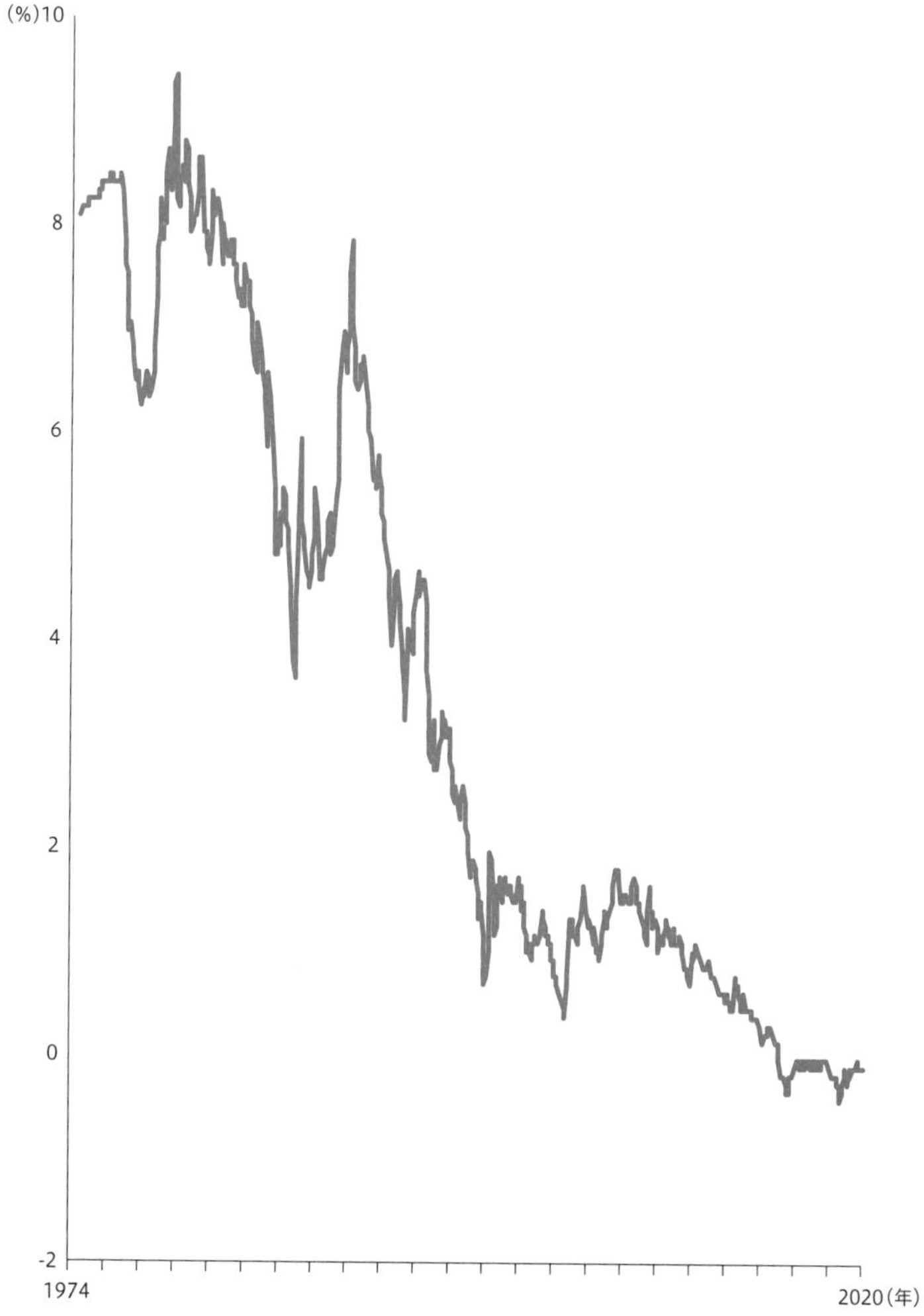

を買って、金利差で儲ける投資（いわゆる金利のさや取り）を行いました。

長期の利回りが高ければ、抜けるさやの幅は大きくなるので、借りた資金の金利を払っても十分な利益が残ります。しかも、借りる資金の額が大きくなれば、その分、利益も膨らむわけです。

ところが、1990年代以降、世界の主要国の長期国債利回りは大きく下がってしまいました。歴史的に見ると、主要国の長期金利が2％を下回ることはほとんどなかったのですが、2008年のリーマン・ショックやその後のギリシャ危機など、相次ぐ金融危機に対処するため、世界の中央銀行がゼロ金利、マイナス金利などの金融政策を実施した結果、長期金利も限りなくゼロに近づいてしまったのです（【図表1-4】参照）。

2021年1月現在、主要国の長期金利は、米国10年国債が1％、英国10年国債は0・2～0・3％、ユーロ圏10年国債はマイナス0・5％前後と、ほとんどゼロに近いか、マイナスの状態になっています。

これでは、資産を債券で持ってもなんの意味もありません。

そこで海外の富裕層たちは、かつての債券投資のように年10％以上の利回りが継続的に期待できる金融商品を探し求め、ヘッジファンドにたどり着いたわけです。

【図表1-4】主要国の長期金利推移

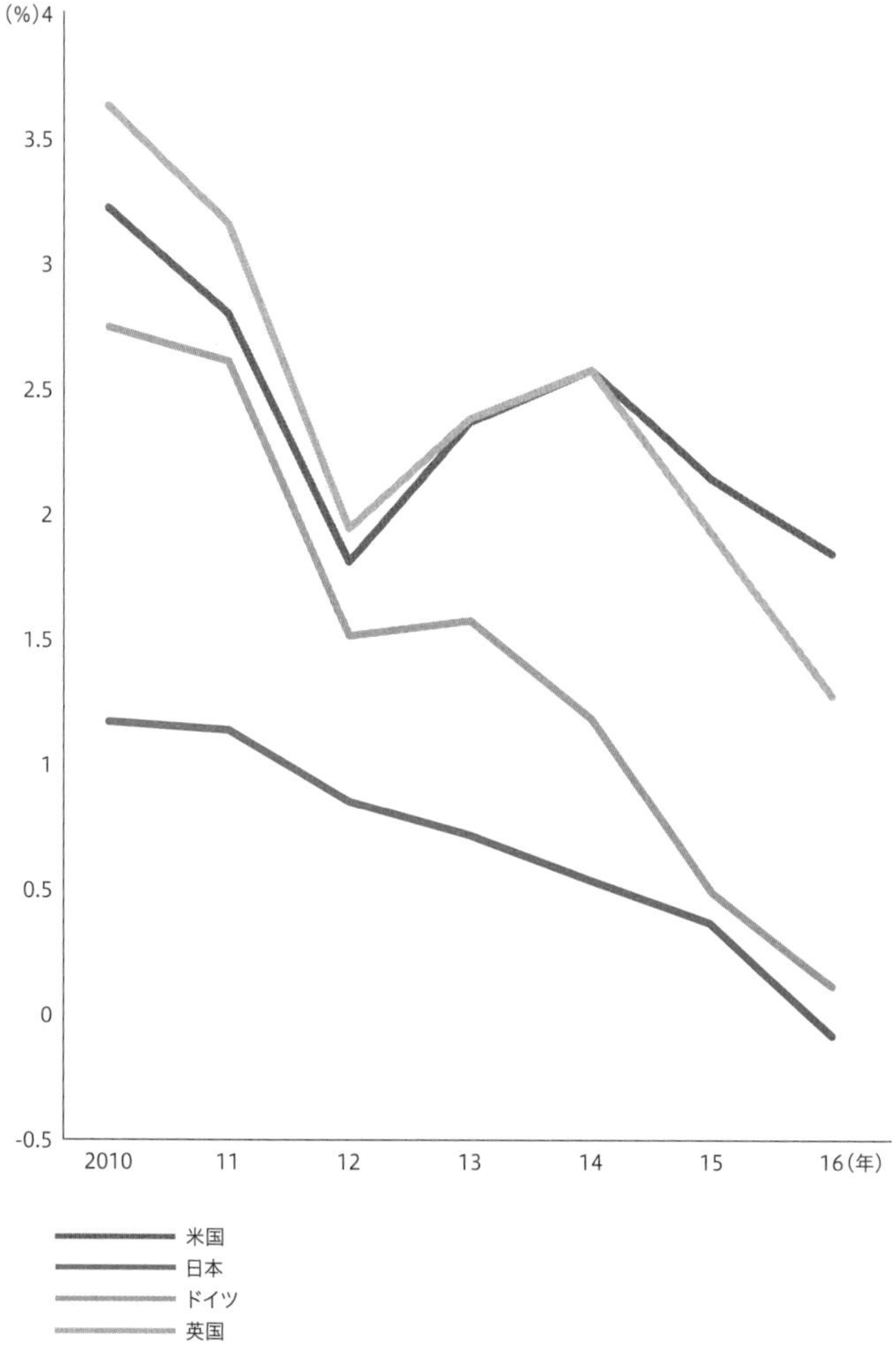

出所：IMF, International Financial Statistics

【理由②】世界的な金融危機へのリスクヘッジとして

金融のグローバル化や、経済の不均衡、地政学リスクの高まりなどとともに、世界的な金融危機の頻度が高まっているのは、すでに詳しく述べたとおりです。

過去20年間だけを振り返っても、ITバブル崩壊（2000年）、リーマン・ショック（2008年）、ギリシャ危機・ユーロ危機（2010年）、バーナンキ・ショックによる新興国危機（2013年）、英国EU離脱危機（2016年）、新型コロナウイルス感染拡大による株価暴落（2020年）など、2年から数年の短いインターバルで世界的な金融危機がしばしば発生しています。

そして、ひとたび金融危機が発生すると、世界の株式や債券、不動産、コモディティ（商品）など、ありとあらゆる資産が大暴落します。これらの〝伝統的な資産〟を持っているだけでは、お金を守るための逃げ場がないわけです。

そこで、世界の富裕層たちが唯一の逃げ場として注目したのがヘッジファンドです。

ヘッジファンドは、相場が上がっても下がっても利益を上げる「絶対収益」を追求するために、さまざまなリスクコントロールを行いながら運用します。

しかも、どんなに厳しい環境でも、ほかの金融商品とは比較にならないほど高いパフォーマンスを上げ続けることを目指すのが、ヘッジファンドの真骨頂なのです。

例えるなら、ヘッジファンドのファンドマネジャーは、どんな荒波や暴風にさらされても、船を沈ませることなく、目的の場所にたどり着かせる航海士のようなものです。天候の変化を速やかに察知し、抜群の知恵と腕で危険を切り抜ける力を持っているので、ほかの船が沈む中でも、先に進むことができるのです。

金融危機は、今後も2~3年に一度の頻度で発生し、そのたびにあらゆる資産の相場がいっせいに暴落する局面が訪れることでしょう。

賢明な投資家なら、数年先にはほぼ確実に来ると予測される金融危機や下落相場でもリターンを確保できるように、あらかじめヘッジファンドを資産運用ポートフォリオに組み入れておきたいと考えるはずです。

海外の富裕層がヘッジファンドを購入するのは、そうした賢明な選択を、当たり前のこととして行っているにすぎないわけです。

【理由③】世界トップクラスのエリート集団に運用を任せたいから

本書の「はじめに」でも書いたように、近年、年金や保険などの機関投資家が資産運用ポートフォリオの一部にヘッジファンドを組み入れる動きが広がっています。

中でも注目したいのは、世界でもトップクラスの大学である米ハーバード大学の基金運用部門がヘッジファンドへの投資比率を高めていることです。

【図表1-5】は、ハーバード大学基金の資産運用ポートフォリオの推移を示したものですが、ポートフォリオ全体におけるヘッジファンドの比率は、2017年の21%から、2019年には33%、2020年には36・4%と大幅に拡大。対照的に上場株式の比率は、31%、26%、18・9%と大幅に縮小しています。

これは、世界トップクラスのエリート集団であるハーバード大学が、ヘッジファンドの運用能力の高さや、金融危機が発生しても資産を減らすことなく、逆にパフォーマンスを上げ続ける頼もしさを高く評価しているからにほかなりません。

では、なぜヘッジファンドは、ほかの投資信託がパフォーマンスを下げてしまうような

【図表1-5】ハーバード大学基金のポートフォリオ

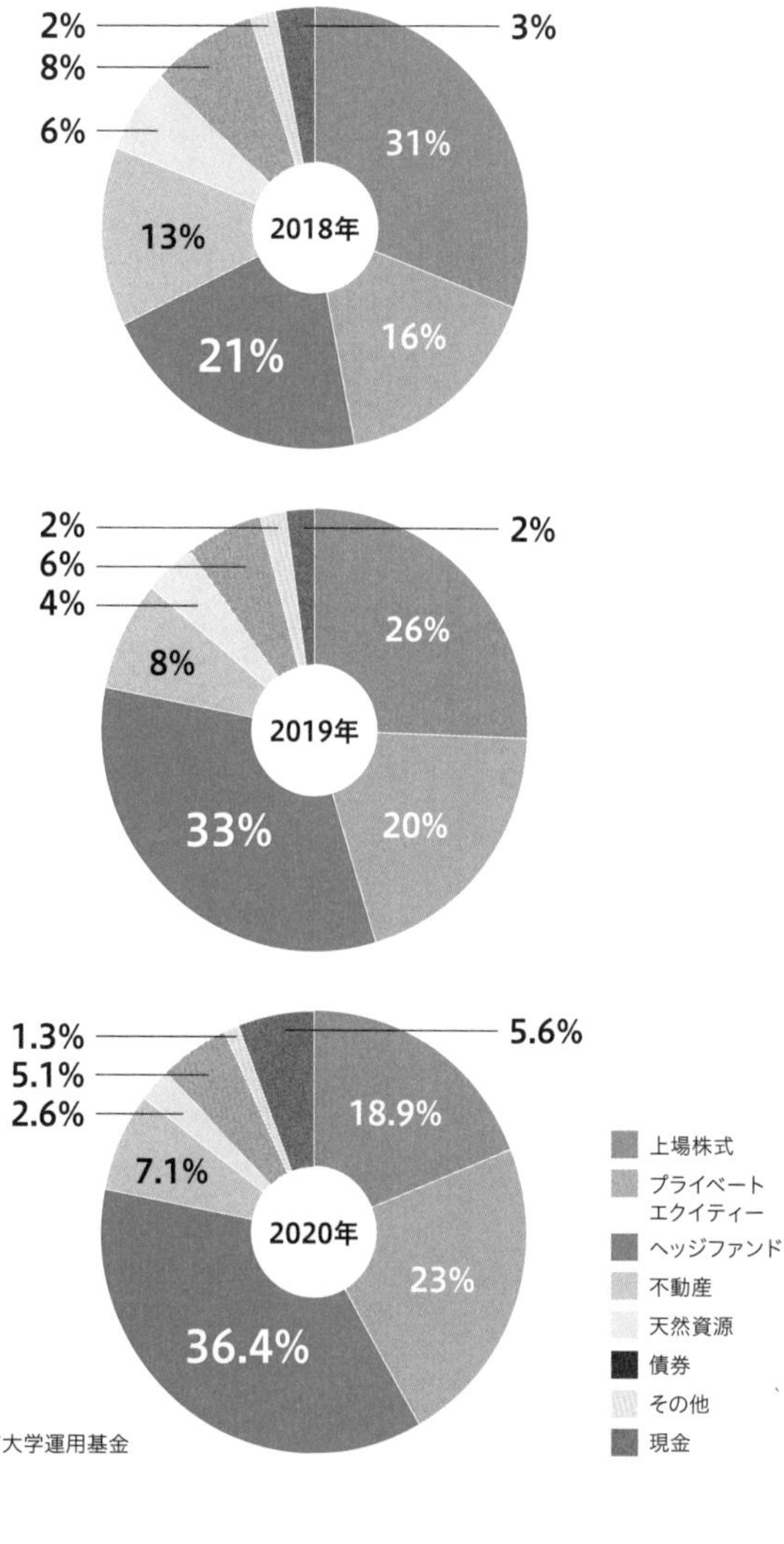

出所：ハーバード大学運用基金

局面でも、「絶対収益」を上げることができるのでしょうか。

その理由は、ヘッジファンドには世界トップクラスの頭脳を引き付ける報酬と、その能力を最大限に活用することを可能とする環境が整っているからです。

たとえば、「はじめに」でもご紹介した、世界最大のヘッジファンドであるブリッジウォーター・アソシエーツを率いるレイ・ダリオは、米専門誌『インスティテューショナル・インベスター』が発表するヘッジファンドマネジャーの報酬ランキングで毎年上位に君臨し、2016年には14億ドル（約1520億円）で第3位となっています。

個人の年収で、東京ガスや日本航空、武田薬品工業や東芝の年間営業利益を上回っているといえば、その報酬がどれほど高いのか実感できると思います。

ブリッジウォーターの2019年6月末時点の運用総額は1320・5億ドル（約13兆6000億円）と、スウェーデンやギリシャの国家予算を大きく超える規模です（ペンションン・アンド・インベストメンツ調べ）。

これほど巨額の資産が集まってくるのも、世界中の機関投資家や大学・公的機関などがダリオを「エリート中のエリート」と認めているからでしょう。

投資のエリートであるダリオのようなヘッジファンドマネジャーたちは、凡人とは異なる斬新で独創的なアプローチを実践するという点で、文字どおり「天才」です。超富裕層も機関投資家も、どうせ資金を預けるなら、自分よりも賢い人に預けたいと考えているわけです。

「ローリスク・ハイリターン」は絵空事ではない

私は、金融商品を購入する際には、年10%以上の利回りを10年以上にわたって上げ続けている商品を選ぶことをおすすめしています。

ところで、「10年間の実績で平均年率10%以上のパフォーマンス」というと、この本を読んでおられる方の中には、「本当にそんな高いリターンが得られるのか?」と疑心暗鬼になると同時に、「リスクはないのか?」と心配される方もいらっしゃるのではないでしょうか。というのも、一般的に、金融商品は「ハイリターンならハイリスク」、「ローリターンならローリスク」という常識が根付いているからです。

結論から言うと、ほかの金融商品に比べてリターンが高くても、リスクの低い商品は歴然と存在します。「ハイリターンならハイリスクだろう」というのは、先入観にすぎないことを理解していただきたいと思います。

70ページの【図表0‐1（再掲）】は、2000年から2020年末までの20年余りにおける、アセットクラスごとの年平均リターンとリスク（価格変動率）の関係性を示しています。

縦軸は年平均リターンであり、上に位置すればするほど、ハイリターンであったことを示します。もう一方の横軸は、リスク（変動率）です。これは「ボラティリティ」とも呼ばれ、どれだけ値動きの幅が大きかったのかを示します。

値動き幅が大きいと、下落リスクも高まることになるので、右に位置すればするほど「ハイリスク」ということになります。

まず馴染みのある方が多い、株式を見てみましょう。横軸のリスクは「世界株」が15・5％、「日本株」が17・4％と、かなり高めの水準です。それなのに、縦軸のリターンは「世界株」が3・1％、「日本株」にいたっては、0・2％です。

このチャートを見ると、最もリスクが高かったのは一番右側にある「ナスダック」で、最もリスクが低かったのは一番左側にある「ヘッジファンド」だったことがわかります。

【図表0-1（再掲）】2000年から2020年末までの各資産のリスクリターン

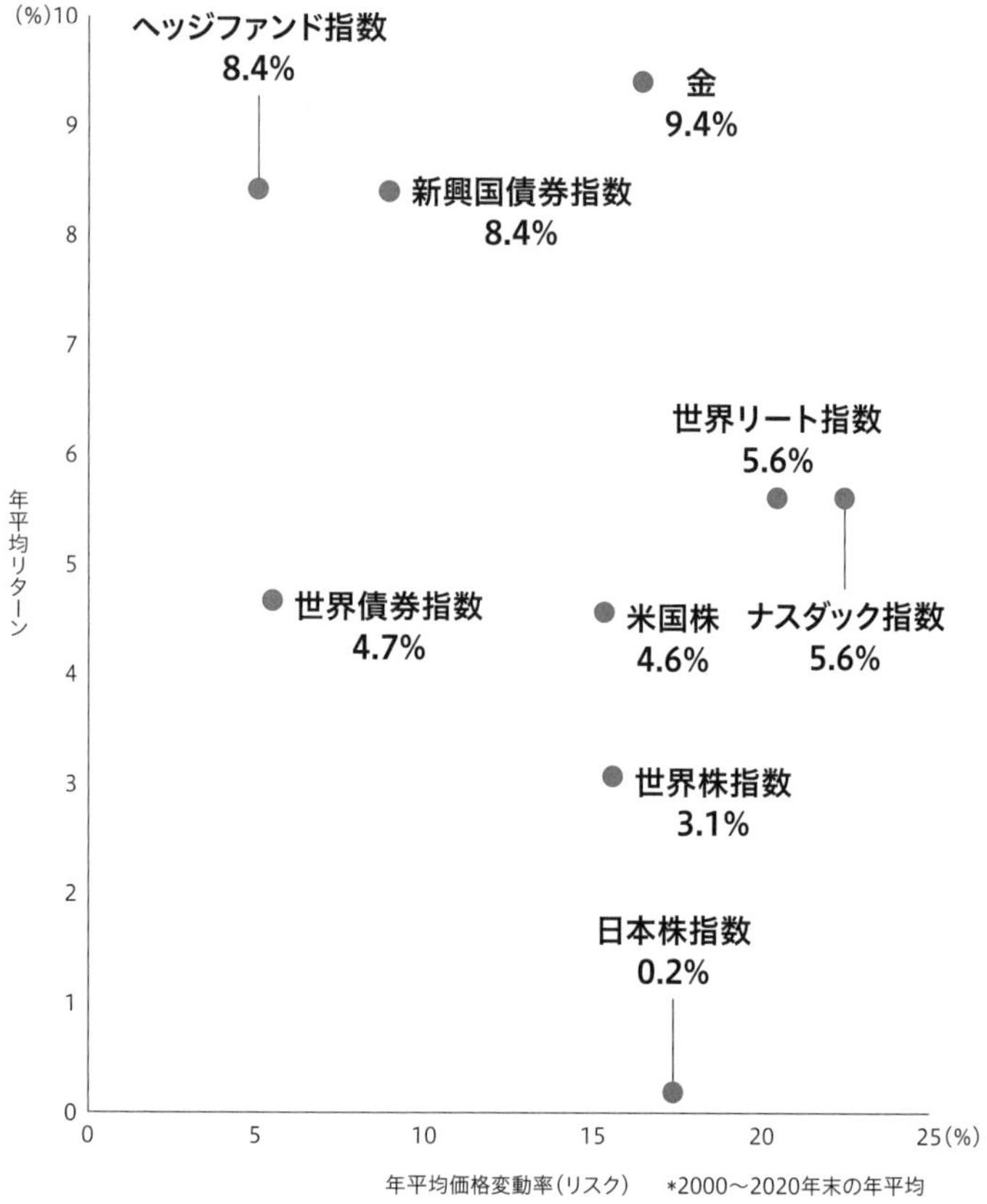

出所：Bloomberg（世界株指数：MSCI World、日本株指数：Topix、ヘッジファンド指数：Eurekahedge Hedge Fund Index、世界リート指数：FTSE NAREIT All Equity REITs Index、世界債券指数：Bloomberg Barclays Global Aggregate Index、新興国債券指数：J.P. Morgan EMBI Global Total Return Index、米国株：S&P 500 Index、ナスダック：NASDAQ Composite Index、金：金スポット価格）

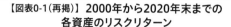

一方、最もリターンが大きかったのは「金（ゴールド）」の9・4％ですが、次に大きかったのは「ヘッジファンド」と「新興国債券」で8・4％でした。

つまり、20年間分のデータから「ヘッジファンド」は、さまざまなアセットクラスの中でもリターンが最高水準で、リスクが最低水準であることは明らかなわけです。

「ローリスク・ハイリターンの金融商品など存在しない」という先入観を抱いてきた方には、驚きの事実といえるのではないでしょうか。

では、そうした事実が、なぜ今まで明らかにされることがなかったのでしょうか。

その理由はとても単純です。日本の証券会社や銀行はヘッジファンドを取り扱っていないので、説明する必要がなく、顧客が知らないことをわざわざ教えようとも思わなかったからです。

もし、自分たちが販売する金融商品とヘッジファンドのリスク・リターン実績表を見せてしまえば、リスクが高くてリターンが低いほうを買いたいと思う人はいなくなってしまうに違いありません。

たとえば、利回りが高いと喧伝《けんでん》されている世界リートを組み込んだ投資信託に興味を示した顧客も、さらにハイリターンでリスクも低いヘッジファンドの存在を知ってしまえば、買ってくれなくなる恐れがあるのです。

それでは、証券会社などもヘッジファンドを取り扱えば良いと考えられるかもしれませんが、投資家が成績優秀な金融商品であるヘッジファンドを長期保有すればするほど、ほかの金融商品の販売機会が減ってしまい、自社の販売手数料が減少してしまうジレンマがあるため、なかなかそれも難しいのが実情なのです。

一方、こうしたアセットクラスごとのリスク・リターン実績は、ブルームバーグやロイターといった経済・金融情報サービス会社の情報端末を日常的に見ている機関投資家であれば、誰もが知っている事実です。

だからこそ、ハーバード大学基金をはじめとする世界中の機関投資家はヘッジファンドを保有するのです。

第2章

ヘッジファンドの正しい買い方と、リスクと仕組み

買う側の理論、使う側の理論を
優先する時代を創っていくことは、
企業に課せられた使命である。

中内㓛（ダイエー創業者）

日本の個人投資家がヘッジファンドを買う三つの方法

ヘッジファンドの最低購入金額と手数料

私が提案する、平均年利回り10%以上を10年以上にわたって実現できる海外ヘッジファンドは、日本で市販されていないファンドです。

そして世界には約1万3000本もあるヘッジファンドのうち、年利回り10%以上を10年以上にわたって実現できているファンドは、上位11%だけです（出所：ユーリカヘッジ2019年）。

安定した資金での運用を求めるヘッジファンドは人気があり、公募形式のように不特定多数の投資家からお金を集める必要もないため、どうしても最低投資額が大きくなってしまいます。

ただし、かつては最低投資単価が1億円から10億円でしたが、現在では少額からでも購入できる方法もあります。

ヘッジファンドは、預かった資金の残高に対して年2％の手数料と、運用で儲かった分の20％を成果報酬として取るのが相場です。

一般的な投資信託の運用コスト（信託報酬）が年1～2％であるのと比べると、割高に感じるかもしれません。

しかしながら、優秀なヘッジファンドは、これらのコストを差し引いても、年利回り10％以上のリターンを投資家に還元できます。つまり、どんなにコスト高でも、最終的な収益は一般的な投資信託よりもはるかに大きいのです。

実績のある優秀なヘッジファンドのファンドマネジャーは、一般的な投資信託のファンドマネジャーとは比べものにならないほど運用能力が高く、その力量はメジャーリーグのスター選手と中学校の部活の補欠選手ほどの差があるのですから、投資家が支払う委託手数料に差が出るのは資本主義社会の中では当然のことといえます。

「過去の実績がいくらすごくても、将来も運用実績が良いとは限らない。それにもかかわらず、ヘッジファンドの手数料は普通の投資信託よりも高い」と非難する方もいますが、そうであれば、ヘッジファンドを買わなければ良いだけの話です。

プロ野球選手に、去年の成績が良いからといって今年も成績が良いとは限らない、などとおかしなことを言って年俸を値切る球団オーナーはいないでしょう。

長期間の実績が市場平均を上回っているファンドは、超過リターンを生み出す〝アルファ（α）〟があると考えるのが自然です。

優良ヘッジファンドは資金の受け入れを締め切ることがある

優秀な実績のあるヘッジファンドは、運用効率の高い運用規模を維持するため、受け入れ資金に上限を設定し、新規投資の受け入れを急に中止することがあります。

したがって、自分の好みに合ったヘッジファンドがあった場合、運用実態に信頼性があるかを確認したのちに、早めに投資するのが良いでしょう。

日本の個人投資家がヘッジファンドを買う方法には、次の三つがあります。

①国内証券会社や銀行を通じて、国内投資信託として組成された商品を買う
②プライベートバンクの投資一任サービスを通じて、海外ヘッジファンドを買う
③中立的な専門家である投資助言会社を利用して、海外ヘッジファンドを直接買う

国内証券会社が市販しているヘッジファンドを購入する

まずは①ですが、日本の証券会社や銀行で買えるヘッジファンドは、投資信託の規制の範囲内で運用を行うヘッジファンド型投資信託です。

種類としては海外のヘッジファンドを輸入して投資信託として組成する「輸入ヘッジファンド」か、国内の運用会社が自力で運用する「和製ヘッジファンド」の2種類があります。最低投資単価も1万円からと手軽に購入できます。

代表的な輸入ヘッジファンドと信託報酬（手数料）を列挙してみましょう（出所：モー

ニングスター2021年）。

・ダブル・ブレイン　2・01％
・マクロ・トータル・リターン・ファンド　1・95％
・あい・パワーファンド（愛称：iパワー）　4・17％
・ノムラ・グローバルトレンド（円）年2回　3・34％
・ブラックロック 世界株式絶対収益追求ファンド（為替ヘッジ無し）　2・29％
・国際オルタナティブ戦略QTX（円NH＝為替ヘッジ無し）成長　2・74％

「輸入ヘッジファンド」の場合は、オリジナルの優秀な海外ヘッジファンドを「マザー（マスター）ファンド」として、それに投資する、「フィーダーファンド」と呼ばれる国内投資信託を設けます。

投資家から見ると、資金をフィーダーファンドに入れ、その資金でヘッジファンドに間接的に投資するという流れになります。その結果、投資家の手元には、オリジナルの海外ファンドが叩き出した優秀なリターンの多くが流通コストの中で消えてしまうことになります。

たとえば、マザーファンドの手数料控除後のリターンが年10％あったとしても、海外の証券会社が２％、中間にあるフィーダーファンドが運用コストとして年１・５％を徴収すれば、投資家の手数料控除後のリターンは６・５％になってしまいます。

さらに、このフィーダーファンドを日本の証券会社が販売する場合には３％ほどの購入手数料を取るので、投資家の手元には結局、３・５％ほどしか残らないことになってしまうのです。

その上、投資信託の規制のため、フィーダーファンドにおいて毎日解約を受け付けることができるように、現金の割合を一定数確保したり、空売りの割合に制限を受けたりと、窮屈な運用を強いられることも少なくありません。

その結果、もともとの海外ヘッジファンドのリターンが、最終的には65％も棄損して個人投資家の手元に届くわけです。本来リスクを取った個人投資家に残るべき投資リターンの大半が、中間業者である販売会社などにかすめ取られていると言っても過言ではありません。

次に「和製ヘッジファンド」ですが、これは日本の運用会社が絶対収益を目指すというコンセプトで資産を運用するもので、今まで述べてきた一般の投資信託と同じです。日本の投資信託の運用規制も加わって、自由な運用はできません。機関投資家が使うヘッジファンド・データベースにおいて運用成績ランキングの上位に顔を出す「和製ファンド」は見かけないのが現実です。

私は海外ヘッジファンドを推奨していますが、別に海外モノをありがたがる舶来品主義者ではありません。

客観的なデータから見て、日本の投資信託のリターンが海外ヘッジファンドに劣っているので、個人投資家のニーズが手取りリターンを最大化したいのであるならば、海外ヘッジファンドが一番良いという事実を指摘しているのにすぎません。

もし日本の投資信託の中に、低リスク・高リターンで、過去10年以上で10%以上の運用実績があるものがあれば、喜んでそれを投資家に推奨したいと考える立場です。

金融の自由化が欧米より30年遅れた日本ではありますが、これから優秀な運用者が日本にも誕生することを心から願っています。

また、第3章で詳述しますが、ヘッジファンドを騙《かた》る詐欺的なファンドがインターネット上に散見されます。それらには手を出さないようにご注意ください。

プライベートバンクを通じて購入する

プライベートバンクとは、富裕層を対象に総合的な金融サービスを提供する金融機関のことです。

日本で営業中のプライベートバンクでは、クレディ・スイス証券（口座開設は5億円以上から）や、UBSウェルス・マネジメント（口座開設は2億円以上から）などが人気ですが、日本の金融庁の管轄下にあるわけですから、販売している投資信託は、ほかの証券会社が販売する通常の投資信託となります。

では何がメリットなのかといえば、プライベートバンクに資金を託して運用を任せる「投資一任勘定」の中で、株式や債券などに加えて、海外籍のヘッジファンドに直接投資できる可能性があることです。

ただし、これには二つの懸念点があります。一つは、投資一任勘定の最低投資額は数億円以上と、ハードルがやや高いことです。

二つ目の難点は、投資先のヘッジファンドの選択肢が限られており、しかも自社の系列会社のファンドを紹介されることが多いことです。

そうするとあまり成績の良くないヘッジファンドを投資一任勘定のポートフォリオに組み入れられてしまう恐れがあります。

単に手数料稼ぎのための提案ではないかどうか、投資家は利益相反（プライベートバンクの利益が顧客の利益と相反していないか）に十分注意する必要があります。

投資助言会社を活用して直接購入する

ヘッジファンドを購入する三つ目の方法は、中立的な専門家である投資助言会社のサポートを活用して、海外ヘッジファンドに直接投資する方法です。

投資助言会社は、あくまで投資家サイドからフィーをもらって「どんなヘッジファンドがおすすめなのか？」を助言する立場なので、ヘッジファンド側からなんらかの手数料を得ることはありません。

また、助言をもとに投資家が海外ファンドを直接購入するのですから、従来は中間業者である販売業者に取られていた手数料をカットできるため、投資家の手取りリターンを非常に大きくできます。

たとえば【図表2-1】をご覧ください。一流の海外ファンドが年利10%のリターンを出していたとして、証券会社経由でそのファンドを購入した場合には、手取りリターンは3・5%。投資助言会社経由では手取りリターンは10%となります。別途、投資家は投資助言会社に手数料を払うことになりますが、それでも、販売会社を経由して海外ファンドを買うよりも投資家の手取りリターンは高くなります。

投資助言会社に相談して海外ヘッジファンドを購入するのが良い理由は、中間マージンをカットすることで投資家の手取りリターンを最大化できることだけではありません。利益相反の心配がない点も、非常に大きいのです。

【図表2-1】海外ファンドへの直接投資のメリット

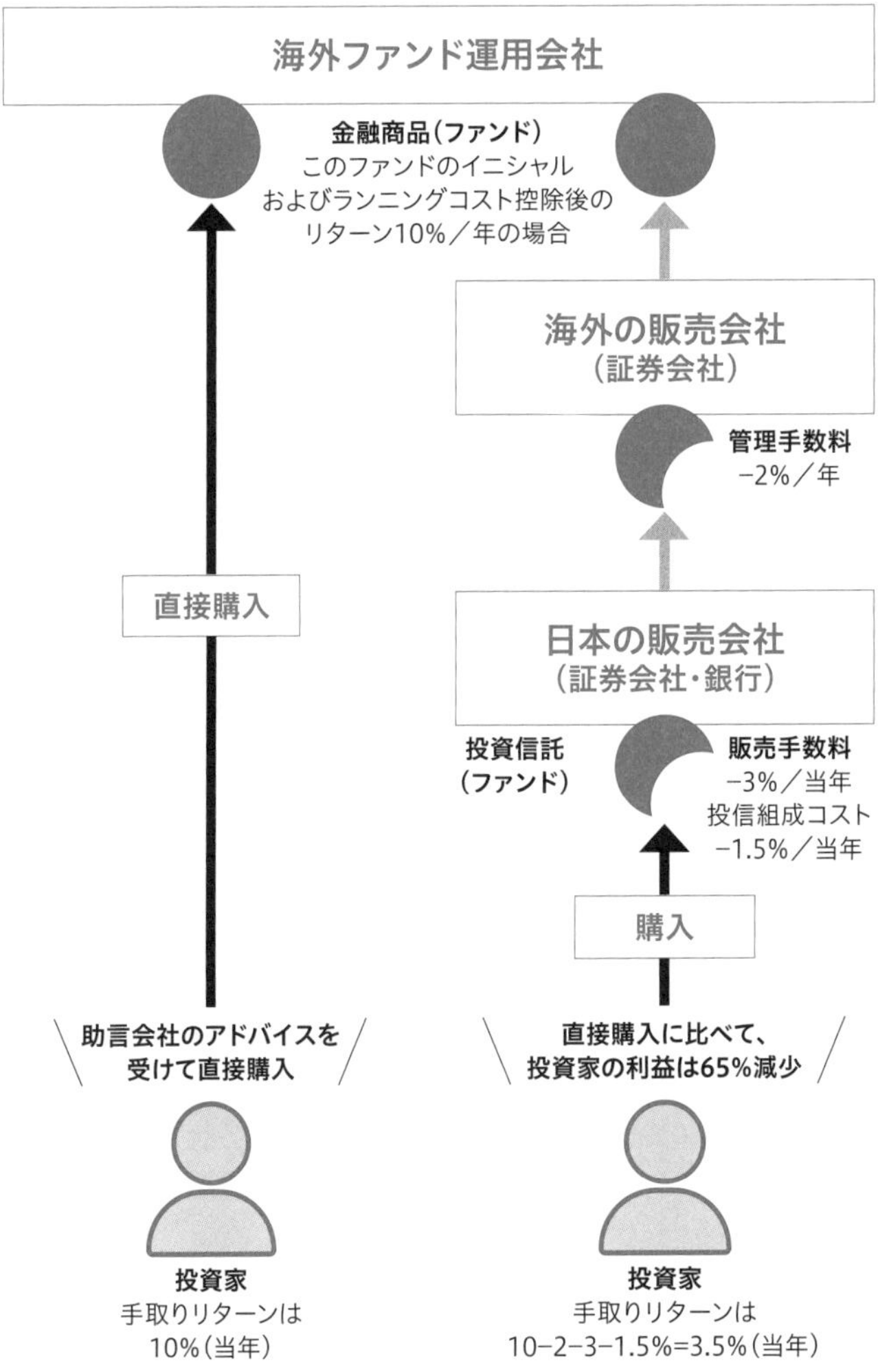
海外ファンド運用会社
金融商品（ファンド）
このファンドのイニシャル
およびランニングコスト控除後の
リターン10%／年の場合
海外の販売会社
（証券会社）
管理手数料
−2%／年
直接購入
日本の販売会社
（証券会社・銀行）
投資信託
（ファンド）
販売手数料
−3%／当年
投信組成コスト
−1.5%／当年
購入
助言会社のアドバイスを
受けて直接購入
直接購入に比べて、
投資家の利益は65%減少
投資家
手取りリターンは
10%（当年）
投資家
手取りリターンは
10−2−3−1.5%=3.5%（当年）

セルサイド業者の利益相反に注意

「あなたには、この金融商品がおすすめですよ！」

そう提言するプライベートバンカーや証券会社は、本当にあなたの資産を殖やしたいのでしょうか。それとも、あなたの資産などはどうでも良くて、販売手数料だけポケットに入れれば、それでいいのでしょうか。

金融業者には、投資家のために投資家からフィーをもらって働くバイサイド・エージェントと、金融商品を販売して販売手数料を稼ぐ立場のセルサイド・エージェントの二つがあります。これは、「金融商品取引法」上、明確に定義されています。

証券会社や銀行のようなセルサイドの業者（第一種金融商品取引業、第二種金融商品取引業）は、当然ながら自社の商品を販売することで販売手数料を最大化したいわけですから、投資家のニーズにかなった商品を提案するとは限りません。金融庁が繰り返し懸念を表面しているとおり、販売業者の営業は、投資家から見て利益相反の恐れもあります。

それに対し、バイサイドの業者（投資助言業）は、中立かつ客観的な立場で、顧客（投資家）の資産形成のためにはどんな商品を選んだら良いのかを、投資家のみからフィーをもらいアドバイスします。

投資助言額に応じてフィーを取る場合には、投資助言会社は良い提案をして顧客資産を伸ばすインセンティブがあり、投資家と業者の利害が完全に一致しています。

ＩＦＡはセルサイド、投資助言会社だけがバイサイド

また一部の人は誤解しているのですが、最近注目を浴びている「独立系ＩＦＡ（金融商品仲介業者）」はセルサイドの販売業者です。バイサイドで中立的な立場でアドバイスをするわけではありません。

ＩＦＡは、投資家側からフィーをもらって働く立場ではありません。あくまで販売業者である証券会社から販売手数料をもらって生計を立てています。金融当局に「金融商品仲介業」として登録されていますが、証券会社から金融商品の販売委託を受ける立場である

と法令で明記されています。

証券会社から「経営が独立」しているだけであり、証券会社から卸してもらった金融商品を投資家に販売することで、証券会社から販売手数料を受け取る立場ですから、投資家から見て「中立的」な立場でアドバイスをもらえるわけではありません。要するに証券会社の完全歩合制営業マンが法人化しただけなのです。

それにもかかわらず、広告でＩＦＡがあたかも個人投資家の立場に立っているバイサイドかのような表現が散見されており、非常に紛らわしく、マスコミも勘違いしたまま記事を書いている現状があります。今後は金融当局の規制が強化され、このような紛らわしい表現が是正されていくと見ています。

たとえば保険業界では、複数の生保商品を扱う乗り合い代理店（「保険の窓口」のような業態）が「中立」をうたって商売をしていましたが、生保からの販売手数料をよりたくさん稼げる商品を優先的に顧客に提案していた実態を金融当局に指摘され、「中立的」という広告表記を禁じられた経緯があります（出所：金融庁金融審議会「平成25年保険商品・サービスの提供等の在り方に関するワーキング・グループ」報告書）。

誤認につながるＩＦＡによる「中立」などの広告表記についても、同様の規制が入るこ

【図表2-2】投資家と販売会社・運用会社・助言会社の関係

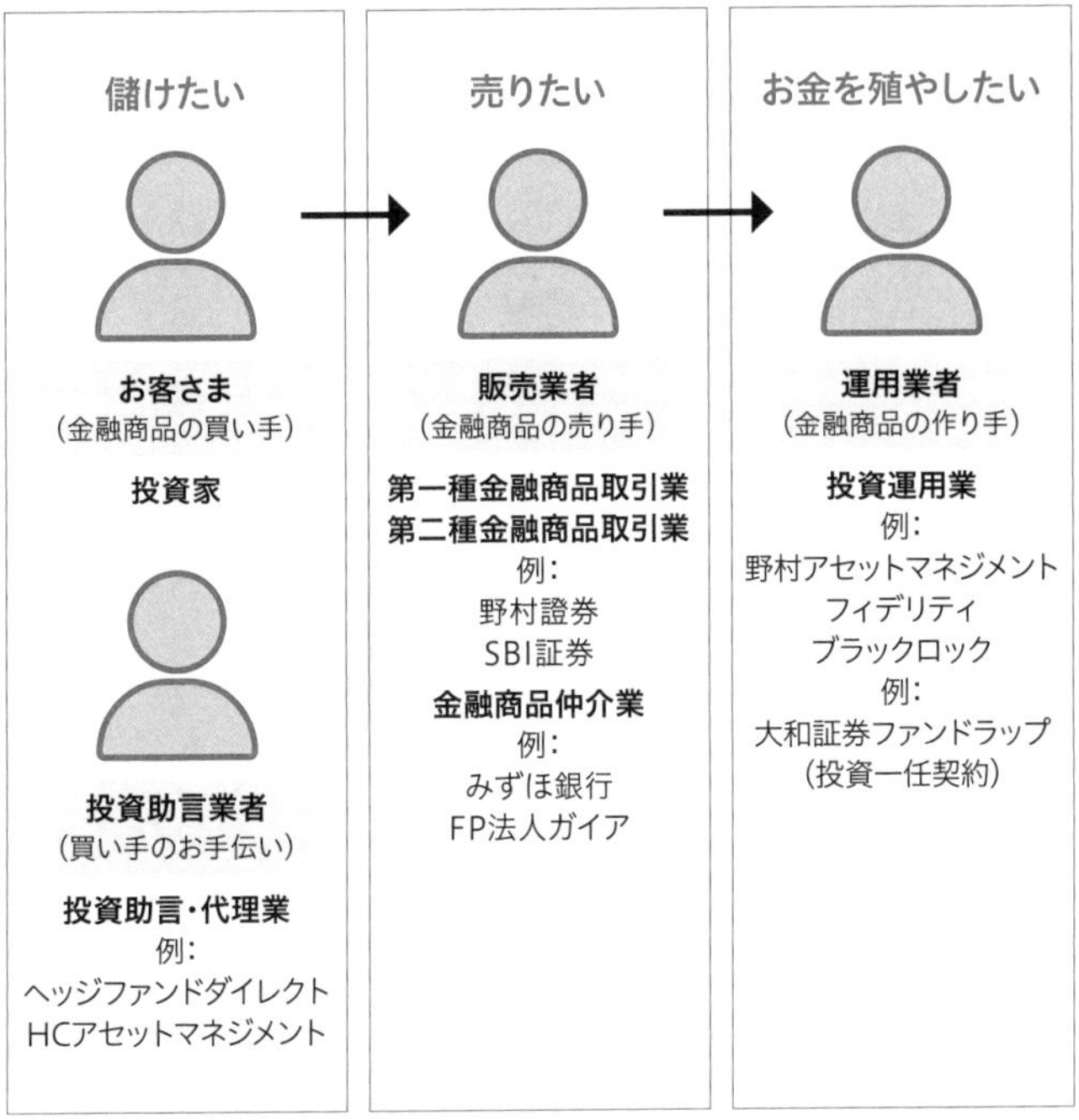

上記は概略。詳細・正確な理解のためには、関東財務局「金融商品取引法制について」を参照
(注意)金融業界の業界用語では一般的に、“株等のアセットクラス側から見て”、運用会社がバイサイド、販売会社がセルサイドと表現する。しかしながら、本書では、個人投資家側の視点から、個人投資家側をバイサイド、それと対立する立場をセルサイドと表記している点に留意

とでしょう。

繰り返しになりますが、「金融商品取引法」上、関東財務局等に登録されている「投資助言・代理業」だけが、顧客からフィーをいただきながら、顧客の立場で中立的にアドバイスをすることができると定められています。詳しくは【図表２ - ２】をご覧ください。

投資助言会社は医師の立場

金融業界における売り手サイド、買い手サイドの構造を、もう少しわかりやすく説明するために、医療業界に例えてみましょう（【図表２ - ３】参照）。

あなたが風邪の患者で、「良い薬を飲んで元気になりたい」と思っているとします。

製薬会社は薬を売って儲けたいので、「すぐに効く」などと良いことばかり宣伝するし、薬を売るドラッグストアも、販売利益が高い商品だけを「売れ筋ランキング上位！」などと称してすすめます。

これに対し、お医者さんは、製薬会社やドラッグストアから独立しており、中立的な立場でどの薬を飲むべきかを有償で診察・処方（アドバイス）するのが仕事です。

【図表2-3】医療業界の関係と類似

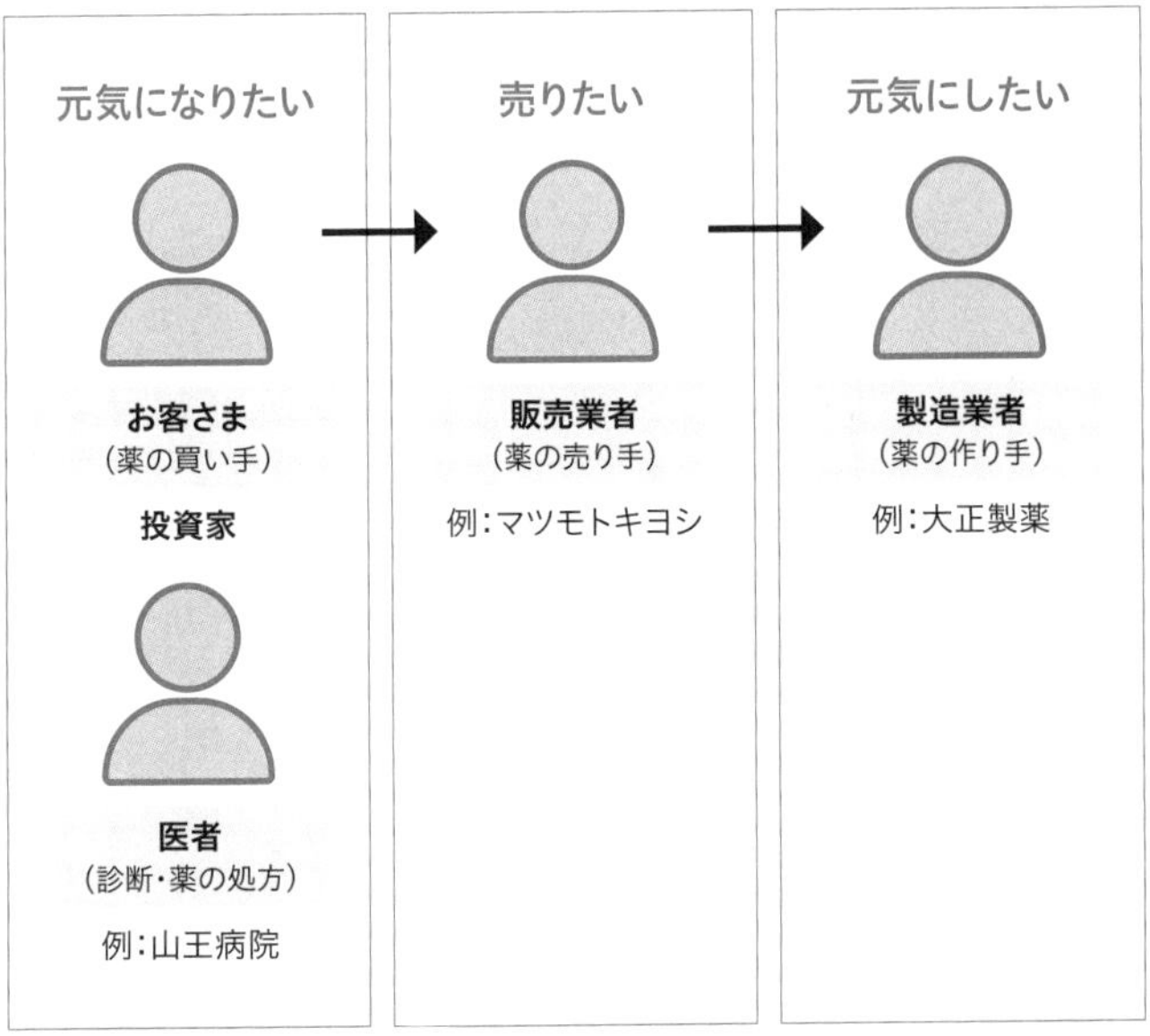

	商品との関係	一般名称	医療業界（具体例）	金融業界（具体例）	一般名称
バイサイド	購入者 Buyer	患者	あなた	あなた	投資家
バイサイド	助言 Consulting	医者	山王病院	ヘッジファンドダイレクト	投資助言会社
セルサイド	商品 Product	薬	パブロン	セゾン・バンガード・グローバルバランスファンド	金融商品
セルサイド	製造 Maker	製薬メーカー	大正製薬	セゾン投信	運用会社
セルサイド	販売 Sales	販売業者	マツモトキヨシ	野村證券	販売会社

製薬会社や販売業者からは一切お金をもらわず、患者からのみお金をもらって診察・処方をするので、「患者のため」に適切なアドバイスを提供できるわけです。

この製薬会社は運用業者に当たり、ドラッグストアや証券会社は販売会社です。そしてお医者さんを投資助言会社に置き換えれば、金融商品を購入する際には、投資助言会社のアドバイスを受けたほうがメリットがあることがおわかりいただけると思います。

投資助言会社のサービスの実例

では、投資助言会社は、投資家がヘッジファンドを直接購入する際に、どんなアドバイスやサポートを行ってくれるのでしょうか。

一例として、私が創業した「ヘッジファンドダイレクト株式会社」の投資助言サービスを紹介しましょう。

富裕層向けに海外のヘッジファンドへの投資を助言する投資助言会社としては、「はじめに」でも記したように業界最大手です。

ヘッジファンドダイレクト株式会社では、ヘッジファンドを含む世界中の12万本以上のファンドのデータを常にカバーしており、そのデータベースをもとに、中立・独立の立場で投資家にとって一番良いファンドを推奨しています。

世界で設定・運用されている12万本以上のファンドのうち、日本で流通しているものはわずか4・9％しかありませんが、残りの95％をカバーする各国・地域のファンドデータと連携する独自のデータベースを構築しています。

その中から、ブルームバーグなどの金融情報サービス会社が高い評価を与えているヘッジファンド約1万3000本にまで絞り込み、10年以上にわたって年率10％以上の利回りを実現しているファンドをピックアップします。

さらに、各国・地域のファンド業界との緊密なネットワークをもとに、それぞれのファンドの受賞歴、運用実績、運用体制、日本の投資家の資金を受け入れるかどうか、などの徹底的なリサーチを行い、推奨するファンドを絞り込んでいるのです（【図表2‐4】参照）。

もちろん、投資家の皆さんがご自身で購入するヘッジファンドを推奨するだけなので、ヘッジファンド側や、それらを販売しようとする証券会社などからは手数料などは一切受けておらず、完全に中立的な立場です。

運用資産は世界最大級。過去10年、年率10%以上のリターンを出すヘッジファンドA

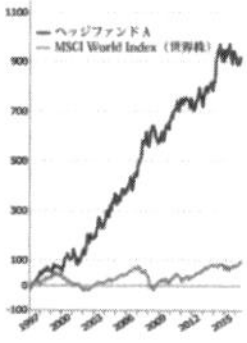

ヘッジファンドA 運用実績

平均年利回り	運用年数	設定来リターン
12.63%	19年6カ月	+916.42%

ヘッジファンドA 特長

1997年の設定来、トータルで916.42%のリターン（2017年3月末）を出し、2008年のリーマン・ショックの際にも+20.99%を達成。
受賞歴：Hedge Funds Review 2009 European Performance Awards Best Hedge Fund over 10 years
長期で安定した実績を求める投資家にお勧めです。

ファンド詳細 ›

2016年実績19%超、リーマンショックでも59%超の実績を誇るヘッジファンドB

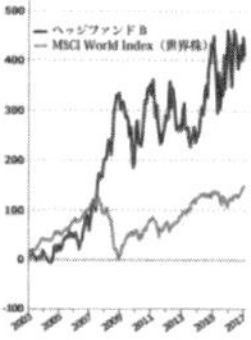

ヘッジファンドB 運用実績

平均年利回り	運用年数	設定来リターン
12.35%	14年0カ月	+410.85%

ヘッジファンドB 特長

2016年は+19.59%を達成。
世界中の先物・株価指数等に投資を行う。
受賞歴：Hedge Funds Review 2009 Best Hedge Fund over 3 years
株式との相関性が低いため、株式投資が好きな投資家にお勧めです。

ファンド詳細 ›

2016年リターンが15%超のスイス系ヘッジファンドC

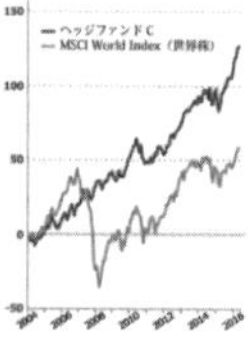

ヘッジファンドC 運用実績

平均年利回り	運用年数	設定来リターン
6.90%	12年3カ月	+126.49%

ヘッジファンドC 特長

2016年は+15.90%を達成。しかも、マイナスの月は2カ月だけという抜群の安定感を誇るファンドです。
リターンとリスクの両方を重視する投資家にお勧めです。

ファンド詳細 ›

【図表2-4】世界トップクラスのヘッジファンドへの投資機会を提供

ヘッジファンドダイレクトを利用することで、
日本にいながら世界トップクラスのヘッジファンドへの
投資機会が得られる。

世界中のヘッジファンド
（約1万3000本）

↓

10年以上の実績のあるヘッジファンド
（約1500本）

↓

受賞歴や運用実績・運用体制、
日本人受け入れ可否などを調査・助言

第4章では、そんなヘッジファンドダイレクト株式会社が選び抜いた珠玉のヘッジファンドを具体的に紹介し、第5章では富裕層が実際にどのような相談をしているのか、誌上相談会の形で再現します。

ここからはヘッジファンドの仕組みについて詳しく説明していきますが、今すぐにヘッジファンドを購入してみたい方は、まずは第4章、第5章をお読みください。

年利回り10％以上を実現するヘッジファンドの仕組み

絶対リターンの追求

そもそもヘッジファンドは、ハーバード大学出身の社会学者であるアルフレッド・Ｗ・ジョーンズが１９４９年、空売りの手法を使って価格変動や為替、金利などの市場リスクをヘッジしようと創ったファンドが第1号だといわれています。株式のロング（買い）とショート（売り）を同時に保有することで、相場の上げ下げにかかわらず、利益を追求しようという手法です。

その後も、長らく「株式ロング・ショート戦略」（詳しくは後述）が投資戦略の主流となったことから、「ヘッジファンドといえば、空売り」というイメージがすっかり定着してしまいました。

しかし、2000年代の後半に入ると、その認識に大きな変化が起きます。きっかけは、2008年のリーマン・ショックでした。

このときに株式や債券といった伝統的な資産が軒並み下落したことで、単純な国際分散投資では資産を守り切れないと思うようになった機関投資家の資金が、相場に左右されないヘッジファンドに向かうようになりました。

これによって、かつては「パフォーマンスは高いけれど、得体の知れない金融商品」と思われがちだったヘッジファンドの多くも、運用の透明性を高め、リスク管理を強化するなど、機関投資家の求める、信頼できる体制づくりに励むようになりました。

さらに、機関投資家が求める「絶対リターン」の再現性（好調な結果が運や偶然ではなく、必然的で、再現可能なものであること）を高め、ほかのヘッジファンドとの差別化を図るため、新たな投資手法が次々と登場します。

株式ロング・ショート戦略は、相変わらず主流の一つですが、ほかにもさまざまな投資戦略が活用されるようになったことで、「ヘッジファンドと言えば空売り」という認識は、すっかり過去のものになってしまったわけです。

その結果、最近ではヘッジファンドの定義は、

「絶対リターンを追求する柔軟な投資戦略を持つファンド」

というものに定着しています。

リーマン・ショック後も金融危機が2~3年おきに発生し、そのたびに運用資産が大きく減ったことから、機関投資家は「絶対リターン」が期待できるヘッジファンドへの依存度をどんどん強めていきました。

世界トップクラスの知性であるハーバード大学基金が、運用ポートフォリオに占めるヘッジファンドの割合を年々増やしているのは、すでに述べたとおりです。

こうした機関投資家の動きは、世界の富裕層にも大きな影響を与え、個人がヘッジファンドを購入する動きも活発になっています。ヘッジファンドの運用残高は右肩上がりで伸び続け、2019年には世界全体で300兆円以上となりました（【図表2-5】参照）。

国内でもヘッジファンドの販売額は2017年3月末時点で2兆8610億円と、かなりの金額に上っています（金融庁「ファンドモニタリング調査」より）。

もっとも、日本の個人金融資産は約1900兆円ですから、2兆円程度ではまだ微々た

【図表2-5】世界のヘッジファンド運用残高推移

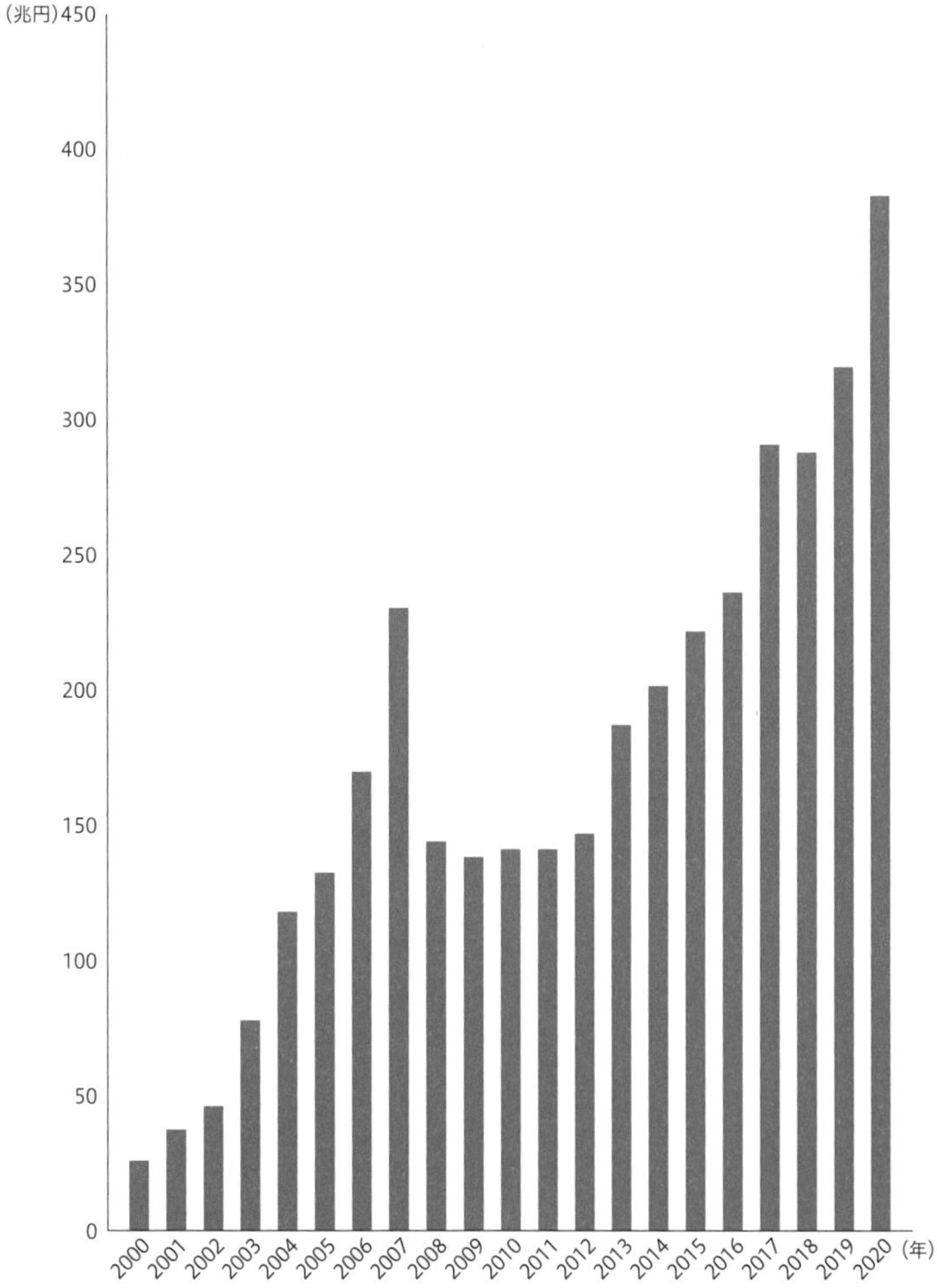

出所：BarclayHedgeデータ

るものだといえます。

世界のヘッジファンドの運用残高に占める割合が1％にも満たないのですから、今後、日本におけるヘッジファンド投資は急速に普及していく可能性があります。

なお、参考までに、機関投資家がどのような理由でヘッジファンドに投資しているのかについてのアンケート結果を紹介します（【図表2-6】参照）。

機関投資家がヘッジファンドに投資する理由として、「分散投資効果」が63％で最も多く、次いで「高い絶対リターン」（37％）、「ほかの資産との低い相関性」（37％）が大きな理由となっていることがわかります。

株や債券といった伝統的な金融商品だけでは、金融危機が発生すると総崩れになってしまうので、ほかの資産との相関性が低く、高い絶対リターンが期待できるヘッジファンドを買って分散投資したい、と考えていることがわかります。

【図表2-6】機関投資家がヘッジファンドに投資する理由

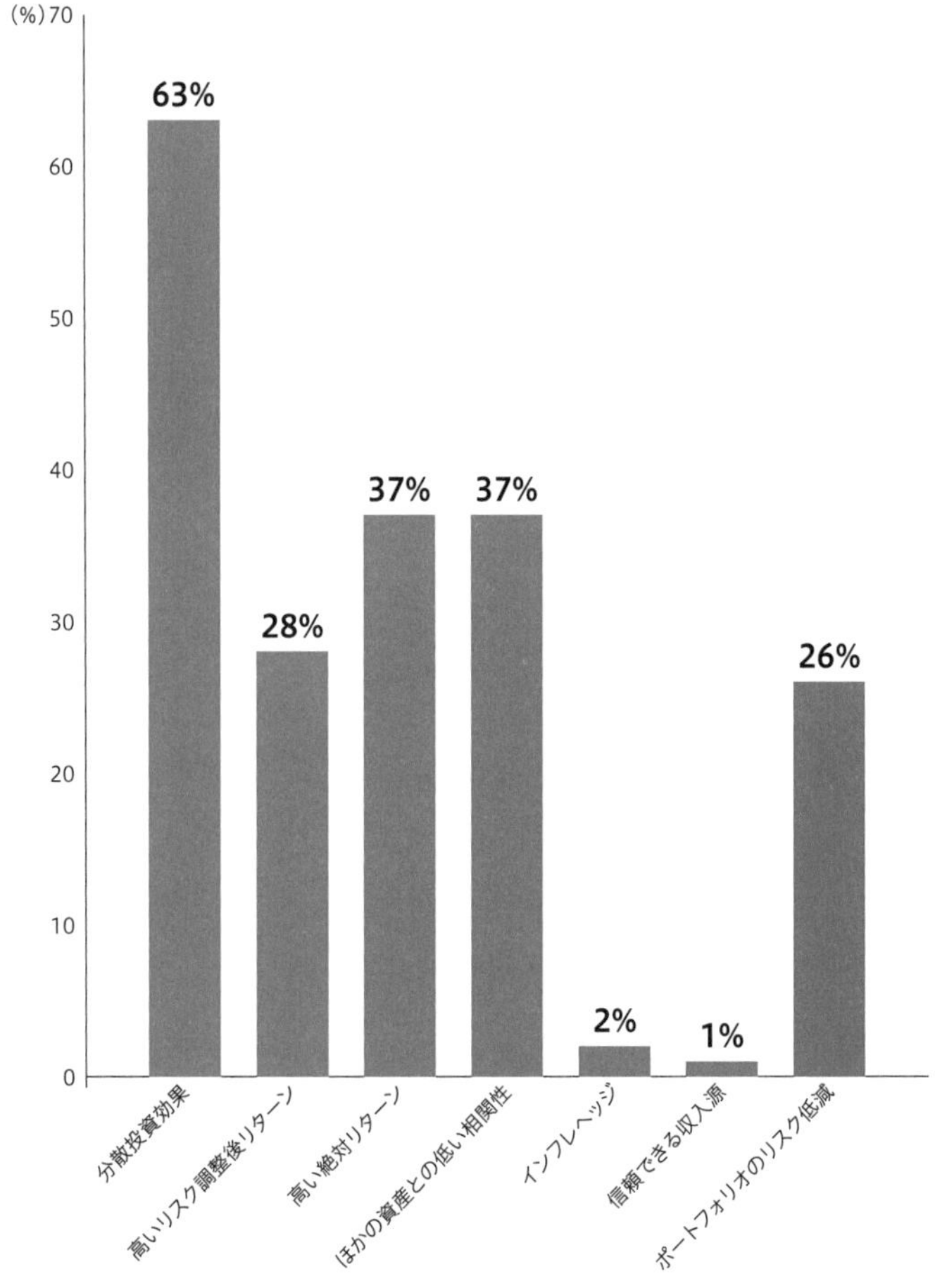

出所：Pregin Investor Interviews, 2019年11月

リスクに対するリターンの比率

いくら絶対収益を目指すといっても、高いリスクを取って高いリターンを上げるだけでは、ヘッジファンド業界では評価されません。同じリターンを上げる場合でも、より低いリスクを取ったファンドのほうが、質が良いと考えるのです。

たとえば、次の二つのファンドはどちらも年利20％の実績を出しましたが、どちらがリターンの質が高い運用手法といえるでしょうか。

【ファンドA】さまざまなアセットクラスに分散投資をして、かつ厳密なリスクマネジメントの規律を守り、年率で20％が儲かった。期中で損が出たことが一度もなかった。仮に、期中に株式市場が暴落していたとしても、最大で10％程度しか損をする可能性がないようなポートフォリオを組んでいた。

【ファンドB】ハイテク株だけに投資をしていて、今年は相場が良くて年率で20％が結果的に儲かったものの、実はハイテク株の歴史的な変動率は高く、ファンド資産が期中に40％以上下落する可能性が十分にあったが、今年はたまたま、ファンドが損失を被ることはなかった。

AとBで比較すると、Aのほうが低いリスクを取った上で、高いリターンを享受できていると評価することができます。

このようなパフォーマンス評価にはさまざまな指標が用いられます。

各々の指標は、平たく言えば取ったリスクに対してどの程度のリターンが取れているかを示しますが、ひと口に「リスク」と言ってもその定義は各種あるため、次のように各種指標を活用して総合的に判断することになります（【図表2－7】参照）。

- シャープ・レシオ……リスク（ばらつき・標準偏差）に対する平均リターンの割合
- ソルティノ・レシオ……ファンドが下落するリスクに対する平均リターンの割合
- バリュー・アット・リスク……どのくらいの損失が、どのくらいで発生するかを推定
- マキシマム・ドローダウン……過去の最大の下落率

【図表2-7】分析に用いられる各種指標

シャープ・レシオ	(平均リターン−無リスク利子率)／価格変動リスク
1リスクあたりのパフォーマンスがわかる。数値が高いほどコストパフォーマンスが良い。 一般的にリスクの低いもののほうが、シャープレシオが高い傾向にあるため、同程度のリスクの商品で比較することが多い。 近年は無リスク利子率に0を使うことも多く、平均リターンをリスクで割ることで計算できることも多い。	
ソルティノ・レシオ	(平均リターン−無リスク利子率)／下方リスク
一般的な価格変動リスクは、平均リターンからのぶれを示すため、平均より上ぶれるのもリスクとなる。ソルティノ・レシオでは、平均リターンより下ぶれる価格変動のみ抽出して分析することで、下落リスクの抑制度合いを分析する。数値が高いほど良い。マネージド・フューチャーズ戦略のヘッジファンドは、価格変動リスクに対して、最大下落率が低い傾向があり、ソルティノ・レシオが高い傾向がある。	
バリュー・アット・リスク	①分散共分散法、②モンテカルロ・シミュレーション法、③ヒストリカル法など
どのくらいの損失が、どのくらいの確率で起きるかを推定するための指標。過去のデータに基づき統計的手法を用いて求められるため、客観性が高い。近年はストレステストやシナリオ分析を補完して利用することが増えている。	
マキシマム・ドローダウン	資産価格の最高値からの下げ幅
資産価格の連続の下げ幅を示す。価格のピークで買った人がどのくらい損をしたかを示す指標。1万円が2万円になり、その後1.4万円まで下がった場合、高値から安値の−6000円がマキシマム・ドローダウンとなる。	

ヘッジファンドのさまざまな投資戦略

現在、世界で運用されているヘッジファンドには、どのような種類があるのでしょうか。まず、戦略別に大きく分けると、「ディレクショナル型」と、「非ディレクショナル型」の二つがあります。

ディレクショナル型とは、市場の上げ下げ、つまり市場動向の方向性（ディレクション）を予測してリターンを追求する戦略。非ディレクショナル型、または裁定取引（アービトラージ＝さや取り）型とは、運用者自身のスキルによってリターンを追求する戦略です（【図表2－8】参照）。

もっとも、非ディレクショナル型のヘッジファンドは、全体から見ればひと握りであり、世界で運用されている大半はディレクショナル型のファンドです。しかも、株式ロング・ショート戦略とグローバル・マクロ戦略、ＣＴＡ／マネージド・フューチャーズ戦略の三

【図表2-8】ヘッジファンドの投資戦略

ディレクショナル型の戦略の例	非ディレクショナル型の戦略の例
株式ロング・ショート戦略	**レラティブ・バリュー戦略** 株式マーケット・ニュートラル 債券裁定 CB裁定
グローバル・マクロ戦略	**イベント・ドリブン戦略** M&A裁定 アクティビスト 資本ストラクチャー裁定 ディストレスト
CTA／マネージド・フューチャーズ戦略	

つで、全体の約6割を占めています。

そこでディレクショナル型を中心に、主な投資戦略について詳しく見ていきます。

戦略1：株式ロング・ショート戦略

最も伝統的なヘッジファンドの戦略です。割安な株を買い、割高な株を空売りすることで、市場リスクをコントロールした運用を実践します。

一般的なロング主体の投資信託は、下落相場でパフォーマンスが下がりやすい上に、上昇相場でもベンチマークになかなか勝てないという現実があります。とくに下落相場では、ベンチマークより成績が悪くなりがちです。

株式ロング・ショート戦略は、そうした従来の投資手法の弱点を解消し、下落相場でも儲けるための手法です。次の二つのアプローチによって、株価が割高か、割安かを判断し、割高な株をショート、割安な株をロングします。


ファンダメンタル・アプローチ……企業の業績や将来性をもとに、株価が割安か、割高

かを判断する

スタティスカル・アプローチ……統計的なデータに基づき売買を行う、システマチックな運用戦略

株式ロング・ショート戦略には、次のようなメリットとデメリットがあります。

【メリット】

- 株式を中心に取引するため流動性（取引が成立しやすい性質）と透明性が高い
- 市場のリスクを抑えながら、個別銘柄要因でリターンを目指せる
- ファンドマネジャーの裁量の幅が大きい運用のため、個性が出やすい
- 下げ相場でもリターンを出せる可能性はある（絶対リターンを目指せる）

【デメリット】

- 相場が上がっていても、ロングをショートで相殺してしまうため、あまり儲からないことがある

・ときとして割高なものがさらに割高に、割安なものがさらに割安になるため、大きな損失を出すことがある

戦略2：グローバル・マクロ戦略

経済指標を用いてマクロ経済（大局的な経済）の動向を予測し、株式から債券やコモディティなどグローバルのあらゆる市場・商品を対象に、ロング・ショートを織り交ぜて投資する投資戦略です。

株式ロング・ショート戦略は株式だけで運用しますが、グローバル・マクロ戦略は株式に限らず、流動性の高いものを中心に、世界中のあらゆる資産で運用します。

一般の投資信託は、株式や債券を発行する個別企業の業績や財務状況などを一つひとつ調査する「ボトムアップ型」のアプローチによって銘柄を選定しますが、グローバル・マクロ戦略では、経済指標の結果や今後の世界情勢、金利や為替などを予測して銘柄を選ぶ「トップダウン型」のアプローチを取るのが一般的です。

グローバル・マクロ戦略型のヘッジファンドには、金融関係者なら、世界中の誰もが知

るような有名ファンドが多く、レイ・ダリオ率いる世界最大のヘッジファンドであるブリッジウォーター・アソシエーツの「ピュア・アルファⅡ」や、ジョージ・ソロスの「クォンタム・ファンド」などが代表例です。

同じ相場でも、ファンドマネジャーの裁量で大きく結果が変わるのもグローバル・マクロ戦略型の面白いところです。

【メリット】

- 先物や現物株式など流動性の高い投資対象が多い
- 積極的なレバレッジを使い、高いリターンを目指すことが多い
- ファンドマネジャーの裁量の幅が大きい運用のため、個性が出やすい
- 下げ相場でもリターンを出せる可能性はある（絶対リターンを目指せる）

【デメリット】

- 比較的レバレッジが大きいことが多く、価格変動リスクは高い
- ファンドマネジャーの裁量の幅が大きいため、思わぬ時期に損失を計上することがある

戦略3：CTA／マネージド・フューチャーズ戦略

CTAは、「Commodity Trading Advisor」（商品投資顧問）の頭文字です。名称だけを見るとコモディティ（商品）に投資するヘッジファンド運用会社のように思えますが、商品先物のほか、通貨、株価指数先物など、さまざまな金融商品に分散投資する戦略を専門としています。基本スタンスは、市場トレンドの予測は不可能であり、実際に起きたトレンドにシステム売買で対応するというものです。

CTAの代表的な投資戦略の一つが、マネージド・フューチャーズです。簡単に言えば、文字どおり先物（フューチャーズ）を管理・運用（マネージド）するということです。

割安・割高などの投資判断にコンピューターを用い、システマチックに運用を行います。相場のトレンドを見極め、それに基づいてロング・ショートポジションを構築するトレンドフォロー（相場の流れに沿った）戦略が一般的です。テクノロジーの進化や市場の多様化に伴い、多種多様なデータを用いての分析が可能になりました。

マネージド・フューチャーズ戦略の中で最もベーシックなトレンドフォローの運用手法は、【図表2-9】のようなイメージになります。ひと言で表現すると「相場に乗って上がる資産は買い、下がる資産は売る」というイメージです。

上昇トレンドではもちろん、下落トレンドでも利益を狙える戦略です。トレンド（相場の方向性）が出てからポジションを構築するため、トレンドの転換期や方向感のない相場では苦戦するという特徴もあります。

コンピューターシステムがルールに沿って運用するため、そもそもの「運用ルールづくり」が戦略の肝となります。テクノロジーの進化に伴い、過去に比べ多くのデータを利用することが可能になっており、たとえば人工衛星を使って貨物船の運航や穀物の生育の状況を精査したりすることで、投資対象とする商品の在庫状況や、それを取り扱う企業の業績まで予測できるシステムを開発しているCTAもあります。

マネージド・フューチャーズ戦略の主なメリットとデメリットは次のとおりです。

【メリット】

・主に先物を使う運用が多いため、流動性と透明性が高い

【図表2-9】トレンドフォロー概念図

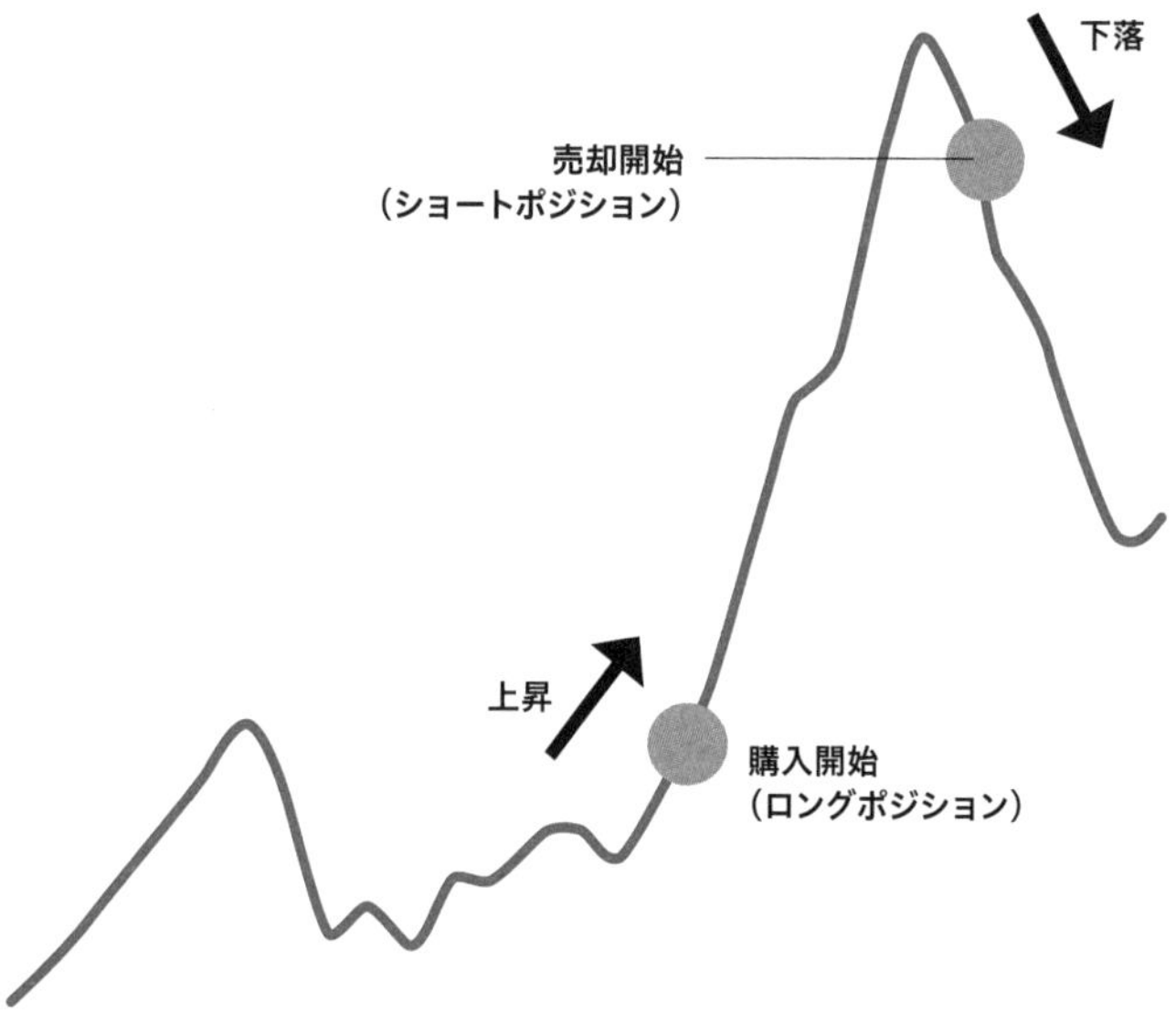

・システム運用が主流のため、再現性があり運用の透明性が高い
・下げ相場でもリターンを出せる可能性がある（絶対リターンを目指せる）

【デメリット】
・トレンドの転換期に大きな損失が出やすい
・短期間で頻繁にトレンドが転換するような相場に弱い

戦略４：レラティブ・バリュー戦略

直訳すると「相対的価値」のことで、価格の歪みが生じている金融商品、たとえば割安な資産をロングして割高な資産をショートすることで利益を得る戦略です。歪んだ価格は、いずれ理論価格に収れんしていくという考え方に基づいています。

ファンドマネジャーは、理論価格や相対的な割高度だけに着目して投資するので、市場全体のトレンドを気にする必要はありません。結果的に、たとえ相場が下がったとしてもリターンを実現できる場合があります。

【メリット】

- 市場との連動性の低い運用が可能
- 比較的価格変動の低いファンドが多い
- 定量的なシステマチックな運用が多く、平常時は再現性の高い運用が期待される
- 下げ相場でもリターンを出せる可能性がある（絶対リターンを目指せる）

【デメリット】

- 異常時は割高なものがさらに割高になり、割安なものがさらに割安になることで予想外のマイナスが生じることがある
- 大量の解約が生じると、ポジションの解消に時間がかかり、解約制限がかかる可能性がある
- 大量の資金が流入すると価格の歪みが減少し、投資機会が減少する可能性がある

戦略5：イベント・ドリブン戦略

企業経営に重大な影響を与えるM&Aやリストラなどのコーポレートイベントに乗じて利益を上げる戦略。自らが「モノ言う」株主（アクティビスト）として企業に経営変革を働きかけたり、出資受け入れや自社株買いなどの資本構成（キャピタルストラクチャー）の変更や、経営が困窮（ディストレスト）した企業の株式や債券を買って、回復後に売るなど、多彩な手法が用いられています。

映画や小説で「ヘッジファンド」という言葉に触れたことのある人は、「ハゲタカ」とか「モノ言う株主」などをイメージするかもしれません。これらは、非ディレクショナル型のヘッジファンドです。

1987年の米映画『ウォール街』の主人公であるゴードン・ゲッコー（モデルは著名投資家のアッシャー・エーデルマンとされる）などが、まさに典型例でしょう。上場企業の株を買い、経営改革案をぶち上げることで一般投資家の関心を集め、株価を高めて売却するという手法で利益を稼ぎます。

【メリット】

- 市場との連動性の低い運用が可能

・ファンドマネジャーの裁量の幅が大きい
・未上場企業や破産債券など通常投資できない資産クラスへの投資が可能
・下げ相場でもリターンを出せる可能性がある（絶対リターンを目指せる）
・投資対象によっては大きなリターンを目指すことができる

【デメリット】
・投資対象によってはリターンが実現するまで長期間かかる場合がある
・比較的流動性の低い投資対象が多く、大量の解約が出ると一時的に解約制限が行われることがある
・普段接することのない資産への投資が多く、情報が少なく、予想外のマイナスが生じる可能性がある
・ほかの戦略に比べ集中投資をする傾向がある

ヘッジファンドのスキームとリスク

ヘッジファンドで全損はありえるのか？

2018年2月6日、「NEXT NOTES S&P500 VIXインバースETN」という日本の上場投資信託（指数連動証券）は一日で96％も価格が下落しました。

2月9日の『日本経済新聞』の記事でも「恐怖指数の関連商品、価値が一晩で96％消滅」と刺激的なタイトルとなっており、前日の終値の2万9400円が1144円まで急落、323億円あった資産は12億円まで目減りし、そこで期限前償還が確定したのです。VIXは米国の株価指数S&P500の予想変動率を示すもので、恐怖指数とも呼ばれます。

この場合、リスクが高く、しかも投資対象が単一の資産だったため、極端な値動きになったと考えられます。仮にこの上場投信の投資対象が10個くらいに分散されていれば、ここまで大きな下落はなかったと考えられます。

ヘッジファンドも同じく、少数の銘柄にレバレッジをかけて集中投資しているタイプのヘッジファンドであれば同様に全損する可能性はあります。しかし、前出のＶＩＸインバースＥＴＮのように単一商品に集中投資というのは、現実的には存在しないと思われます。リスク管理が洗練化されてきた近年においては、そのような全損する可能性のあるファンドは、プライムブローカーなどが協力しないため設立は困難といえるでしょう。

またヘッジファンドは成功報酬体系のため、過剰なリスクを取る可能性を指摘されることがあります。しかしそうしたリスクは一般的には、ファンドマネジャーが自己資本を相当金額投入することで防止されています

投資家として最も注意すべきは、詐欺のリスクです。この場合、投資した資金をまるまる使い込まれたり、盗まれたりすることになるので、全損を被るはめになります。

過去、マドフ事件というポンジ・スキーム（１７８ページ参照）を用いた詐欺事件があったため、ヘッジファンド業界では、自社をマドフと同類に思われないように、投資家の資金がいかに安全に保全されているか、いかに透明性を担保できているのか、そのスキー

ムを競うようになってきました。

ヘッジファンドの透明性を高める仕組み

機関投資家による購入が増えたことをきっかけに、多くのヘッジファンドは運用の透明性を高め、リスク管理の強化を図るようになりました。

適正に運営・管理されているヘッジファンドなら、託した資産が使い込まれたり、いい加減な運用をされて毀損したりする心配はほとんどありません。どのような仕組みでそれを担保しているのか、具体的なスキーム（運営の仕組み）について見てみましょう。

ヘッジファンドには、信託（ユニットトラスト）を活用して設定・運用する「契約型」と、会社を設立して設定・運用する「会社型」の2種類があります。

このうち、契約型のヘッジファンドには、以下のような関係者がかかわっています。

①インベストメント・マネジャー（運用会社）

投資家から集めた運用資産に対して、ポートフォリオの管理ならびに売買投資活動などのすべてに責任を持つ役割です。投資家の資産が殖えるか減るかは、この会社で運用を指図するファンドマネジャーの手腕にかかっています。

運用会社の権限は、あくまで運用指図をするだけであり、投資家の資金を自分で預かったり、ファンドの時価を算出したりすることはしません。

②トラスティー

投資家と投資契約を締結し、資金を受託する主体です。「ケイマン籍○○ファンド」などといった名称で、主にタックスヘイブンに設定されます。

一般的に「ファンド」といえば、このトラスティーのことを指します。投資家から見ると、運用会社は投資スキルを持ったプロフェッショナルで、彼らが運用してくれる金融商品がトラスティー（ファンド）というイメージになります。

③カストディアン（資産管理会社）

投資家の資金を保全・保管する会社です。主に信託銀行がサービスを受託します。

カストディアンが分別保管することで、運用会社が破たんしても、投資家の資金はしっかりと守られます。

④アドミニストレーター（事務管理会社）

ファンドの取引の記帳など、事務を担当する会社です。ファンドの購入・解約事務や、顧客の保有財産の計算、ファンドの運用成績の計算などを行います。

運用会社とは別にアドミニストレーターを置くことで、ファンドマネジャーによるパフォーマンスの虚偽報告を避けられる仕組みになっています。

⑤プライムブローカー（証券会社）

運用会社の指図を受けて、取引の執行・決済を行います。また、信用取引に必要な貸株なども提供します。

⑥監査法人

ファンドから独立した立場で、会計監査を行います。ファンドの資産価格が妥当かどうか、といったことを厳しくチェックします。

【図表2-10】契約型のヘッジファンドのスキーム

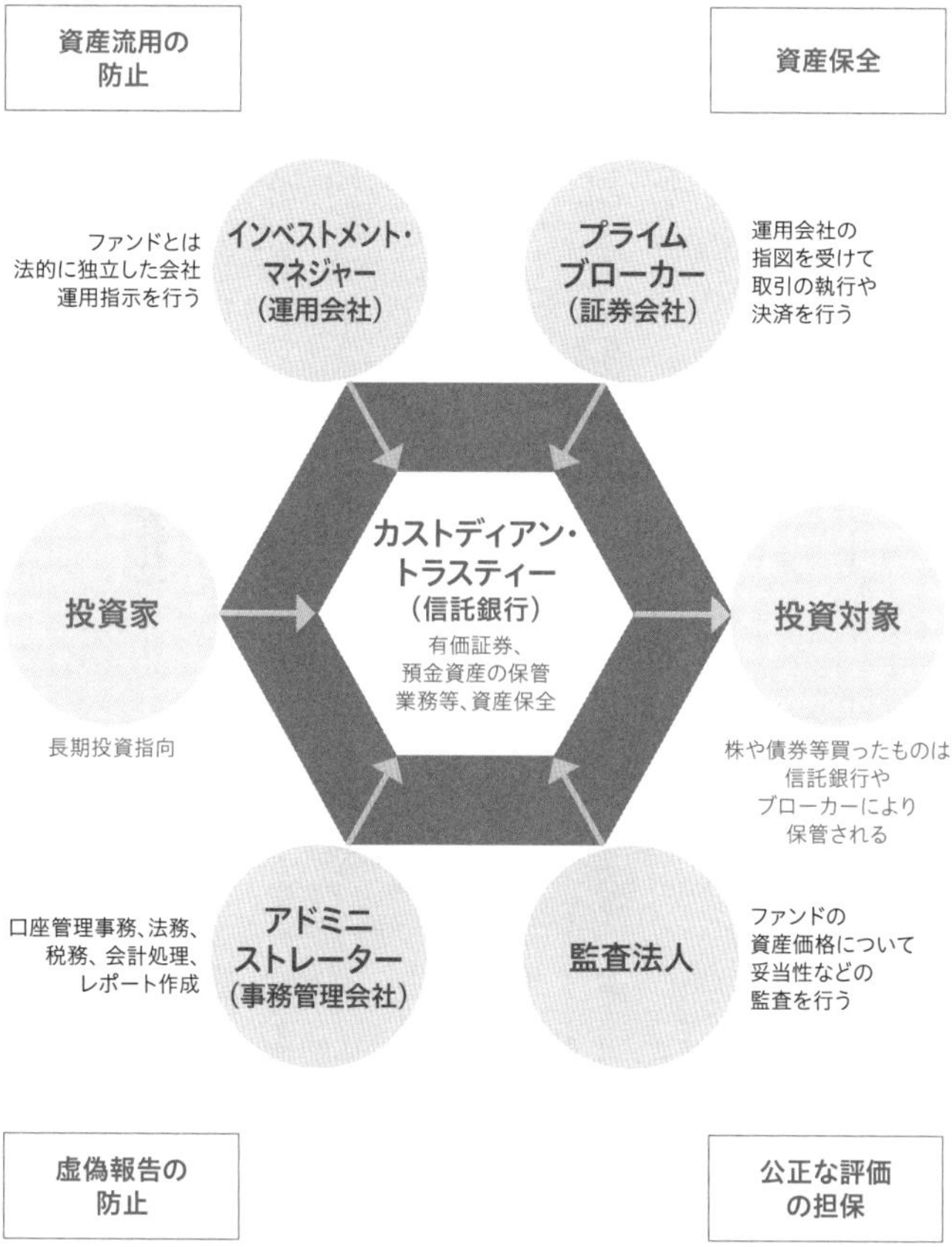
資産流用の
防止
資産保全
ファンドとは
法的に独立した会社
運用指示を行う
インベストメント・
マネジャー
（運用会社）
プライム
ブローカー
（証券会社）
運用会社の
指図を受けて
取引の執行や
決済を行う
投資家
長期投資指向
カストディアン・
トラスティー
（信託銀行）
有価証券、
預金資産の保管
業務等、資産保全
投資対象
株や債券等買ったものは
信託銀行や
ブローカーにより
保管される
口座管理事務、法務、
税務、会計処理、
レポート作成
アドミニ
ストレーター
（事務管理会社）
監査法人
ファンドの
資産価格について
妥当性などの
監査を行う
虚偽報告の
防止
公正な評価
の担保

以上の関係者の役割分担を示したのが【図表2‐10】です。

適切な業者に業務委託がされているかどうかは、非常に大事な確認事項です。たとえば、投資家の資金はファンド運用会社の運転資金と分別した上でカストディアンがしっかり管理しているか、といったスキームを十分に確認する必要があります。

前述した、ヘッジファンドによる史上最大の詐欺事件と呼ばれ、650億米ドルもの投資家の資金を詐取した米国のマドフ事件では、適切なプライムブローカーやアドミニストレーターが存在しておらず、オペレーショナルリスクが顕在化した事例でした。

この事件では、ファンドマネジャーであったバーナード・マドフ（2008年12月に逮捕）が、自分の息のかかったプライムブローカーやアドミニストレーターを用いて、虚偽の運用実績を発表していました。

日本でも同様の事件がありました。AIJという業者が、日本の機関投資家の中でとくに金融リテラシーが低い厚生年金基金（愛知県トラック事業厚生年金基金、全国宅地建物取引業厚生年金基金など）を狙った詐欺で、被害額は2100億円、年金加入者88万人が被害に遭いました。

このような詐欺事件に巻き込まれないようにするためにも、ファンドを運営する関係者の信用や評判、実績をしっかりチェックしたいものです。

適正に運営・管理されているヘッジファンドの目論見書には、こうしたスキームの説明や、どの役割をどの会社が担っているのか、といったことが明記されていますので、お金を託す前にしっかりと確認しましょう。

なお、前述のＡＩＪは、「投資助言会社」を雇っていない年金基金だけをあえて狙い撃ちにして詐欺を働きました。

投資家は、投資家サイドに立った投資助言会社を門番（ゲートキーパー）として活用することで、詐欺案件を寄せ付けないようにする必要があります。

ヘッジファンドの運用に関わるリスク

ヘッジファンドに限らず、ファンドには大きく分けて二つのリスクがあります。一つが「運用リスク」。もう一つが「ビジネスリスク」です。ビジネスリスクとは前述のとおり、スキームそのものにあるリスクです。

「運用リスク」とは次のようなものです（【図表2-11】参照）。

①価格変動リスク……価格変動によって資産価値が減少するリスク

②為替変動リスク……外貨建ての商品に投資し、為替の変動で資産価値が減少するリスク

③金利変動リスク……金利の上下動によってリターンが減少するリスク

④カントリーリスク……投資先の国・地域の政治経済情勢が不安定化して、市場に混乱が生じ、資産価値が減少するリスク

⑤流動性リスク……投資する株や債券などの取引量（出来高）が少なくなることで、希望する価格で売買できなくなるリスク

このうち、①の価格変動リスクと③の金利変動リスクについては、ヘッジファンドは株式相場や金利動向の影響を受けない「絶対リターン」を目指しているので、一般的な投資信託に比べれば、一部の積極的なファンドを除けば、相対的にリスクは小さいといえます。実際、「はじめに」や第1章でも見たように、ヘッジファンドの価格変動率は、ほかの金融商品に比べてかなり低水準です。

ただし、ファンドマネジャーの力不足や見立て違いによって、損失には至らないまでも、十分なリターンが得られなくなる可能性はないわけではありません。

力のあるファンドマネジャーを選ぶには、「はじめに」や第1章でも述べましたが、過去のトラックレコードを見て、10年以上にわたって年率10％以上のパフォーマンスを上げているかどうかを判別の目安にするといいでしょう。

また、②の為替変動リスクについては、海外で設定されるヘッジファンドは基本的に外貨建てなので、円高が進めばリターンが減る可能性はあります。

④のカントリーリスクも、投資先の国・地域や、ファンドが設定・運用されている国・地域の情勢の変化によっては、まったく影響を受けないとは断言できません。

⑤の流動性リスクについては、株式ロング・ショート戦略、グローバル・マクロ戦略、CTA／マネージド・フューチャーズ戦略などを採用しているヘッジファンドは、比較的流動性の高い株式や債券（またはその先物）などで運用するので、さほど問題ないといえそうです。ただし、イベント・ドリブン戦略やディストレスト戦略など、ヘッジファンドの戦略によっては、流動性の低い資産の割合が高くなるものもあるので注意が必要です。

【図表2-11】ヘッジファンドの運用に関わるさまざまなリスク

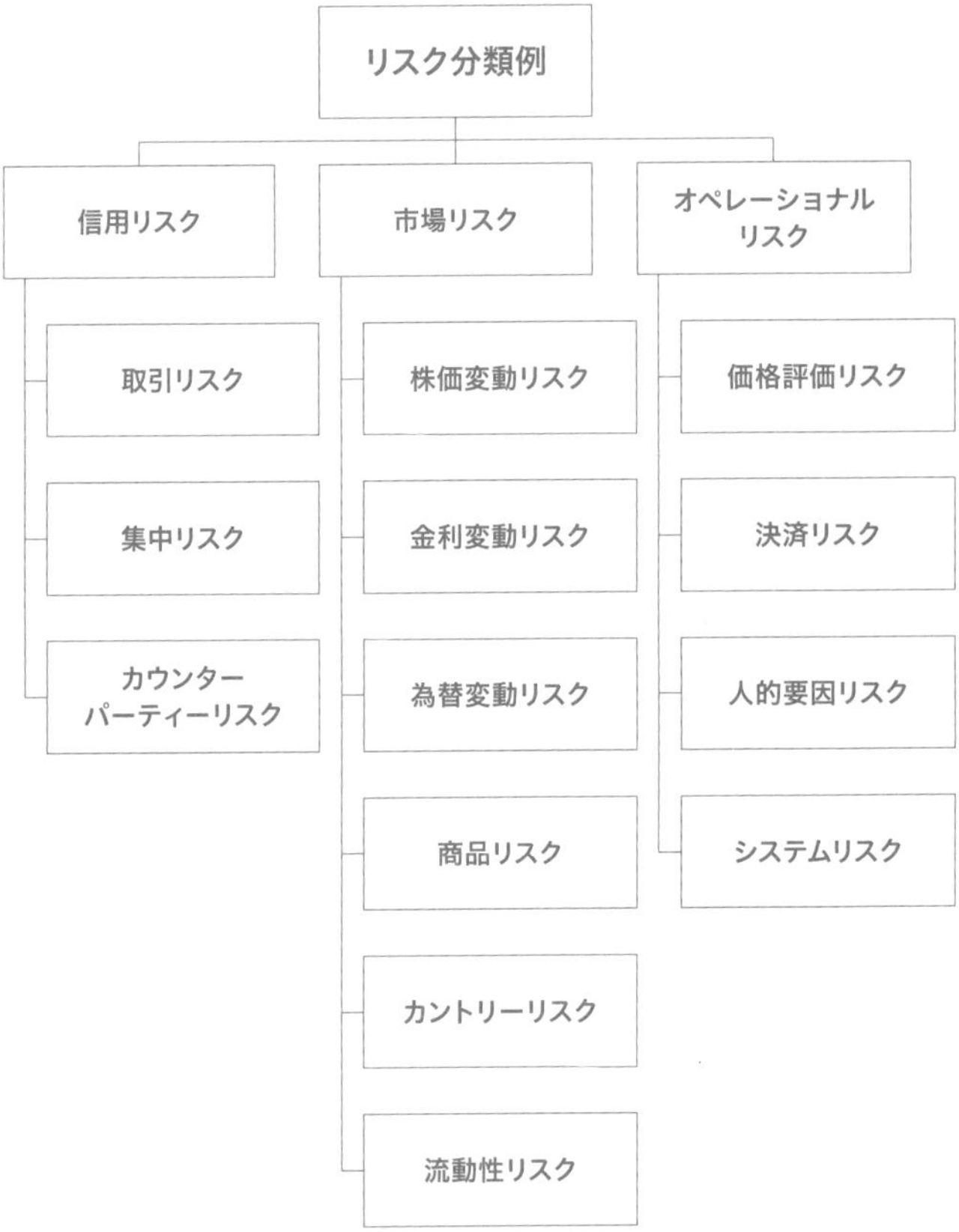

私募形式であるヘッジファンドは、公募形式である一般の投資信託と違って、解約・換金できるのは月に1回などと制限されているものがほとんどです。

中には、運用効率を高めるため、長期投資を前提とする投資家の資金しか預かろうとせず、当初1年間は解約できないヘッジファンドもあります。

このように、ファンドの換金性が低い場合もありますので、購入する際には解約条件をしっかり確認しましょう。

ヘッジファンドのリスク管理とプライムブローカー

ヘッジファンドの運用において、ゴールドマン・サックスやモルガン・スタンレーなどのプライムブローカーの提供するリスク管理は欠かせません。プライムブローカーはファンドの組成から、取引の実行、貸し出しや信託銀行を通じた取り引きの決済やリスク管理など、運用の機関となるサービスをワンストップで提供しています。

とくに証拠金を利用した積極的なヘッジファンドに対しては「バリュー・アット・リスク」「ストレス分析（シナリオ分析）」「流動性分析」などからリスク分析と、それにより必要となる証拠金の金額を提示します。

ノーベル経済学賞を受賞した学者らが自らの理論を実践しようとして立ち上げた「ロングターム・キャピタル・マネジメント（LTCM）」が破たんしたのは有名な話ですが、プライムブローカーよりLTCMのほうが発言力が強かったこともあり、最終的には資本金に対して25倍ものレバレッジをかけていたことが破たんに至った理由の一つといわれています。

この事件は1998年のことで、それから20年の時を経て、現在はリスク管理手法が洗練化されてきており、レバレッジ倍率をプライムブローカー側が制限することにより、LTCMが行ったようなハイリスクな取引は事実上できなくなっています。

ハイリスクな取引といえば、2021年3月に元ヘッジファンドマネジャー、ビル・ファンが率いるファミリー・オフィス、アルケゴス・キャピタルが巨額の損失を計上し、話題となりました。一部の報道では「ヘッジファンドが巨額の損失を出した」と報じられましたが、それは間違いです。ビルは元ヘッジファンドマネジャーであって、アルケゴスは、他人の資産を預かるヘッジファンドではなく、自己資金のみを運用するファミリー・オフィスでした。つまり、アルケゴスは運用資産が1・1兆円もある巨大な個人投資家だったということです。

自分のお金だからこそ、ギャンブルをするのも自由で、誰にも遠慮せずに高いレバレッジを効かせることができるわけですが、その代わり損失も大きく、彼に信用枠を与えていたプライムブローカーを巻き添えにしました。

彼はヘッジファンドではないため、金融当局にポジションを報告する必要がないのをいいことに、プライムブローカーに対して実態とは異なる自己資金比率を見せることで高いレバレッジを引き出しながら、それを少数の個別銘柄に集中投資をしていたのです。そんな無茶な取引をした結果、ついに最後は大損することになりました。

他人の資金を預かるヘッジファンドでは、このような極端なリスクを取るところはありえません。プライムブローカーも前述のとおり、レバレッジ倍率を制限します。

ヘッジファンドに投資をする際には、長期実績を確認し、価格変動リスクと最大ドローダウンなどを確認することで、万が一にでも、アルケゴスのような無茶な手法を使うファンドへは投資をしないように注意する必要があります。

ヘッジファンドに投資する際の各種リスクや注意点については、日本銀行金融機構局の『ヘッジファンドに投資する場合のリスク管理について』という論文に丁寧にまとめられているのですが、最後は以下の文章で締めくくられています。

「ヘッジファンド投資のリスク管理の手続きは、今後も改良・発展していくものであるため、日本銀行金融機構局としては、今後も様々な機会を捉えて、金融機関を含めたヘッジファンド業界関係者と対話を継続することで、ヘッジファンド投資のリスク管理のさらなる充実に関与して参りたい」

私のところにも日銀関係者（当時金融庁に出向）からレクチャーの依頼がありましたが、微力ながらヘッジファンド業界の発展に寄与したいと考えています。

第3章

検証 ヘッジファンド以外の投資商品との比較

孔子曰く、似て非なる者を悪《にく》む。

孟子（中国戦国時代の思想家）

前章までは、10年間平均年利10％以上を目指せるヘッジファンドを説明してきました。この章では、富裕層によく売り込まれている金融商品の検証をしていきます。

通常、あなたがインターネットなどで見かける金融商品に関する記事は、その大半が、金融商品の販売者がスポンサーだったり、送客して手数料収入を得ようとしているアフィリエイターによる「ヨイショ」記事だったりします。

また、巷の投資コンサルタントや評論家、新聞や雑誌のライターの中にも、金融のライセンスも持たずに不正確な情報を発信している人が多々います。

それに対して、私は関東財務局に登録された投資助言会社の社長として、ほかのいかなる金融商品の販売業者からも広告料や手数料を一切もらわない立場です。

「高利回りの債券」「ファンドラップサービス」「毎月分配型投信」「個別株投資」「収益不動産投資」「太陽光発電投資」「プライベートバンク」「相続税対策としての海外移住」など、あなたがこれまで営業マンから勧誘されてきた数々の金融商品やサービスについて、富裕層にとって本当にメリットがあるのかを中立的な立場から考察していきます。

すでにこれらの商品・サービスをお持ちの方や、その販売者の方を全否定する気は毛頭ありません。セカンド・オピニオンではないですが、今保有している商品やサービスを改めて見直すための視点や気づきを一つでも得ていただけると幸いです。

新興国債券の高利回りには要注意

『日本経済新聞』などで、「最終利回り年13・47％　期間7年　円貨決済型ブラジルレアル建て社債」といった高利回り債券を販売する証券会社の広告を見かけることがよくあります。

ブラジルレアルのほか、トルコリラ、南アフリカランドといった、金利が高い新興国の通貨で起債する債券は、件《くだん》の広告のように年利回りが10％を上回るものが多いことから、常に人気を集めているようです。

第1章でも述べたように、先進国の長期金利は限りなくゼロ、またはマイナスとなっており、日本の10年国債の利回りはわずか0・1％しかありません（2021年1月時点）。それに比べ、年10％以上もの高利回りを実現しているブラジルやトルコなどの債券は、一見、有利な金融商品に思えるかもしれません。

しかし、こうした高利回り債券には大きなリスクが潜んでいます。中でも注意したいのが為替相場の下落です。どんなに利回りが高くても、起債通貨そのものの価値が下がれば、為替差損によって利益が食われてしまう可能性があります。

実は、ブラジルレアルやトルコリラは、かつてインドルピー、インドネシアルピア、南アフリカランドとともに〝フラジャイル・ファイブ〟（脆弱な5通貨）と呼ばれたこともあるように、金融危機などが発生すると、たちまち大きく値を下げる危険がある通貨です。

しかも、これらの国々は政治や経済の状況がやや不安定であることから、通貨の価値もひたすら下がり続けています。こうした通貨が投資対象となるためには、インフレ率の安定化、経常収支赤字の縮小、財政赤字の縮小、失業率の低下などが必要と考えられます。【図表3-1】はブラジルレアルの対円相場の推移ですが、2020年12月までの10年間で、1レアル＝約50円から約20円まで、じつに半値以下に下がっています。

仮に、5年前に年利回り10％のブラジルレアル建て社債を買ったとしても、利息のほとんどの部分はレアルの下落によって消えてしまっているはずです。

そもそも、通貨に対する信用力が低いゆえに、高い利回りを設定して販売せざるをえないハイリスク商品なのですから、新興国債券を購入する際には、相応の覚悟をする必要が

【図表3-1】ブラジルレアル相場は10年間で半値以下に

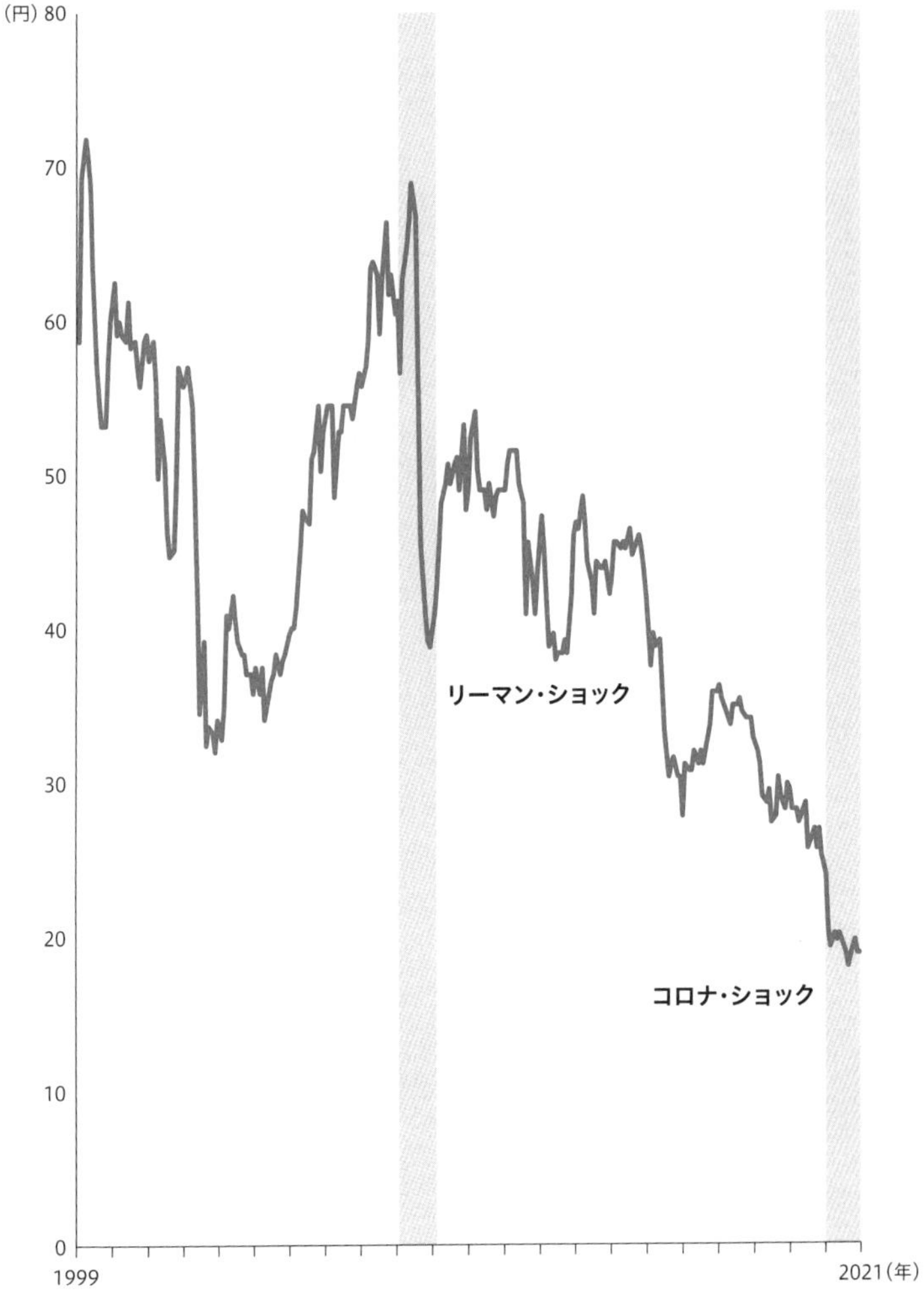

あるといえます。

また、高利回りの新興国債券は、新興国通貨建てで運用し、最終的に円貨で決済するものが一般的ですが、両替手数料が高く、購入時と決済時の両替手数料だけで利子が吹き飛んでしまうこともあります。


同じように新興国を対象とする投資商品で、「年利6％　カンボジアの米ドル建て定期預金」といった広告をネットで見かけることもあります。

金融リテラシーがあまり高くなく、「定期預金」という言葉に、つい安心してしまう投資家をターゲットにした商品だと思われますが、これも危険極まりません。

国際金融の知識がある方ならご存じだと思いますが、カンボジアの長期債務格付けは有力格付け会社ムーディーズの格付けで「投資不適格級」とされており、非常にカントリーリスクの高い国です。

定期預金なので、預け入れ期間中は資金が完全に拘束されるはずですが、何も手を出せずに全損する危険を抱えてまで年6％のリターンを取りにいくのは、まったく割に合わないのではないでしょうか。

預金金利が高いのには理由があり、自分がそのリスクを取れるのかを確認する必要があります。

大手証券会社のファンドラップサービスの運用実績は芳しくない

証券会社が提供する金融サービスの一つに、ファンドラップがあります。

個人投資家からまとまった資金を預かり、証券会社の裁量によって管理・運用するもので、第三者に資産運用を全面的に任せる「投資一任運用」の口座を「ラップ口座」といい、そのサービスを「ファンドラップサービス」と呼びます。

通常、証券会社の役割は、投資家の注文に応じて株式や債券の売買を仲介したり、投資信託を販売したりすることです。どちらの場合も、証券会社が個別の銘柄や投資信託を推奨することはあるものの、売買するかどうかを最終判断するのは投資家自身です。

これに対しファンドラップサービスでは、投資一任契約を交わした証券会社が、投資家に代わって資産配分の調整や、購入する投資信託などの選定と売買の判断、定期的なポートフォリオの再調整などを行います。

投資信託も、〝投資のプロ〟であるファンドマネジャーに、資産の一部の運用を任せるサービスの一種といえますが、ファンドラップサービスは、より広範囲の資産の運用を投資の〝プロ〟に丸投げするサービスであると考えればいいでしょう。「資産運用のアウトソーシング（外部委託）」と言い換えることもできそうです。

一般社団法人日本投資顧問業協会の調査によると、ファンドラップサービスの契約件数は2020年9月末時点で112万7779件、契約資産額は10兆1175億円に上っており、5年前（2015年9月末）に比べて件数は約2・6倍、資産額は約2倍に増加しています。

これほど急激に契約が伸びているのは、証券会社が積極的な営業活動を行っているからです。

しかし、ファンドラップサービスの運用実績は、必ずしも芳しいとはいえません。

金融庁が2019年8月に発表した「販売会社における比較可能な共通ＫＰＩの公表状

況」というレポートによると、金融庁に報告があった15の金融事業者（メガバンク、地方銀行、総合証券会社、ネット証券会社など）のうち、２０１９年3月末時点でファンドラップサービスの運用損益が０％を上回った顧客の比率は、メガバンクが平均70％、地方銀行が81％、総合証券会社が65％、ネット証券会社が72％となりました（【図表３‐２】参照）。

しかし、詳しく実績を見てみるとほとんどが０～10％未満のリターン実績で、投資信託に比べて長期投資が多いことを考えると、さみしい実績となっています。

また、国内の主なファンドラップの手数料は、預かり資産額に対し年間で最大３％とかなり割高です。わずかな運用益では実質赤字になりますし、運用の損益がマイナスになってしまったら目も当てられません。

しかも、投資信託と同じように、ファンドラップサービスの運用実績もファンドマネジャーの力量によって大きく変わるのです。

にもかかわらず、残念ながらファンドラップサービスについても、誰がファンドマネジャーなのかということはまったく開示されません。

「投資のプロなら、うまく運用してくれるだろう」と思って、まとまった資産を託してい

【図表3-2】ファンドラップの運用損益別顧客比率
（業態別、18年3月末・19年3月末基準）

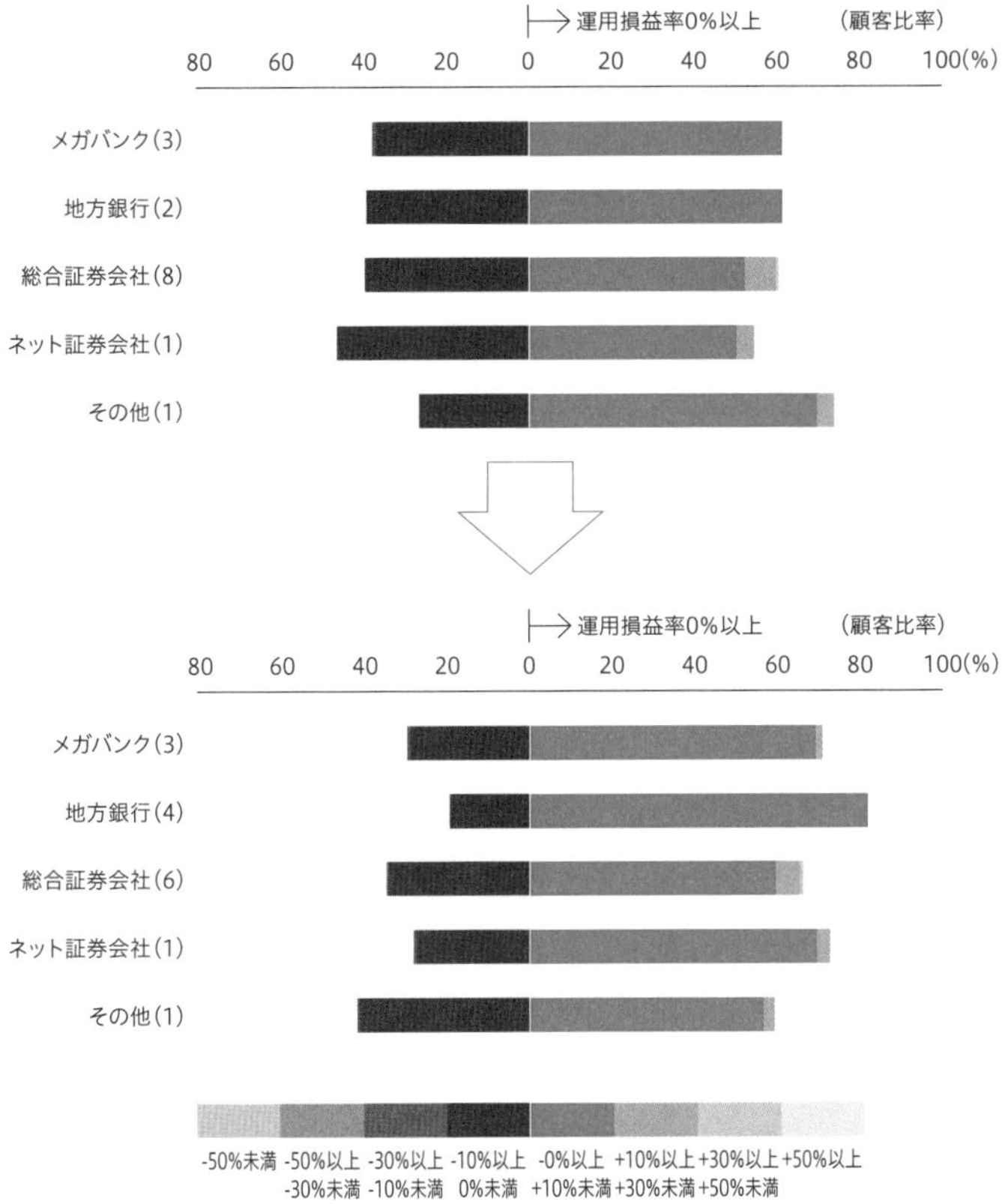

(注1)上段:基準日18年3月末。19年6月末までに金融庁に報告があった金融事業者(15先)の公表データを集計(単純平均)
下段:基準日19年3月末。19年6月末までに金融庁に報告があった金融事業者(15先)の公表データを集計(単純平均)
(注2)各業態の右端のパーセンテージは、運用損益率0%以上の顧客割合(小数点以下四捨五入)
(注3)各業態の右側の( )内数値は、公表先数
(出所:金融庁)

るのに、その運用責任者の過去の実績や手腕はまったくわからないというのは、なんともおかしな話だと思います。

ファンドラップサービスは、自社グループの金融商品の販売手段にすぎない

金融庁はファンドラップサービスの問題点の一つとして、運用対象の投資信託の5割から7割が、販売会社の系列運用会社によって設定されたものであるとし、投資対象の選定プロセスの透明化に向けた取り組みが不十分であることを挙げています（金融庁「平成27事務年度 金融レポート」）。

これはどういうことかといえば、ファンドラップサービスを提供する証券会社や銀行は本来、投資家の資金を殖やすために最適な投資信託を組み込むべきであるのに、実際は自社系列の運用会社が設定した投資信託を投資家に買わせることを目的としているのではないか、と指摘しているわけです。

単に自分たちの商品を売るための〝道具〟としてサービスを提供しているのなら、運用

成績が上がるはずもありません。

ファンドラップサービスは投資信託と異なり、運用成績などの情報の公開度が低く、比較する環境が整っていません。そのため、実際の運用がどうだったかを分析することは困難です。運用実績をリスクとリターンという評価基準でしっかり明示する必要があると思います。

先ほど挙げた、金融庁の「販売会社における比較可能な共通ＫＰＩの公表状況」のファンドラップの累積の実績が、10％未満が多い状況からも、平均年利回り10％以上の成績を10年以上にわたって上げているものも皆無に等しいことがわかります。その意味でもファンドラップサービスは、まだ資産運用サービスとしての実績が伴っていないといえます。

損をすると有名になってもまだ人気の毎月分配型

この節では、「リターンは少なくても良いので、安定したインカムが欲しい」という需要で買われている毎月分配型の投資信託を見ていきましょう。

「毎月分配型投資信託」とは、1カ月ごとに決算を行い、収益などの一部を収益分配金（以下、分配金）として毎月分配する運用方針の投資信託です。

公的年金の受け取りは2カ月に1回ですが、毎月分配型投資信託は、毎月お金を受け取れるという仕組みから、退職世代が私的年金として購入するケースが目立ちます。最近では、50代が顧客の中心であるネット証券の投資信託販売ランキングでも、毎月分配型投資信託が売れ筋上位に出てきます。

聡明な読者の皆さんは、この投資商品がいかに非合理なものであるかはご存じでしょう。

あたかも運用の利益から安定的に配当が毎月出てくるように「見せかけている」商品が、この種の投資信託だからです。

毎月分配金を出し続けるには、継続的にリターンを上げなければなりません。リターンが得られなければ、空腹のタコが自分の足を食べるように、分配金に見せかけて、投資家から託された資産を取り崩して配るという「タコ足配当」になってしまうからです。

しかし、これまで見てきたように、日本で設定・運用されている投資信託の運用成果は芳しいものではありません。十分なリターンを得られないので、大半の毎月分配型投資信託は「タコ足配当」を出さざるをえない状況に陥っているのが現実なのです。

金融庁の「平成28事務年度 金融レポート」では、分配型投資信託について、次のように痛烈に批判しています。

「我が国の投資信託の残高の過半を占めている毎月分配型投資信託については、複利効果が働きにくいことに加えて、元本を取り崩しながら分配される場合には運用原資が大きく目減りして、運用効率を下げてしまうということが問題点として指摘されている。顧客へのアンケート調査結果を見ると、毎月分配型投資信託を保有する顧客のうち、『分配金として元本の一部が払い戻されることもある』ことを認識していない割合は5割弱、『支払われた額だけ、基準価額が下がる』ことを認識していない割合は約5割にも上ることから、こうした毎月分配型投資信託の商品特性について、販売会社が顧客に十分情報提供した上で、顧客が商品選択しているのかについては疑問が残る。

また、毎月分配型投資信託については、分配金を月々の生活資金に充てたいといった高齢者を中心とする顧客ニーズがあるとの見方もあるが、前記のアンケート調査結果では、受け取った分配金を何に使いたいかとの質問に対して、分配金を『特に使わない』、『同じ投資信託を購入する』等の回答が相当数見られていることから、顧客ニーズを十分に確認せずに販売が行われている可能性がある。(後略)」

このような批判があったことから、対面証券を中心に毎月分配型の販売は落ち着いてきましたが、相変わらず投資信託の残高の上位には毎月分配型投信がランキングしており、その根強い人気がうかがえます。

長期投資に向かないテーマ型投信

近年、販売金額上位に来る投資信託として、テーマ型投信の躍進が目立ちます。昔からこうしたテーマ型投信は、売れている時期が株価のピークであることが多いことから長期投資に向かないといわれています。

今はテクノロジー株やESG関連株投信が売れていますが、たとえば以前売れていた資源株投信やMLP関連ファンド、ベトナム株関連投信、中国株関連投信などは、いずれも販売開始後まもなくに運用残高のピークを迎え、その後成績の低下とともに運用資産は急減していってしまいました。その仕組みは次のとおりです。素人投資家でもわかりやすいテーマだからこそ、販売業者からすると売りやすく、結果、大衆からの大量の資金がテーマ型投信に集まります。大衆が投資したいタイミングで運用を開始するわけですから、そこがまさに相場の天井であり、高値掴みをした投信の運用成績は当然に悪くなります。運用成績が悪化すると損をした投資家が続々とその投信を解約して逃げ出していくため、そのテーマ型投信の運用資産が減少していくという流れです。

日本の各運用会社に必要なのは、海外でいうマゼランファンドやコントラファンド、ファンドスミス株式ファンドのような、長期実績から選ばれるど真ん中のフラッグシップファンドです。日本にもそろそろ、個人投資家の資産形成に資する、長期投資の受け皿となる本物の投信の登場が望まれます。

日本には本当のプライベートバンクはない

脱税ができなくなり、強みを失いつつある海外のプライベートバンク

プライベートバンクの発祥は200年以上前のスイスにさかのぼります。スイスは周りを大国に囲まれていたことから1815年の「ウィーン議定書」によって、どの国にも与《くみ》せず、攻め込まれないような中立国となる道を歩みました。各国の権力が及ばないことから、欧州の富裕層の資産を守るスペシャリストとしての地位を確立していきました。

もっと率直に言えば、脱税のニーズによって発展してきたのがスイスのプライベートバンクです。

1934年に有名なスイスの銀行法が施行され、口座名義人の情報を第三者に開示する

ことは犯罪となりました。この法律をもとに、スイスのプライベートバンカーたちは諸外国からの情報開示を拒否し、顧客の情報を守っていくことができました。

しかしながら、こうした秘密主義（他国から見ると脱税幇助）も2013年に米国によって破られました。リーマン・ショック以降、米国はスイスの脱税口座について厳しい態度で臨み、1741年創立とスイスで最も古い歴史を持つヴェゲリンは廃業に追い込まれました。さらに外国口座税務コンプライアンス法（FATCA）の成立により、スイスのプライベートバンクは顧客情報を米当局に提供することが決まり、一番の強みを失うことになりました。

本来プライベートバンクは「個人のための銀行」ではなく、無限責任のパートナーによる「個人が所有する銀行」という意味です。だからこそ、富裕層の執事としてスイスのプライベートバンクは多くの富裕層たちに、金融だけでなく、それ以外の情報を含めたサービスの提供を行うことができました。

現在はラン・アンド・ボドマーやボーディエなどわずか6行のみが本来のプライベートバンクの形態を維持しており、そのほかのクレディ・スイスやUBSなどは株式会社化により規模の拡大を選択しました。個人情報の秘匿はかなわず、インターネットの普及により、多くの情報に富裕層自身がアクセスできる現在、プライベートバンク自体に昔ほどの存在感はなくなってきています。

日本のプライベートバンクには「富裕層向けの商品」はない

現在、日本には、自称プライベートバンク、プライベートバンキングサービスはありますが、国内規制の関係上、海外のプライベートバンクのような機能を有する金融機関はありません。欧州ではユニバーサルバンクといわれる、銀行・証券・信託が一体となったサービスが提供されていますが、日本では銀行業と証券業・信託業は別々の認可となっており、提供されるサービスは限定的となってしまうからです。

販売されている金融商品も、日本の証券会社で販売されている金融商品（仕組債や投資信託、債券）であり、「富裕層の特別な商品」というものは用意されているわけではありません。

実際、プライベートバンクに邦銀や証券会社とのサービスの違いについて質問すると、グループ企業間による融資のメリットなど、運用商品以外についてメリットがあると説明を受けることが多いです。

また2000年代に入ってからサービス提供をした会社が多いことから、外資系プライベートバンクの日本子会社・支店に勤める社員の多くは、日本の金融機関出身者が中心です。本国に比べると課題解決型のソリューション提案の経験値が少ない傾向があります。

外資系プライベートバンクの在日子会社や支店について確認してみましょう。

クレディ・スイス

クレディ・スイスは、チューリッヒに本社を置く世界最大規模の金融機関です。そのほかの欧州銀行よりも比較的グローバル志向が強く、1990年代から2000年代にかけて買収を多く行いました。その結果、プライベートバンキング部門以外に、投資銀行部門や運用部門の比率も高まっています。

実際2020年の売り上げはプライベートバンキング（ウェルス・マネジメント）部門が136億スイスフラン、投資銀行部門が102億ドル（通貨はレポートの表記どおり）となっており、投資銀行部門の割合が高まっていることがわかります。また運用部門を持っているため、自社商品を顧客に売り込むインセンティブがあります。

日本ではクレディ・スイス証券としてプライベートバンキング事業の運用を開始したのは２００９年からです。一般的な金融機関に比べると長期スパンの提案が多いようです。口座開設をするには最低預入額が５億円以上必要です。

提案される商品は自社グループの商品が多く、かつその内容は日本で登録された金融商品となりますので、ほかの金融機関が取り扱う商品と同等です。

災害保険や、生命保険を証券化したものなど一部オルタナティブ商品（株や債券などの伝統的商品と相関関係の低い投資商品）の提案もありますが、基本的には購入できる商品は投資信託・仕組債・劣後債など一般的に国内で流通している金融商品が中心です。最低投資金額は５０００万円からの商品が多いようです。

UBS

ＵＢＳは、スイスに本店があり、世界50カ国以上に金融サービスを提供するグローバルな金融機関です。クレディ・スイスと同様にプライベートバンキング以外に投資銀行部門や運用部門も拡大しています。実際ＵＢＳアセット・マネジメントは２０２０年に欧州の個人向けの運用会社として、アムンディを抜いてトップに立ったと報道されています。個人の無限責任のパートナーによる経営をしていたプライベートバンクとは規模がまったく異なることから、スイスに拠点を置いているだけのグローバルな銀行との指摘もすでにあります。

日本では２００４年からＵＢＳ証券株式会社としてサービス提供を開始しました。口座開設には最低２億円以上の預け入れが必要です。

ＵＢＳも自社グループの商品の売り込みが多い傾向があり、他社商品は少ない傾向があります。近年は本国と同じ運用が行えるとして、ラップ口座を積極的に進めています。またラップ口座などの最低投資金額は５０００万円（または50万米ドル）からとなっています。投資顧問協会のラップ口座の運用残高では個人向けで１９７６億円の預かりがあり、投資家の数は８５７人とのことですので、一人当たり２・３億円ほど預けていることがわかります。

近年ＵＢＳは進出国のローカル金融機関と協業を世界的に進めており、日本でも三井住友信託銀行とＵＢＳ ＳｕＭｉ ＴＲＵＳＴを設立しています。

ロンバー・オディエ

１７９６年にスイスのジュネーブにて創業した老舗のプライベートバンクでしたが、２０１４年に株式会社化しています。

日本ではロンバー・オディエ信託株式会社として、プライベートバンク事業を開始し、２０１５年以降から業務拡大を図っています。３億円以上金融資産を持つ富裕層をメインターゲットとし、１億円以上の預け入れは必要としているようです。

基本的には信託会社であるため、顧客の指示によりロンバー・オディエ名義で運用する信託契約が中心となります。２００９年ごろから地銀との連携を進めているのが特徴です。

ジュリアス・ベア

ジュリアス・ベアは、スイス・チューリッヒに本拠を置き、25カ国以上に60カ所超の拠点を展開するプライベートバンキング業務メインの銀行です。

日本では2018年9月に、野村ホールディングスが、ジュリアス・ベアウェルスマネジメントリミテッドの株式を40％取得したことにより、ジュリアス・ベアノムラウェルスマネジメントリミテッドとして活動しています。「投資一任運用」を中心に売り出しています。

現物株・収益不動産・太陽光・相続税対策の海外移住

現物株の短期売買で長期で勝つのは困難

次は現物株投資です。

個別の株式には、業績の変動や倒産、不祥事の発生といった、さまざまな価格下落リスクがあります。

もちろん、株価が1年で2倍以上になる銘柄もないわけではありません。

しかし、そうした銘柄を見極めるには、相当な経験や「目利き」が求められますし、そもそも、勝ち続けるのは容易ではありません。

たとえば、日本株を専門に扱う投資信託を運用するファンドマネジャーでも、年利回り10%以上を10年以上継続している〝成功者〟はほとんどいません。

「はじめに」で述べたように株式投資の神様ウォーレン・バフェットですら、11・2％の運用実績です。

米国の投資会社ケンブリッジ・アソシエイツによると、米国の代表的な株価指数であるS&P500指数に投資をした過去75年間のデータを長期分析したところ、この間にリターンがもたらされたのは、わずか5年間（全体の7％の期間）の上げ相場で得られたものでした。

つまり、良い時期に株式を買えば儲かりますが、大半の期間は買えば損する可能性が高いというわけです。

本業で忙しいあなたには、株式相場や個別銘柄の値動きをにらみながら、絶好の売買タイミングをうかがう時間の余裕などないはずです。

目的が「暇つぶし」「ギャンブル」ではなく「財産を殖やすこと」であるならば、プロに運用をアウトソースしたほうが良いのは間違いないでしょう。

収益不動産は逆ざやになる可能性がある

「自力による資産運用」の代表例の一つが、一棟ものの賃貸アパート・マンションなどを購入する収益不動産投資でしょう。

銀行などからの借り入れによって、自己資金の5倍程度の物件が取得できることや、建物部分の減価償却で節税できるという2点において有効な施策だといえます。

しかしながら、リスクを抑えて最大限、投資リターンを追求するという観点からは、これからの時代は収益不動産への投資はそれほどおいしくないかもしれません。

近年、収益不動産の物件価格は著しく上昇しており、首都圏の新築物件だと、表面利回り（物件価格に対して1年間に得られる賃料収入の割合）は年3％を下回るものも少なくありません。

もちろん、地方には高利回りの不動産がありますが、それは結局、人口減少により地価が下がり続けることを織り込んで、表面上の利回りが高いだけであって、その不動産を売却したときにはキャピタルロスが出る可能性が高いといえます。

どれほどインカムゲインが表面上高くても、最後に巨額なキャピタルロスを被ってしまえば、インカムゲインとキャピタルゲインを合算したトータルリターンはマイナスになる可能性が高いでしょう。

実際、個人投資家が表面利回り10％の築古中古アパート一棟を購入したものの、売却する際に買値よりも大幅に値下がりし、それまでため込んだキャッシュフローを全部吐き出してしまったというケースが後を絶たないようです。


このような地方の高利回り物件を狙うのはまだ資産形成途上の方が中心であり、富裕層の多くは都心不動産に投資をしています。

では都内では大丈夫なのでしょうか。

実は東京の賃貸アパート・マンションでも、空室の増加が深刻な問題となっています。

トヨタ系の不動産調査会社タスが「平成30年 住宅・土地統計調査」（総務省発表）から推計したデータによると、2018年10月時点における東京23区の賃貸住宅の空室率は16・4％、東京市部は18・4％に上っています。

ただでさえ、東京都心部の賃貸アパート・マンションの表面利回りは前述したように物件価格の高騰で3％程度と低いのですが、空室によって、実際の利回りはさらに下がってしまうリスクがあります。

不動産投資は、収益不動産そのものから得られるネット利回りと、借入金利のさや（スプレッド）を取るのが本質です。

今後、景気が悪化しているのにもかかわらず、物価が上昇するようなスタグフレーションが起こった場合、金利は上昇してしまいます。

その場合、不景気で可処分所得が下がり、家賃が下がることで物件利回りが低下する中で、借入金利が上昇した場合は、不動産投資は逆ざやとなってしまい、毎月赤字を垂れ流していく負の資産となってしまいます。

今後、人口減少が確実視されている日本において、長期的に不動産投資をするとなれば、それこそ都心の超一等地以外には安心して投資できないといえます。

不動産投資をするということは、景気循環的な不動産相場のタイミングを上手に計るという意味で、まさに自分自身が相場師となる営みであるといえます。

もし、どうしても不動産に関心があるのであれば、不動産株やＲＥＩＴ（不動産投資信託）などの分野で実績のあるファンドマネジャーにアウトソースするのか、自分で相場を張るのか、どちらが良いのかを冷静に判断してみるべきでしょう。

太陽光発電　電力買取価格が急落

「太陽光発電なら単年度利回りは10％。しかも20年間、電力買取を保証します」

そんな投資話を持ちかけられたことのある方もいらっしゃるのではないでしょうか。

太陽光発電投資が今日のようなブームとなったのは、２０１１年3月に発生した東日本大震災がきっかけです。原発事故でエネルギー安全保障が重大な危機に陥ったことから、翌２０１２年7月に太陽光など再生可能エネルギーの普及を促す固定価格買取制度（Feed-in Tariff、略称ＦＩＴ）がスタートしました。

これは、個人や法人が設置した太陽光発電装置で発電した電気を、電力会社が一定期間、一定価格で買い取ることを国が約束する制度です。

当初、太陽光発電については、住宅用の10ｋＷ（キロワット）未満が１ｋＷｈ（キロワット時）当たり42円、産業用の10ｋＷ以上は40円という固定買取価格が設定され、産業用については20年間、価格を据え置いたまま電気を買い取ることが決定しました。

「20年間、電力の買い取りを保証します」という設備販売業者のセールストークは、この仕組みを根拠としています。

しかも、法人であればソーラーパネルなど太陽光発電設備の減価償却費として計上することで節税（というよりも、一時的な課税繰り延べ）ができることが、太陽光発電投資の人気に火を付けたのです。

では、本当に単年度で10％もの年利回りが得られるのでしょうか。

一般に太陽光発電では、初期投資として借地に設備を建てることが多いはずですが、20年後には設備が老朽化して価値がほぼゼロになり、土地も返さなければなりません。

これは、「年10％の社債を購入したけれど、20年後にその会社が破たんして元本がゼロになった」というのと同じことです。中古市場があると説明する人もいますが、20年後からいっせいに増加する中古設備にどれだけの価格がつくのでしょうか。

元本に対して年10％の利子が20年間出て（10％×20年＝200％）、20年後に元本がなくなった場合（利子200％－元本100％）、20年間のリターンは１００％しかないので、平均すると単利で5％、複利で3・5％の年利回りにしかなりません。

結局は、収益不動産投資と同じように、どれだけインカムゲインを稼いでも、多額のキャピタルロスを被れば、正味の利回りは大きく下がってしまうのです。

しかも、インカムゲインを支える固定買取価格は、年々下がり続けています。

1kWh当たり40円でスタートした産業用の固定買取価格は、２０１9年には14円と、ほぼ3分の1になってしまいました（10kW以上の場合）。

これほど下がったのは、そもそも制度開始時の設定価格があまりにも高く、電力会社がそのコストを電気料金に上乗せしたため、利用者の不満が高まったことや、太陽光の発電効率の向上などが理由です。

【図表3‐3】に示したように、太陽光発電の固定買取価格は、ほぼ毎年下がっており、これからもさらに下がる可能性があります。それによって、利回りもどんどん小さくなっていくことでしょう。

【図表3-3】太陽光発電の固定買取価格の推移

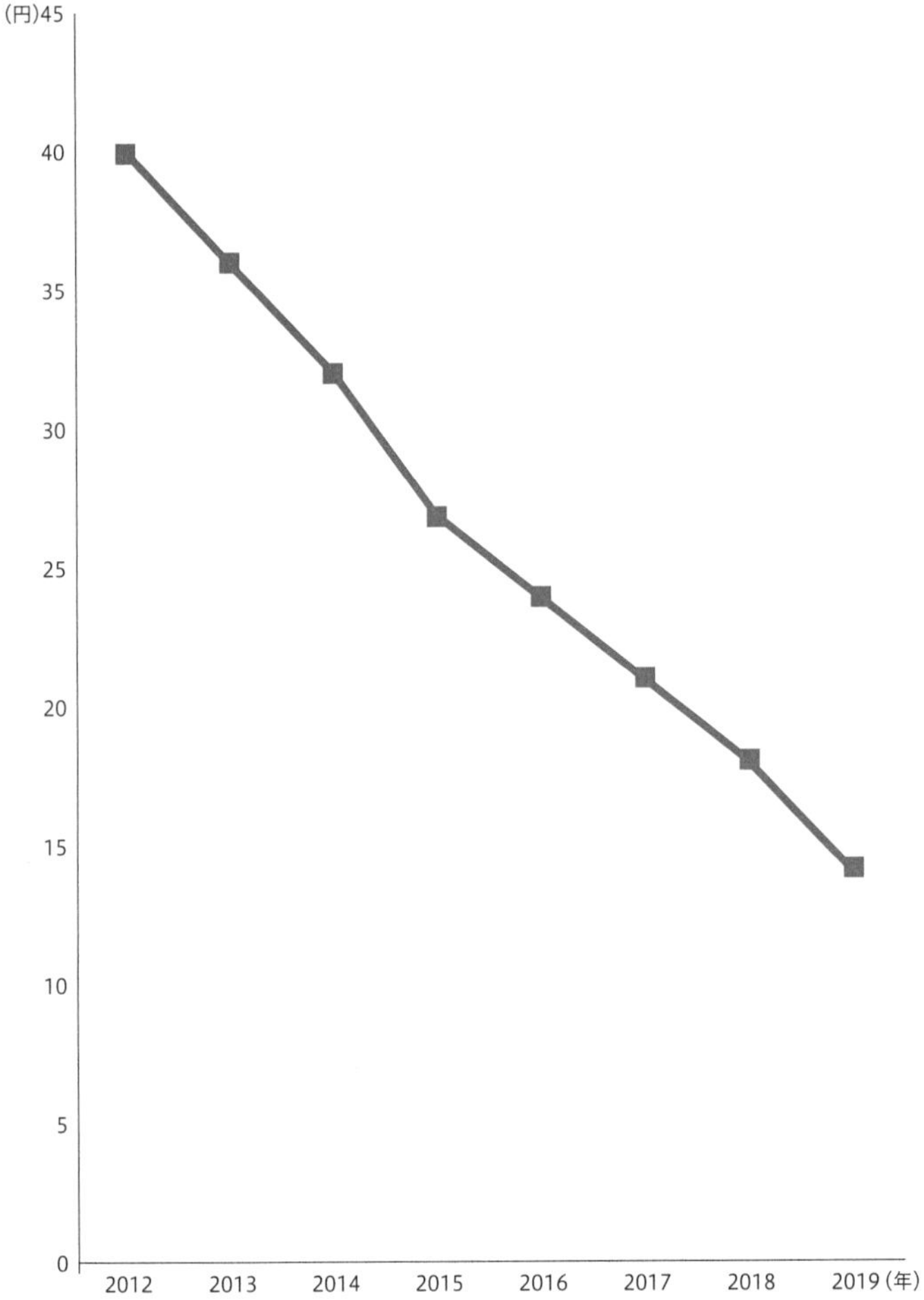

10kW以上、税別
出所：資源エネルギー庁

また、先ほども述べたように、太陽光発電には設備の減価償却によって節税（実態は、税金の支払いの繰り延べ）ができるメリットもありますが、当初に設定されていた一括償却などの優遇措置が終了したことで、そのうまみも薄れつつあります。

太陽光発電における本質的な問題は、政治的に左右されやすく、その特徴として発電量が天候に左右され、かつ夜間に発電できないという電力供給能力の不安定性にあります。

今後は蓄電池を利用した自己発電・自己消費が推奨され、大規模発電は徐々にその役割を終えていくと思われます。

相続税対策の海外移住は時代遅れに

2021年現在、個人の最高税率は、所得税（最高45％）に住民税（一律10％）、復興特別所得税（所得税×2・1％）を合わせて約56％、相続税は55％です。

超富裕層は、所得と資産の半分以上を税金で取られることになっています。

したがって、その対策をするほうが、なまじ資産運用を考えるより有効性が高いと考える人も多いでしょう。

たしかに、日本では給与所得者のわずか9・7％（給与所得800万円超）の人が、所得税全体の65・2％を負担しているという現実があります。

言い換えれば、給与所得者の90・3％は所得税全体のわずか34・8％しか負担しておらず、1人の高額所得者に2人の低所得者が頼り切っている構造になっているのです（国税庁「令和元年分 民間給与実態統計調査」より）。

これでは、努力して財を成した富裕層や高額所得者の不公平感が強まるのも無理はありません。

それを嫌気した富裕層自身が海外に移住したりする動きもありますが、その流れに国税は歯止めをかけようとしています。

ここ数年だけでも、次のように数々の節税の抜け穴塞ぎや、キャピタルフライト（資産逃避）防止策が講じられました。

- 2014年1月1日　「国外財産調書制度」（「5000万円超の国外財産についての申告制度」）の創設（刑事罰あり）
- 2014年7月　国税庁富裕層対策プロジェクトチーム発足

・2014年10月21日　税制調査会の第5回基礎問題小委員会に、個人富裕層が日本を出国し非居住者となる際に保有する株式などの含み益に課税する「出国税」のプランが財務省より提出される
・2015年1月19日「海外の口座情報監視」について『日本経済新聞』の報道「ケイマン諸島・英領ヴァージン諸島（BVI）法人を使った節税・脱税に関する捕捉の強化」
・2016年1月から、国外財産調書に加えて、財産債務調書の作成義務付け

シンガポールなどに移住することで、財産の半分を国に召し上げられる相続税を回避しようと考える富裕層も以前はいましたが、平成29年度税制改正において、海外居住期間が5年超から10年超に変更されてしまいました。

その結果、「お金のためだけにわざわざ移住するにも、さすがに期間が長すぎる。ストレスが多すぎる」と考える富裕層が増えて、最近では続々日本に帰国しています。5年が10年に延長されたわけですし、今後15年に延長される可能性すらあるのですから、税制改正を契機に、相続税対策としての富裕層の海外移住ブームが終わってしまったのも、当然の話でしょう。

とはいえ、相続税の最高税率は55％です。財産を半分失うのは誰にとっても、つらいことです。

価値が下落する傾向のある国内不動産を買い込んで相続税対策をするのも、これもまた、地価下落リスクを抱えつつ、国税からの否認リスクを抱えることになるので、あまりうまい方法ではなくなってきました。

また節税目的で利用されることの多かった法人契約の逓増定期保険の名義変更についても、国税庁は各生命保険会社に対して、法人から個人に名義変更したときの保険評価額の見直しをする検討に入ったと通知しており、今後否認されるリスクが高まってきています。

であれば、海外ファンドを買い、平均年利10％で10年資産運用をすれば、元本は２・６倍にすることができるわけですから、殖えた資産に対して55％もの税金を払っても、元の資金から見れば、まるまる１・17倍分を相続人に遺すことができます。

つまり50億円を相続人に遺したいのであれば、50億円にかかる相続税27・５億円を回避することに頭を悩ますのではなくて、素直に50億円を海外ファンドで１３０億円に殖やした上で、税引後で58・５億円を相続人に遺すことに頭を使うことが富裕層の責務ということです。節税のような消極的な手法ではなく、資産を殖やすという正攻法によって多くの税金を払い、多くの資産を遺すことが今後の日本の富裕層には求められていくことでしょう。

これからの富裕層は、「相続税対策で海外移住」ではなく、「相続税対策で海外ファンド運用」がスタンダードになる、そう私は考えています。

番外編　高利回りをネットで宣伝している詐欺的なファンドなど

元本保証で、高いリターンを得たい。そんな人間の欲望を刺激するような詐欺ファンドは、いつの時代も存在します。

金融規制は多くの場合、透明性を高め、分別管理を行わせ、第三者のチェックを受けさせることで、詐欺ファンドから投資家を守ろうとします。しかし詐欺ファンドは、そうした規制を避けながら活動しています。

この節では具体的な事例を用いながら、どのようなファンドには決して投資をしてはならないのか、紹介していきます。

高配当の罠：ポンジ・スキームとは

実際には運用などしないにもかかわらず、高い配当を行うことを約束して資金を集め、預かった資金の一部を利益の配当として支払うことで信用を獲得する手法をポンジ・スキームと呼びます。たとえば1００万円の資金を集めたら、実際に運用することはなく、そのうちの20万円くらいを、利益として分配することで、「儲かっている」と錯覚させる手法です。仮に年20％の分配であれば、元本を引き出されなければ、５年は分配金を出し続けることが可能です。

初期の投資家に高い分配金で儲かっていると錯覚を起こさせ、口コミが広がれば、次第に分配金以上の資金が集まってきます。資金が集まっている間は、配当を支払い続けることが可能ですが、一定規模以上になると資金が集まらなくなっていき、自転車操業となって最終的には破たんします。

多くの詐欺ファンドに共通しているのは「高い分配金」と「元本保証」、そして「口コミ」または「マルチ商法」による集客です。すでに摘発された詐欺ファンドの具体的事例を見ながら注意すべきポイントを確認していきましょう。

460億円集めたマルチ商法テキシアジャパン

４６０億円の資金を集めて摘発された「テキシアジャパン」は元本保証で月利３％をうたい、さらに新しい会員を３人紹介した人には紹介料が入るマルチ商法という、ポンジ・スキームの典型例でした。元本保証や確定利息をうたって資金を集めると、出資法違反になるため、「金銭消費貸借契約」を行うことにより、利息として毎月３％を支払うというスキームを利用していましたが、最終的には出資法違反で逮捕されました。

月利３％ということは単純計算でも年利36％ですので、これは安定的に出せるリターンではないことは明らかでしたが、実際に配当金が入ったことで騙された人々も多かったようです。さらに紹介することでお金が入ることから、被害が拡大していったと考えられます。また彼らは芸能人を使った広告や盛大なパーティーを行ったことも特徴で、熱狂的な信者が付いていたと報道されました（出所：２０１９年11月６日名古屋地裁判決文）。

スポーツブック・アービトラージのスピーシー

イギリスのブックメーカーを利用し、さや取りをするとして資金を集めたスポーツブック・アービトラージのスピーシーは、月利3～10％などと通常では考えられない高配当と、元本保証をうたって350億円ほど資金を集めていました。

このファンドの巧妙な点は、スポーツブック・アービトラージ自体は、実際に存在する手法である点です。英国には多くのブックメーカー（賭け屋）がおり、ブックメーカーごとに倍率が違うことから、さや取りができるのです。しかし、大々的に行うと、不正行為としてアカウントを閉じられてしまうため、大規模にはできないことは詳しい人はわかっているのですが、一瞬ありそうと錯覚してしまうことと、高い配当金の実績が被害を拡大させました。

このファンドも金銭消費貸借契約により資金を集めていました。集客は高い分配金による口コミのほか、不動産投資のサロンなどを通じたマルチ商法として広がっていきました（出所：2016年1月26日東京地裁判決文）。

ＦＸ売買で月利３％実績をうたい集客したファインドエッジ

ファインドエッジはＦＸ取引で毎月３％を安定して稼いでいると、ホームページや口コミを装ったランキングサイトを利用して積極的に集客をしていました。最終的には行政処分により、ファンド出資金をほかのファンドの償還金などへ流用している状況などが明らかになり、ポンジ・スキームであったことが判明しています（出所：２０１９年6月26日近畿財務局）。

ファインドエッジの特徴は適格機関投資家等特例業務という、ファンドマネジャーが第二種金融商品取引業、投資運用業などの登録を必要とすることなく運用を行うスキームを利用していた点です。特例業務を適用する要件として、①適格機関投資家が１名以上いること、②一般投資家が49名以下であることが必要です。これは知識豊富な適格機関投資家が、投資する前にファンドの内容のチェックを行うことを期待して作られた制度でした。

しかし実際には、適格機関投資家が身内だったり、実態がなかったりしたため、チェック機能が働かず、詐欺が多発しました。現在は規制が強化されたため、この制度の利用は下火になってきています。

合同会社キャロライナパートナーズ

適格機関投資家等特例業務の規制が強化されたため、最近増えてきているのが合同会社形式の資金集めです。

キャロライナパートナーズは合同会社の出資であることをうたい、資金を集めていましたが、関東財務局から「無登録で金融商品取引業を行う者」として2016年4月に警告を受け、活動を停止しました。合同会社キャロライナパートナーズも口コミを装ったランキングサイトや口コミのブログを多数利用して資金を集めていました。

このファンドはアクティビストファンドと名乗っていたのにもかかわらず、月ベースでのマイナスもほとんどなく、ハイリターンと安定運用をうたっていました。

彼らが採用していたと主張するアクティビストファンドとは、企業の株式を一定量購入して、大株主として会社に株価上昇のための提言を行っていきます。基本的にロングポジションしかなく、しかも少数銘柄に集中投資するのが特徴のため、安定的な実績を目指せる戦略ではありません。

当然、下げ相場ではマイナスが出るはずですが、彼らが開示していた実績は当該期間の株式相場との相関性がほぼない結果となっており、採用している投資戦略と成績が一致しておらず、開示している運用成績自体に疑念がわく内容でした。

またまともな運用会社であれば、きちんと金融商品として登録したほうが広く機関投資家から資金を集められるため、あえて合同会社形式で資金を集める理由もないように見受けられました。

合同会社の場合、自己募集でかつ、投資家の数が499人までの場合は自己募集私募として理論上は資金集めが可能ですが、本来は経営に参加することを前提にした合同会社において、議決権を制限した特殊な形態を取っています。こうした議決権の制限のもとに出資を集めることについて、認められるかどうかは今後の当局の判断次第となりそうです。

不正なランキングサイトで自社や自社商品に誘導する業者

近年、投資顧問の口コミを装ったサイトにより、特定の業者に誘導する広告が問題となっています。そのようなサイトは、他社を実名で誹謗中傷するなどして大変悪質です。

たとえば、株式会社SQIジャパンは以下の内容で行政処分を受けています。

「（当社は）『人気の投資顧問トップ5』、『人気の投資顧問ベスト3』等と紹介されていた。しかし、当該掲載は、当社と広告会社との契約により、当社が必ず上位にランキングされる仕組みとなっており、口コミ等による評価ではないことが認められた。

上記広告は、あたかも当社が第三者の客観的な評価、分析により優良な投資助言業者であると格付けされたかのように、著しく投資者を誤認させる表示であると認められる」（出所：２０１６年12月関東財務局）

他社を誹謗中傷することでアクセスを集めて、ある特定の業者に誘導するサイトには注意してください。

第4章

2000万円から買える
年利回り10%以上の厳選ヘッジファンド

この章では、ヘッジファンドダイレクト株式会社のお客さまが実際に保有している、10年以上年平均利回り10％以上を継続的に実現しているヘッジファンドを厳選して4本ご紹介します。

読者の理解の助けとするために、投資助言会社の立場から、中立的に各ファンドの戦略などを詳細にこれからご説明をしていくわけですが、読者の立場からすると、「結局、いくら儲かるの？　実績は？　金融業界での受賞歴は？」という点に一番関心をお持ちいただいているのはよく理解しています。新幹線に乗って東京から大阪に早く行きたいだけであれば、新幹線用の水素ロータリーエンジンの実用化について深く学ぶ必要はありません。「時刻表」だけで足ります。

同様に、自身の資産運用を第三者に託すにあたり、あなたが一番最初にしっかり見るべきものは、各ヘッジファンドの「パフォーマンスのグラフ」と「月次の成績表」です。

各ファンドごとの冒頭のグラフと、次に続く実績表を見れば、グローバルレベルの資産運用の実態が一目瞭然です。興味を持ったファンドがありましたら、その詳細についての解説をご覧いただき、理解を深めてください。

なお、コンプライアンスの観点などから、ヘッジファンドの実名は記述しないことをご容赦願います。

平均利回り18%超！ 世界トップクラスの グローバル・マクロ・ヘッジファンドA (グローバル・マクロ戦略型)

本ファンドを富裕層が買っている理由

- ハイリスクながら年平均18%超の世界トップクラスの高リターン実績
- 「HFMアジアヘッジ」の「年間最優秀ファンド」受賞
- 先物をメインとした高い流動性

【図表4-1】14年で11倍の"世界No.1ファンド"
ヘッジファンドA

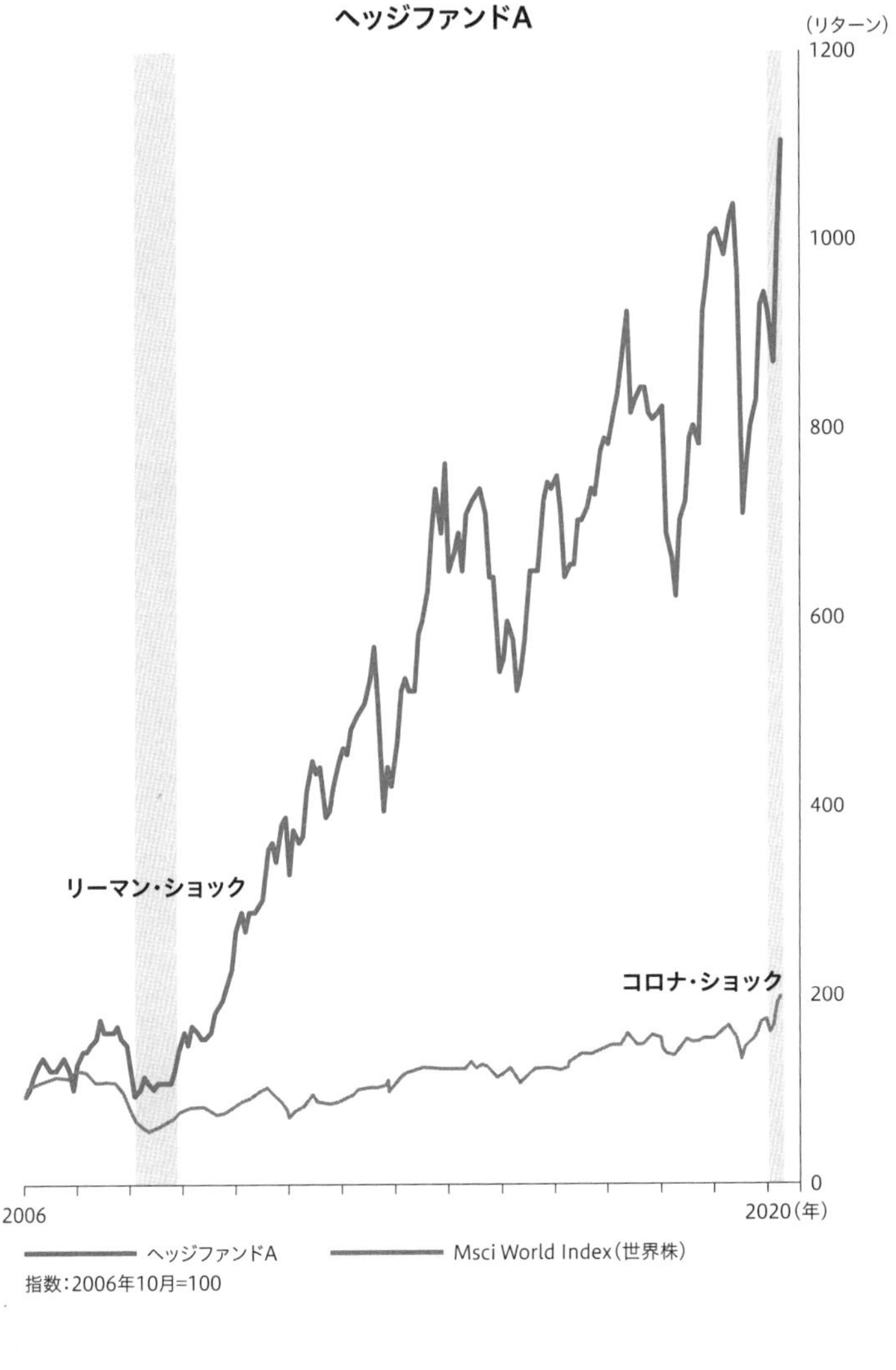

ハイリターン目的ならグローバル・マクロ戦略

まずは、グローバル・マクロ戦略を採用している「ヘッジファンドA」です。このファンドはブルームバーグの記事で「世界No.1クオンツ系マクロ・ファンド」と紹介されたこともあり、機関投資家の間では有名です。「クオンツ」とは、株式や債券の市場データに基づいてコンピューターが売買の判断を行う運用のことです。

ハイリターンを目指すグローバル・マクロ戦略は、数あるヘッジファンドの中でも資産運用業界の花形ともいえます。

ポール・チューダー・ジョーンズやジョージ・ソロス、ジュリアン・ロバートソンといった、グローバル・マクロ戦略を用いる伝説のヘッジファンドマネジャーは、その高いパフォーマンスから、ヘッジファンドが機関投資家などから注目を浴びるきっかけを作ったとされています。

彼らが採用したグローバル・マクロ戦略は、一般的に株・債券・通貨・商品の先物などに対して、高いレバレッジを使うことでハイリスク・ハイリターンの運用を実践します。

マクロは「巨大な」という意味であり、グローバル・マクロ戦略では、個々人の行動よりも、国や経済全体といったマクロの動きを見ながら投資戦略を決定します。

グローバル・マクロ戦略の変遷

グローバル・マクロ戦略が用いられるようになったのは1990年代です。ジョージ・ソロス（クォンタム・ファンド）や、ジュリアン・ロバートソン（タイガー・ファンド）などの米国系ヘッジファンドが、トップダウンアプローチ（ファンドマネジャーがマクロ経済などを分析して、どのような国や資産に投資するかを決定する方法）により、巨額の収益を上げました。たとえば、1992年の英ポンド暴落、97年からのアジア通貨安も、ヘッジファンドが各国政府の通貨政策の歪みを突いた売り浴びせが原因といわれています。

ジョージ・ソロスなどが引退した2000年代以降は、ブレバン・ハワード・アセット・マネジメントやカンタブ・キャピタル・パートナーズなどのリスク管理を高めた欧州系のグローバル・マクロ・ヘッジファンドが注目を浴びました。

その後、リーマン・ショックなどを経て、2010年代に入ってからは、オルタナティブ・リスク・プレミアム戦略（リスクのある資産の期待収益率から、無リスク資産の収益率を引いた差を取りにいく戦略）などを採用したシンガポール系のグローバル・マクロ・ヘッジファンドに注目が集まるようになりました。

近年、多くのヘッジファンドは、年金基金など長期の安定運用を求める機関投資家の資金の受け皿となるべく、長期の安定的な運用を目指す傾向を強めています。

これに対し、シンガポール系のヘッジファンドは、どちらかというと個人富裕層やファミリー・オフィスといった、より積極的な運用を目指す個人投資家の資金の受け皿を目指しています。

平均利回り18％超のヘッジファンドAの特徴

「世界No.1ファンド」と称され、「年間最優秀ファンド」を受賞

シンガポール系のグローバル・マクロ・ヘッジファンドの中でも代表的なのは、2006年10月に運用を開始し、年平均18％を超えるリターンを達成している「ヘッジファンド

A」です。

約14年半で資産をおよそ11倍に殖やした運用実績から、2014年と2016年にヘッジファンド向け情報サービス会社、HFMが選ぶ「HFMヘッジファンド・アジア・アワード」の「年間最優秀ファンド」を受賞し、さらに前述のとおり、金融情報サービス会社、ブルームバーグの記事で「世界No.1クオンツ系マクロ・ファンド」と紹介されました。

近年の運用実績がグローバル・マクロ・ヘッジファンドの中でもトップクラスであることから人気が高く、運用残高も2500億円超とアジア最大級です。

株・債券・コモディティ・通貨を中心とする180以上の資産に、レバレッジを使いながら分散投資するグローバル・マクロ戦略を採用しています。リスクを基準に資産配分し、リスク・プレミアムを積み上げることでリターンを上げています。

積極的にリスクを取っているので、前述した年金基金のような安定運用を好む機関投資家よりも、個人富裕層やファミリー・オフィスなどのリスクテイカー（安定運用よりも、リスクを伴う積極運用によるリターン志向の投資家）に人気です。ただし、同ファンドのレポートによると、最近は大学の基金も購入し始めているとの報告もあり、機関投資家からも高い評価を受けていることがわかります。

7月	8月	9月	10月	11月	12月	年間
11.8	1.2	-2.1	-5.5	12.9	10.0	**6.7**
4.2	4.5	0.8	-1.6	-1.2	4.2	**65.9**
-0.8	0.8	1.2	-16.6	-3.9	-6.2	**-28.8**
6.1	2.0	-1.1	4.4	2.8	3.8	**32.9**
2.4	-0.7	1.5	-5.3	-9.0	1.6	**25.3**
0.3	-16.1	2.9	7.0	-3.4	-9.4	**-19.7**
-6.4	10.7	-14.6	2.7	2.9	-5.0	**24.3**
11.9	-5.0	12.0	11.0	1.8	-1.9	**5.4**
7.8	6.1	3.0	-1.6	5.1	3.1	**34.8**
11.4	2.2	-15.5	13.9	-2.4	0.6	**28.0**
11.0	5.6	17.5	7.4	-7.2	6.4	**72.1**
15.8	15.0	13.3	-8.6	15.4	-2.9	**45.2**
-7.0	-6.6	-16.6	-22.7	8.1	10.7	**-24.4**
-10.4	-15.6	26.9	10.5	-0.4	6.4	**16.0**
			5.9	12.2	10.9	**31.7**

単位(%)

【図表4-2】ヘッジファンドAのリターン

・年平均リターン18.4%という世界トップクラスの実績
・最大の下落幅(ドローダウン)は世界株よりも小さい
・価格変動率は世界株より大きい運用のため、中長期投資可能な投資家向け

	1月	2月	3月	4月	5月	6月
2020	1.1	-6.7	-26.4	7.6	5.0	3.6
2019	13.2	2.7	9.9	1.4	-2.3	17.3
2018	6.2	-11.6	1.9	1.6	-0.1	-3.5
2017	0.2	7.2	0.4	1.6	2.5	-0.8
2016	3.7	6.4	12.2	0.9	-0.1	11.1
2015	8.8	1.9	0.9	1.3	-4.4	-8.8
2014	-0.3	11.4	2.2	5.5	10.3	6.1
2013	1.9	0.9	4.5	6.9	-10.4	-22.4
2012	12.9	8.8	-3.8	1.4	-11.5	1.4
2011	0.7	2.2	3.7	16.8	0.7	-5.1
2010	-5.7	1.8	3.2	10.1	3.0	4.8
2009	-5.8	-4.9	4.4	0.5	0.4	-0.5
2008	1.8	12.9	-5.8	-0.3	-0.7	5.3
2007	2.2	-0.9	-6.4	-0.7	5.8	3.6
2006						

また、運用資産のうち約13％は自社従業員の資産であり、自らもリスクを取った上で運用を行っているので、過大なリスクを防ぐ施策も打っています。

ロックアップ（資金固定）条項

ヘッジファンドAは、長期間投資可能な投資家のみを受け付けるため、3年間のロックアップ（資金固定）条項を設けています。

ロックアップ条項とは、ファンドを購入後の一定期間、解約ができない制限のことです。ほとんどのヘッジファンドはロックアップ条項を設けていませんが、比較的価格変動の大きいヘッジファンドの場合、大量の解約が出ると、強制的にポジション（買い持ちや売り持ちなど）を解消する必要が発生し、本来目指していた運用目的を達成できないまま損失を確定せざるをえなくなる恐れがあります。

そこでヘッジファンドAは、ロックアップ期間の設定によって、相場が下落したときに多数の解約が出ることを防ぎ、資金流出によって運用成績が悪化するリスクを抑えているわけです。これは、投資家に損失を被らせないための配慮です。

日本の投資信託は、投資家からの資金が一気に流入したあと、一気に流出する傾向があり、これも低い成績の原因の一つと考えられます。

マスター・フィーダー方式

現在、ヘッジファンドAのマザーファンドへの新規投資の受付は中止しており、フィーダーファンド経由での投資となります。本書で紹介する実績もフィーダーファンドのものです。

フィーダーファンドとは、オリジナルのファンド（マスターファンドまたはマザーファンド）に投資するために設定するファンドのことです。

投資家から預かった資金をいったんフィーダーファンドに集め、そこからオリジナルのファンドに投資することで、為替ヘッジをかけたり、国・地域ごとのファンドの運用規制に対応したりすることができ、効率的な資金管理が可能になります。

日本の投資信託によく見られるマザーファンド・ベビーファンド方式に類似していますが、割高な運用報酬と販売手数料を二重取りするために設定される「和製ヘッジファンド」（第2章81ページ以降参照）とは似て非なるものです。

ヘッジファンドAに投資する前に知っておくべきポイント

損する投資家の行動

ヘッジファンドAの年平均価格変動率（【図表4‐3】参照）は約28％と、世界株（MSCIワールドインデックス）の約16％に比べて約1・8倍も高いリスクを取っています。

このようにリスクを積極的に取るファンドへの投資を検討する場合、投資家自身が高い価格変動に耐えられるかどうか検討することが重要です。

実際、多くの方が投資で失敗するのは、投資をする前はリターンのみを注目して買い、投資をしてからは損失だけを見て売ろうとするからです。ハイリスク・ハイリターンのファンドは、長期で見れば高いパフォーマンスを達成していますが、その間に一時的に下落（値下がり）することもあります。一時的な損失に焦って売ってしまうと、将来得られるはずの大きなリターンを逃すことになります。

マキシマム・ドローダウン（最大下落率）の確認

高いリターンが期待できるファンドへの投資を検討するときは、価格変動リスク、とくに最大下落率（マキシマム・ドローダウン）を確認し、その一時的な下落がどのくらいの大きさなのか、それを自分は許容できるかどうかを確認することが重要です。

過去の下落率を見て自分のリスク許容度を確かめるためには、少なくとも10年以上は運用実績があるヘッジファンドを選ぶのが望ましいといえます。

資産運用において重要なのは「感情のコントロール」です。「彼を知り己を知れば百戦殆《あやう》からず」。まずは過去の実績を確認し、追体験することで自分が耐えられるかどうかを確かめてみましょう。

たとえば、ヘッジファンドAの場合、２００８年３月〜10月の間にマイナス45・０％（回復まで13カ月）、２０１３年５月〜６月にマイナス30・５％（回復まで８カ月）、２０１５年５月〜12月にマイナス29・３％（回復まで７カ月）、２０１８年２月〜12月にマイナス32・９％（回復まで６カ月）、２０２０年２月〜３月にマイナス31・３％（回復まで９カ月）という大きな下落がありました。

投資を最長でも13カ月継続できていれば下落から回復することができたのですが、その間に売却した人たちは、結果的に高いパフォーマンスを達成しているファンドに投資したのに、損をして終わったことになります。そうならないためにもハイリスク・ハイリターンのファンドほど、心に余裕を持って投資する必要があります。

ポートフォリオによるリスクコントロール

そもそも、投資は複数の資産を組み合わせたポートフォリオで考えることが重要です。仮にヘッジファンドAを単体で持つだけではマキシマム・ドローダウンに耐えられないという場合も、別のファンドをポートフォリオに組み入れれば、平均のドローダウンは抑えられるので、リスクの許容範囲内に収めることができる場合もあります。

別の資産と組み合わせると、ポートフォリオとしてのリスクやドローダウンはどうなるのかを確認し、投資が可能かどうかを投資助言会社の専門家に相談するのがおすすめです。

【図表4-3】ヘッジファンドAの基礎データ

運用会社	**シンガポール**
登記場所	**ケイマン諸島**
設定年月	**2006年10月**
解約タイミング	**基本3年ロック(条件ありで月次)**

	ヘッジファンドA	MSCI World Index
年平均リターン	**18.4%**	4.8%
年平均価格変動率	**28.1%**	16.3%
シャープレシオ	**0.65**	0.30
相関性(連動性)	0.63	

事務管理会社	○
カストディアン(信託銀行)	○
独立監査法人	○

主要投資対象	
株	○
債券	○
通貨	○
商品	○
不動産(リート含む)	○
その他	○

【図表4-4】「ヘッジファンドA」投資期間別損益分布

投資期間開始時期を1カ月ずつずらしながら計測した、1年、3年、5年ごとのリターンの分布を示しています。

	1年		3年		5年	
	ヘッジファンドA	世界株	ヘッジファンドA	世界株	ヘッジファンドA	世界株
最大	**96.5%**	50.9%	**338.5%**	73.0%	**579.5%**	123.1%
最小	**-41.0%**	-48.4%	**-0.7%**	-35.0%	**-2.6%**	-27.2%

【図表4-5】「ヘッジファンドA」期間別損益分布図：1年

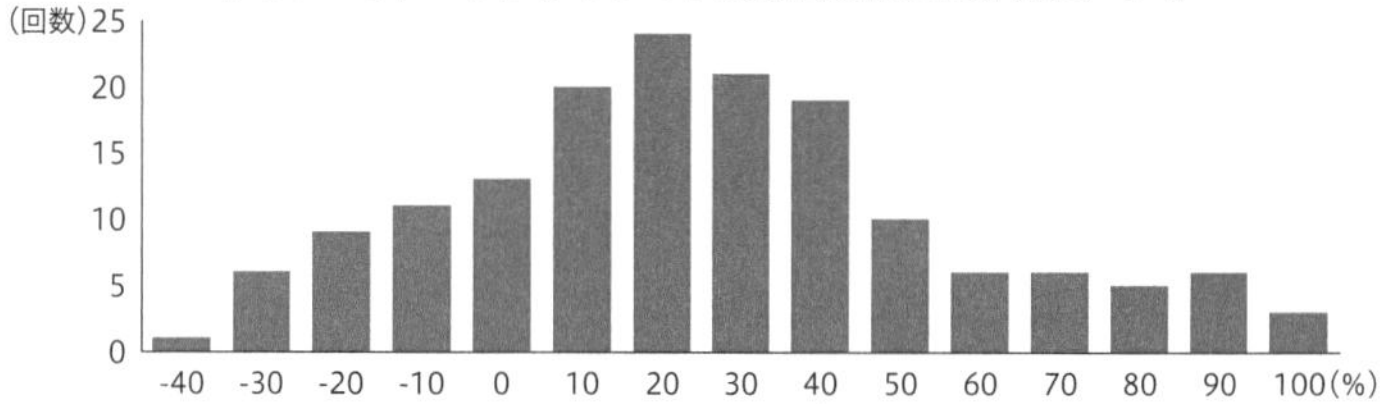

【図表4-6】「ヘッジファンドA」期間別損益分布図：3年

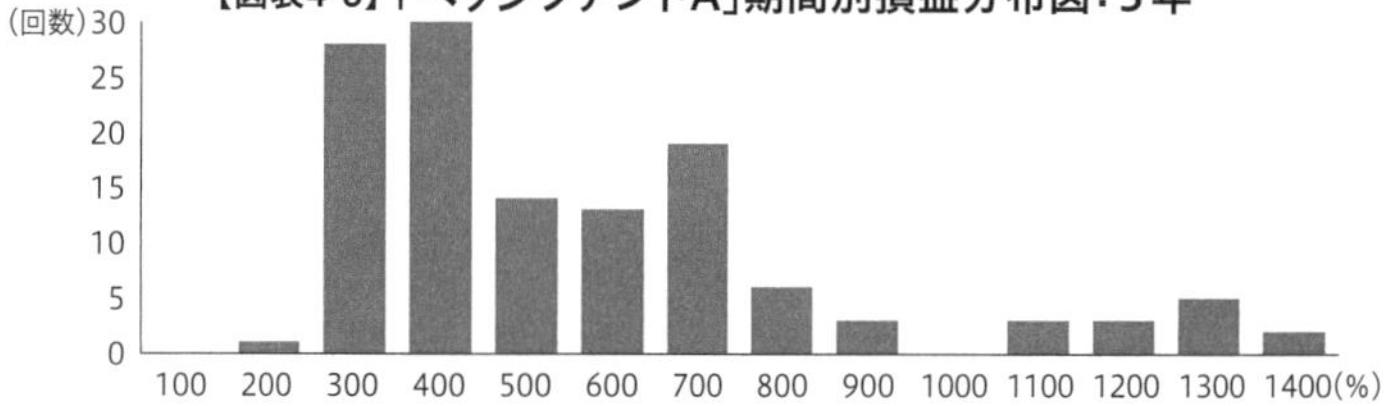

【図表4-7】「ヘッジファンドA」期間別損益分布図：5年

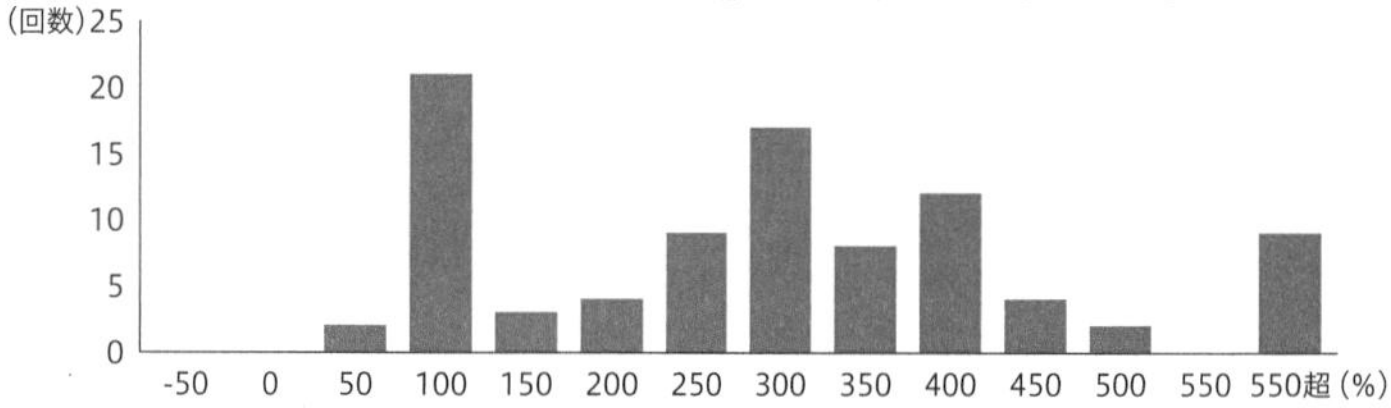

回数とは開始タイミングを1カ月ずつずらして期間損益を計測できた頻度を指す。

【図表4-8】ヘッジファンドAと世界株の散布図

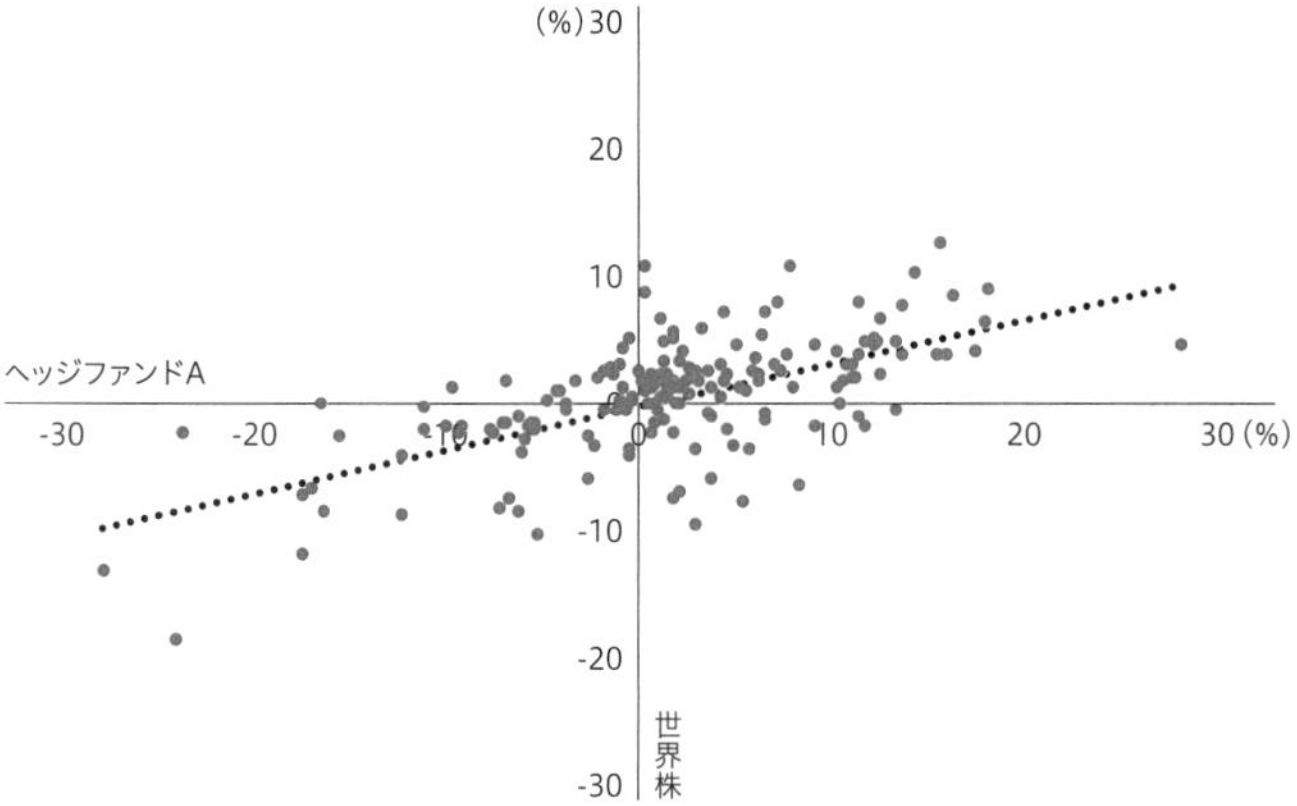

【図表4-9】世界株とヘッジファンドAの1年相関性推移

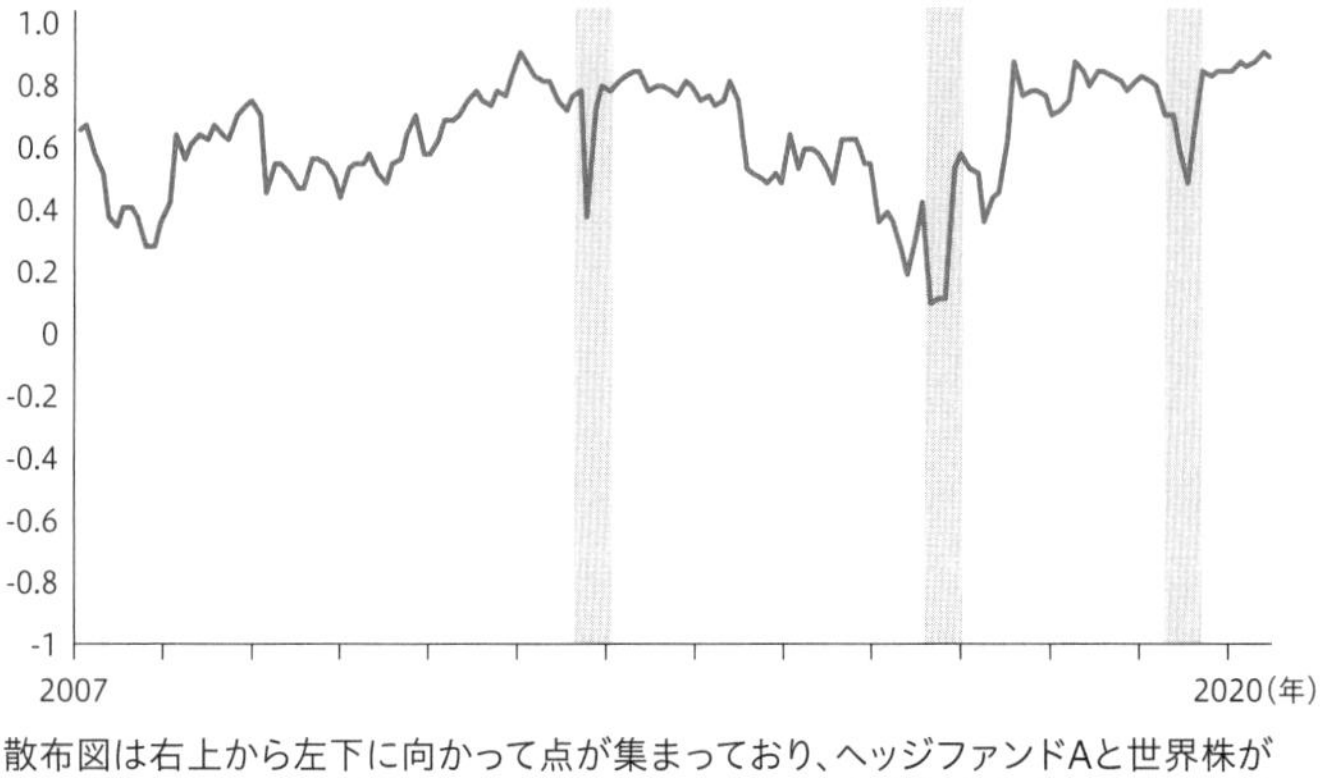

散布図は右上から左下に向かって点が集まっており、ヘッジファンドAと世界株が同じ時期にリターンが出て、同じ時期に損をしていることがわかります。1年相関性推移を見ても、2017年に一時的に低下していますが、平均的に株式との相関性が高いことがわかります。そのため、債券の代わりに分散投資として組み込むよりは、株式の代わりに積極的に運用する目的で使うのに向いていることがわかります。

図表の見方

２０２ページの【図表４‐４】【図表４‐５】【図表４‐６】【図表４‐７】は、投資期間別の損益分布を示しています。同じ期間、ヘッジファンドと世界株にそれぞれ投資した場合、どのくらいの成績だったかを比較しています。

たとえば、２０１６年10月から２０１７年９月までの１年の実績、２０１６年11月から２０１７年10月までの１年の実績というように、開始タイミングをずらしながら１年の実績を計測しています。投資タイミングを変えた１年の実績で、どのくらいの成績の上下があるのかを把握することができます。

平均リターンと年平均価格変動率では、実際の価格のばらつきのイメージがしにくいと思いますので、より具体的なデータを提供しています。

【図表４‐８】は、投資対象が金融派生商品のオプションのような性質を持っていないか確認するための散布図です。投資対象が両方ともプラスの場合には図の右上に点がつき、両方ともマイナスのときは左下に点がつきます。株と同じ値動きをする場合は、右上から左下に向けて点が集まるため、分散投資効果が低いことがわかります。

また【図表４‐９】の１年相関性推移は、近年平常時は相関性が低いにもかかわらず、危機時には相関性が高まるといったことがあるため、短期的な相関性を確認するための図となります。

ヘッジファンドAは、右上と左下が多く、株と比較的同じ値動きをする傾向があるので、株式との分散投資効果は低いことがわかります。投資対象によっては、この散布図に極端なばらつきなどが表れることもあり、相関係数だけではわからない関係性の情報が得られます。

リスクを抑えて平均リターン13%超、債券ヘッジファンドB（債券レラティブ・バリュー戦略型）

本ファンドを富裕層が買っている理由

- 株式の半分のリスクで約2倍のリターン実績
- 株式との相関性が低く、分散投資効果が高い
- AAAの高格付け債投資で平均リターン13%超

【図表4-10】ローリスクなのにハイリターンを継続 債券投資のヘッジファンドB

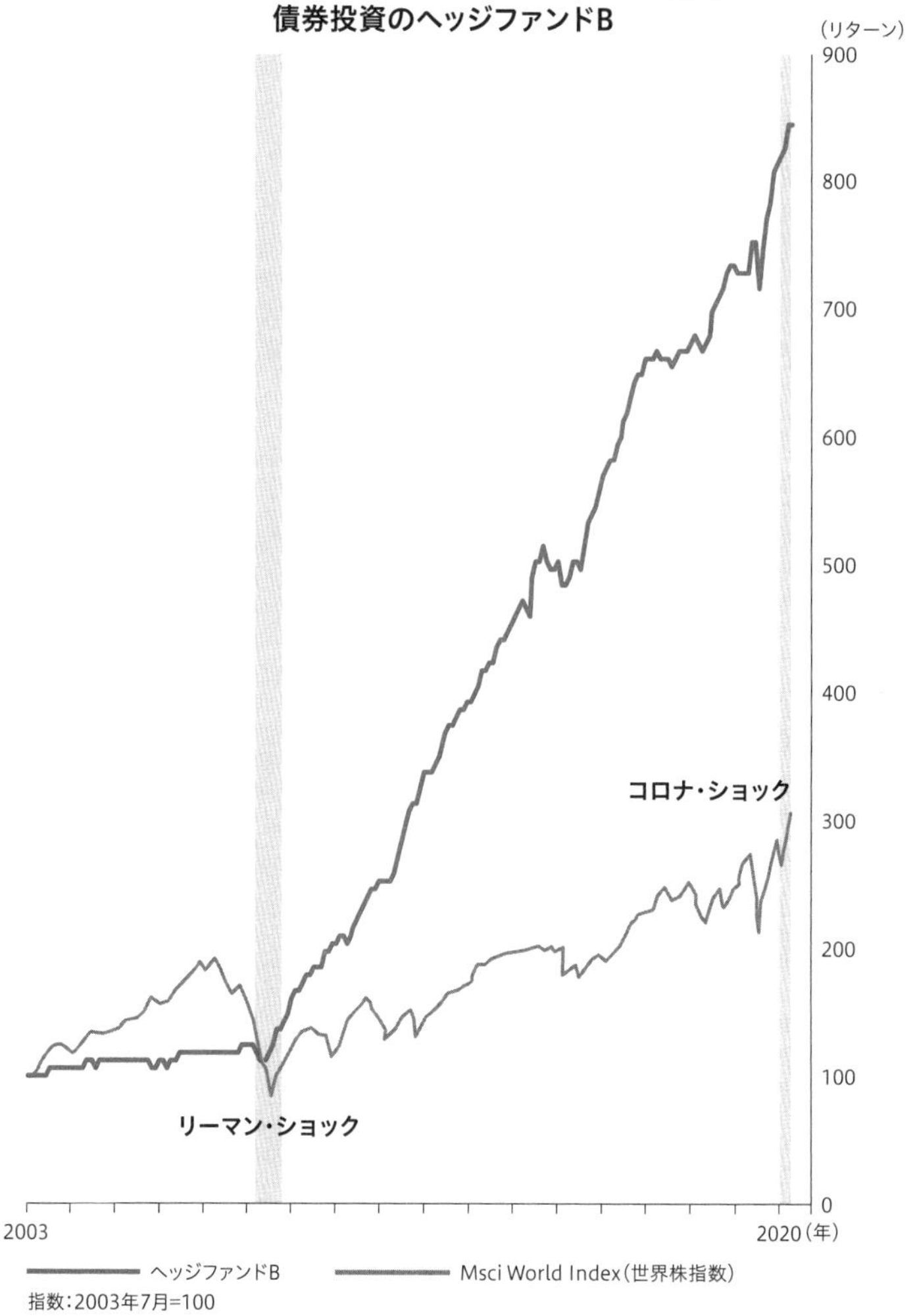

ローリスク・ハイリターンを実現

資産運用において、「ローリスク・ハイリターン」は誰もが求めるものの、一般的な投資信託ではその実現は困難といえます。とくに、伝統的な資産を買い持ちして市場リスク（後述）を取る従来の投資信託などでは、分散投資以外でローリスク・ハイリターンを追求するのは困難です。

それでは、リスクを抑えながら高いリターンを出すことはヘッジファンドなら可能なのでしょうか。すべてのヘッジファンドが可能というわけではありませんが、一部の世界トップクラスのヘッジファンドは、リスクの低さは債券並み、リターンの高さは株式以上というローリスク・ハイリターンを実現しています。

ヘッジファンドと投資信託の違い

一般的な投資信託ではできないことがヘッジファンドなら可能な理由は、「投資対象」と「戦略」が異なるからです。前述したとおり、一般的な投資信託の投資対象は「株や債券などの伝統資産」が基本であり、投資戦略は「買いポジション」オンリーです。

これに対し、ヘッジファンドは投資対象に伝統的資産以外の資産、たとえばプライベートエクイティー（未上場株）や不動産、コモディティなどのオルタナティブ資産も含めたり、また投資戦略も「買いポジション」だけでなく「売りポジション（空売り）」も採り入れたりすることで、多様な戦略を可能としています。

安定的なヘッジファンドの戦略と市場リスクの関係性

その中でも、ローリスク・ハイリターンを実現する代表的な戦略には、複数の銘柄の株式で買い持ちと売り持ちをバランスさせてリスクを中立化する「株式マーケットニュートラル戦略」や、金融商品の相対的な価値の差からリターンを求める「レラティブ・バリュー戦略」などがあります。

これらの戦略は、相対的に割安な資産は買いポジション、割高な資産は売りポジションで両方持つことによって、投資対象が潜在的に持っている市場リスクを中立化し、割安・割高の解消によって収益を上げることを目指しています。

前出の市場リスクとは、個別の銘柄ではなく、市場そのものに起因する全体的なリスクのことです。株式を例に取れば、トヨタ自動車株やパナソニック株は日経平均が上がったときには上がりやすく、下がったときには下がりやすい傾向があります。これらは個別企業に起因する事象だけでなく、市場全体に関する事象にも影響されて動いているわけです。

このような市場リスクを取り除くには、トヨタ自動車株を買い持ちしつつ、日経平均先物を売ることで、個別企業に起因する価格変動だけを享受する方法もありますし、同業の自動車会社株を売ることで取り除く方法もあります。

平均リターン13％以上のヘッジファンドBの特徴

ヘッジファンドBの基本的特徴

債券で、前述したレラティブ・バリュー戦略（詳しくは第2章115ページ以降参照）を採り入れている代表的なヘッジファンドの一つが、「ヘッジファンドB」です。このファンドが優れているのは、リーマン・ショックやコロナ・ショックを含めた15年以上の運用実績がありながら年平均リターンは13％を超え、さらに年平均価格変動率が６・３％台と、世界株に比べてかなり抑えられている点です。

「債券投資なのに、そんなに高いリターンを出しているのか!」と驚かれた方もいるのではないでしょうか。

価格変動リスクも非常に安定しており、リーマン・ショックが発生した2008年を除くと、収益がマイナスになった年はありません。しかも、世界株との相関性(相関係数、1・0が最大)は0・33とかなり低く、株式とは異なる値動きをするため、分散投資効果が期待できます。

このヘッジファンドは、ときに10倍近いレバレッジをかけながら、社債やモーゲージ債を購入する一方、同じ期間の国債などを空売りすることで、後述するクレジットリスクプレミアムを抽出してリターンを狙います。

クレジットリスクプレミアムとは

信用力の高い債券の発行体(国や企業など)と、信用力の低い発行体では、金融機関から融資を受ける際の貸出金利が変わってきます。こうした信用力の差によって発生する債券ごとの金利の差を、クレジットリスクプレミアムといいます。

ロングとショートを交えた投資戦略によって金利変動のリスクを低減し、市場リスクを

7月	8月	9月	10月	11月	12月	年間
2.6	1.2	0.9	0.1	2.3	0.4	**16.2**
0.6	0.3	-1.0	0.6	0.0	-0.4	**8.2**
0.3	0.9	0.7	-1.0	-1.3	1.2	**1.3**
0.6	1.5	0.4	-0.5	1.2	-0.5	**11.7**
2.0	2.6	1.1	0.9	-0.2	2.0	**18.1**
0.5	0.4	-2.8	-0.3	0.6	3.2	**9.1**
2.1	1.4	1.3	1.4	-1.1	-1.4	**10.4**
0.8	0.6	1.2	2.3	2.3	0.5	**16.0**
4.8	-0.4	0.3	2.2	1.6	2.6	**34.1**
1.9	0.7	-0.5	1.5	2.2	4.0	**25.3**
2.1	2.0	0.7	-2.8	2.2	2.9	**20.6**
7.6	2.9	3.0	2.5	2.2	0.6	**57.4**
1.2	0.8	-8.8	-1.7	1.1	-0.8	**-4.0**
-2.1	0.3	-0.5	2.2	-1.5	1.9	**3.2**
-0.2	-1.0	1.3	1.1	2.0	1.9	**4.9**
0.5	-0.3	0.8	-2.1	-1.7	0.4	**0.7**
1.0	0.4	0.9	1.6	0.2	-1.0	**4.6**
-1.3	-1.3	0.6	1.1	1.6	2.9	**3.6**

単位(%)

【図表4-11】ヘッジファンドBのリターン

・年平均リターンは13%と同時期の世界株式の約2倍で、リスクは半分以下
・直近10年間で年ベース負けなしという極めて高い安定性
・2020年は16%超のリターン

	1月	2月	3月	4月	5月	6月
2020	3.4	-0.4	-4.6	4.0	3.8	1.7
2019	0.8	2.5	1.3	1.1	0.2	2.0
2018	-0.5	0.0	-0.9	1.2	0.5	0.1
2017	1.2	2.3	0.5	2.1	1.6	1.0
2016	-0.8	-0.8	4.4	2.4	1.9	1.3
2015	6.3	2.5	0.3	1.8	-1.9	-1.7
2014	0.9	0.9	2.0	1.2	1.0	0.3
2013	1.6	1.4	1.1	2.0	1.5	-0.2
2012	4.6	3.9	4.6	1.5	1.8	2.5
2011	2.3	3.6	1.6	3.6	2.0	0.1
2010	2.2	0.4	2.0	4.3	1.2	1.9
2009	5.6	5.3	5.7	3.0	3.6	4.6
2008	0.1	-0.4	0.2	1.5	2.5	0.8
2007	1.1	0.5	1.5	0.3	0.3	-0.9
2006	1.2	-0.6	-0.6	-1.0	-0.2	0.9
2005	-0.8	2.4	0.7	-0.2	0.9	0.2
2004	0.8	1.1	-0.3	0.4	-0.8	0.2
2003						

抑えた運用を行います。

債券のロールダウン効果とは

また、一般的な債券ファンドは、イールドカーブ（残存期間が異なる複数の債券などの利回りの変化を示したグラフ上のカーブ）の勾配が急な期間を効率的に投資対象として選択します。通常1年などの短期債と10年などの長期債では、短期債の金利が低く、長期債の金利が高くなる傾向があります。その場合、金利の推移は短期債から長期債まで一直線ではなく、イールドカーブと呼ばれるカーブを描くことが多いのです。

このカーブの勾配がきつい期間に債券を持つと、高いリターンを得やすくなります（ロールダウン効果）。

ヘッジファンドBは、このロールダウン効果の高い期間を選別し、レバレッジをかけて債券を保有することで、キャピタルゲイン（価格変動によるリターン）を積極的に狙っていきます。

債券アービトラージ取引

また、実需（機関投資家の換金など）の関係で一時的に大量の売却が出ることにより債券価格にミスプライシング（理論値＝フェアバリューとの乖離《かいり》）が生じているときなどには、理論値に向かって債券を購入することで高いリターンを目指します。

たとえば、コロナ・ショックが起きた２０２０年３月こそ、パフォーマンスは４％超のマイナスでしたが、その後は４月がプラス４％台、５月は３％台と、平時に比べてかなり高いリターンを実現し、結果的に２０２０年は年率16％を超える高いリターンの年となりました。

このように、裁定取引を行うタイプのヘッジファンドは、市場の価格変動が高まることで一時的にはマイナスになりますが、反対に価格の歪みから高いリターンを得られるチャンスがあります。

債券市場は、株式市場に比べると参加者が限られている市場です。そのため、発行したばかりの社債は売買が多いのに、発行してから時間が経つと売買が減ってくるといったように市場の厚みは株式と比べると薄く、長期債と短期債でも売買量は大きく異なります。

ヘッジファンドBは、こうした債券市場の特徴を踏まえながら、欧州のようにミスプライシングが生じやすい市場において、独自の理論価格の算定モデルと、リスク管理モデルを組み合わせることで安定的な実績を達成しています。

ヘッジファンドBのスキーム

ヘッジファンドBは、当初ケイマン諸島に法人登記して資金を集めていましたが、近年の欧州におけるオフショアに対する規制を受け、兄弟ファンドをアイルランドで登記し直し、資金を募集しています。

ケイマン籍のファンドはユーロ建てのみでしたが、アイルランド籍になってからは米ドル建てもできました。

ここまで紹介した実績はケイマン籍のファンドのものですが、ケイマン籍とアイルランド籍の実績の比較表（【図表4 - 13】）も掲載したので、参考にしてください。為替ヘッジの影響などもあって、アイルランド籍の米ドル建てのほうが成績は高めです。

また、このファンドは、当然のこととはいえ、独立した事務管理会社によるレポート作成や、カストディアンによる運用資産の分別管理、監査法人による会計監査などもしっかり行っているので安心です。

【図表4-12】ヘッジファンドBの基礎データ

運用会社	**デンマーク**
登記場所	**ケイマン、アイルランド**
設定年月	**2003年7月**
解約タイミング	**月次**

	ヘッジファンドB	MSCI World Index
年平均リターン	**13.0%**	6.7%
年平均価格変動率	**6.3%**	15.1%
シャープレシオ	**2.07**	0.44
相関性（連動性）	0.33	

事務管理会社	○
カストディアン（信託銀行）	○
独立監査法人	○

主要投資対象	
株	
債券	○
通貨	
商品	
不動産（リート含む）	
その他	

7月	8月	9月	10月	11月	12月	年間
2.6	1.2	0.9	0.1	2.3	0.4	**16.2**
0.6	0.3	-1.0	0.6	0.0	-0.4	**8.2**
0.3	0.9	0.7	-1.0	-1.3	1.2	**1.3**

単位(%)

7月	8月	9月	10月	11月	12月	年間
3.1	1.4	0.9	0.3	2.4	0.4	**18.1**
0.3	0.6	-0.8	0.8	0.2	-0.1	**10.5**
0.4	1.1	1.0	-0.8	-1.1	1.7	**2.0**

単位(%)

【図表4-13】ケイマン籍とアイルランド籍の成績の比較

ケイマン籍(EUR)

	1月	2月	3月	4月	5月	6月
2020	3.4	-0.4	-4.6	4.0	3.8	1.7
2019	0.8	2.5	1.3	1.1	0.2	2.0
2018	-0.5	0.0	-0.9	1.2	0.5	0.1

アイルランド籍(USD)

	1月	2月	3月	4月	5月	6月
2020	3.3	-0.4	-3.8	3.5	3.7	2.3
2019	0.8	2.7	1.5	1.4	0.0	2.6
2018						-0.4

【図表4-14】「ヘッジファンドB」投資期間別損益分布

投資期間開始時期を1カ月ずつずらしながら計測した、1年、3年、5年ごとのリターンの分布を示しています。

	1年		3年		5年	
	ヘッジファンドB	世界株	ヘッジファンドB	世界株	ヘッジファンドB	世界株
最大	**57.4%**	50.9%	**138.0%**	73.0%	**270.3%**	123.1%
最小	**-4.0%**	-48.4%	**1.9%**	-42.7%	**9.5%**	-29.7%

【図表4-15】「ヘッジファンドB」期間別損益分布図：1年

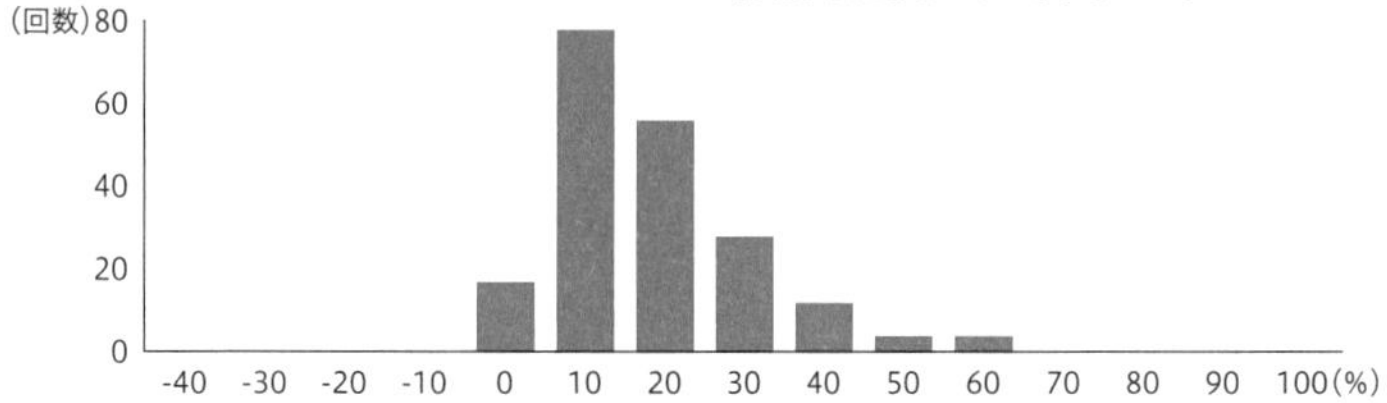

【図表4-16】「ヘッジファンドB」期間別損益分布図：3年

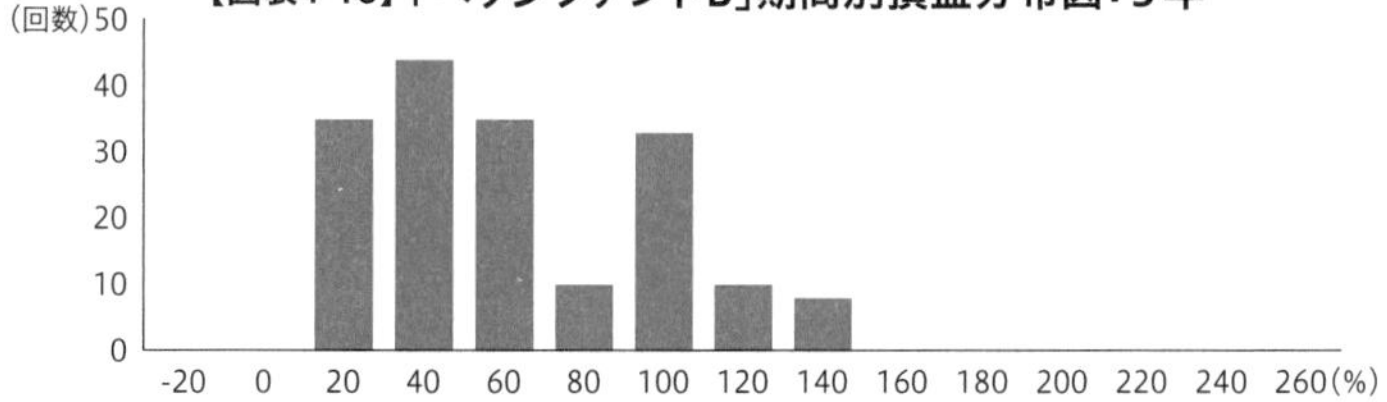

【図4-17】「ヘッジファンドB」期間別損益分布図：5年

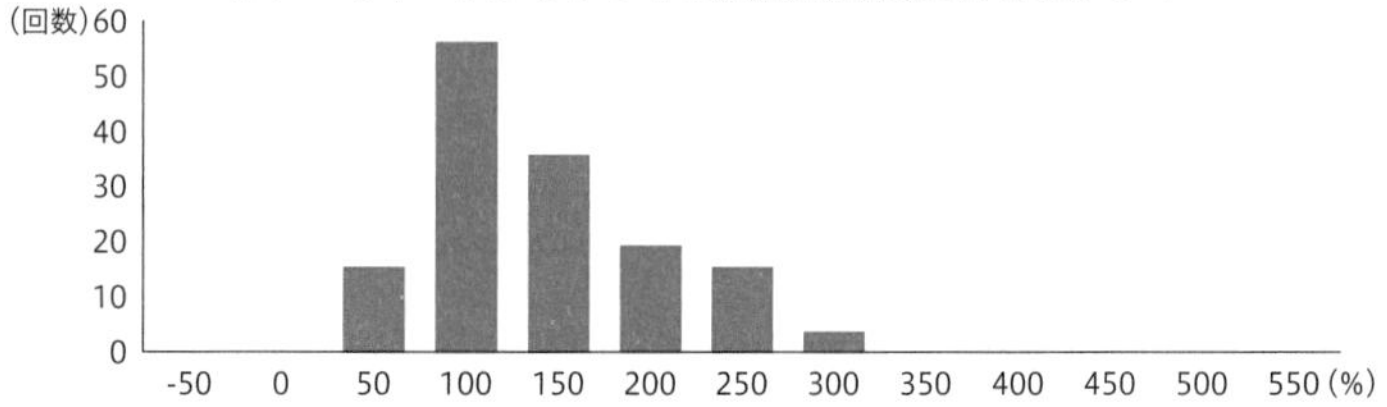

回数とは開始タイミングを1カ月ずつずらして期間損益を計測できた頻度を指す。

【図表4-18】ヘッジファンドBと世界株の散布図

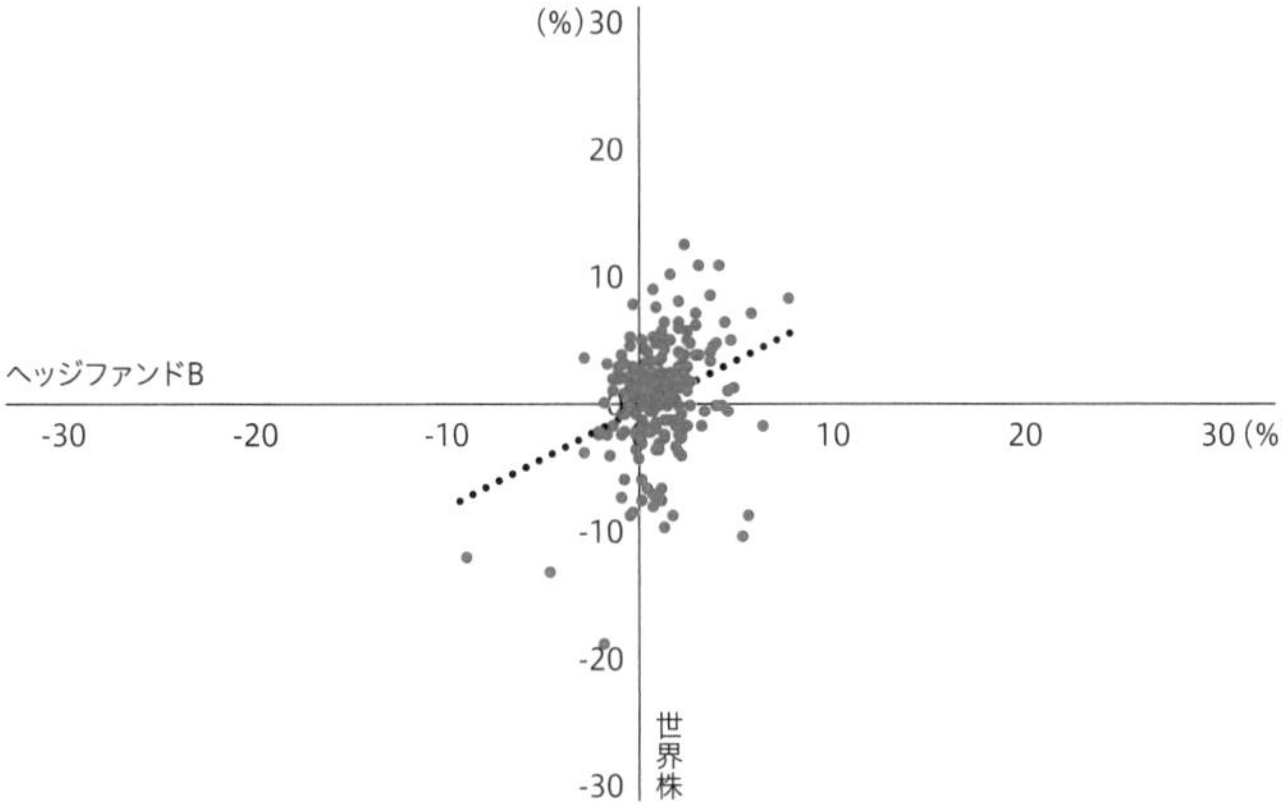

【図表4-19】世界株とヘッジファンドBの1年相関性推移

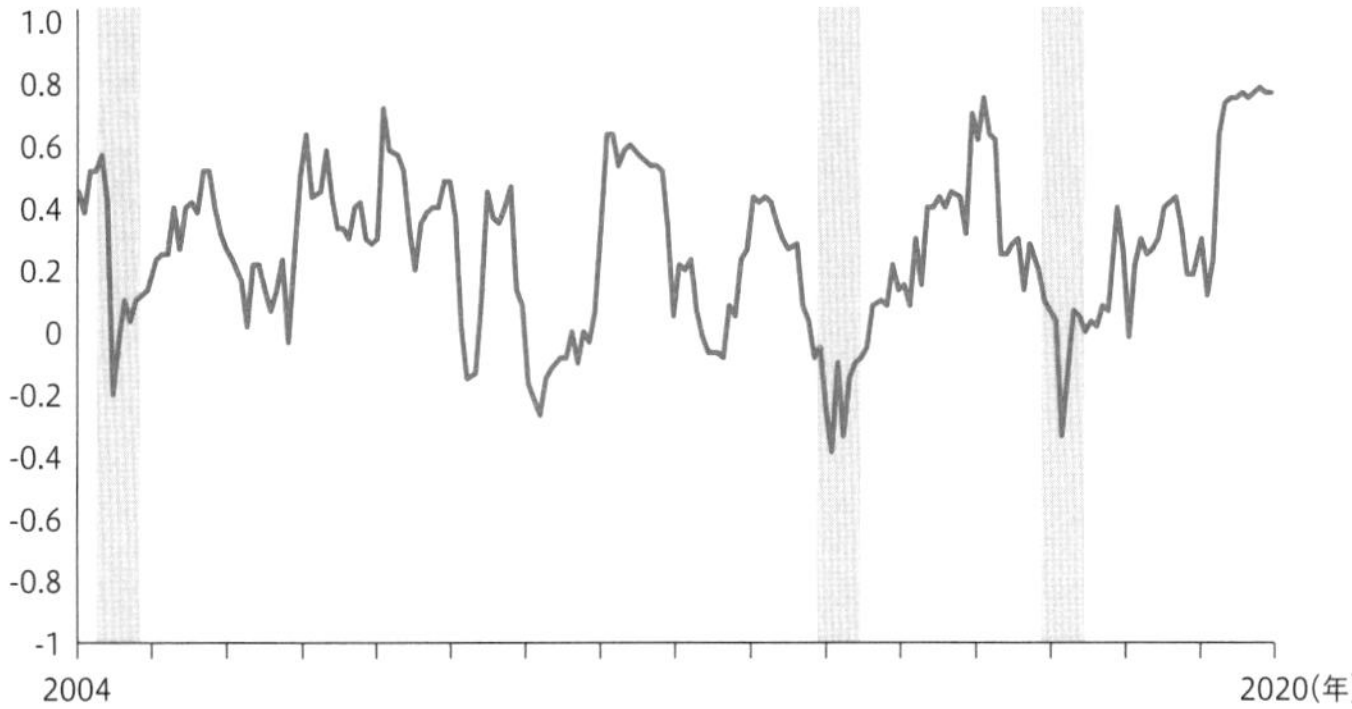

散布図は0を中心に右下や右上が多く、左側が少ないことがわかります。これはヘッジファンドBがマイナスが少ないことを示しています。右下が多いのは株が下がっているときにも上昇していることを示しています。また1年相関性推移を見ても、世界株とヘッジファンドBの相関性は安定というよりは高くなったり低くなったりを繰り返しており、逆の値動きをするよりは、独立した値動きをしていることがわかります。株式との分散投資効果も高く、ポートフォリオを組みやすい実績となっています。

リーマン・ショックの年に55%プラス、分散投資に役立つヘッジファンドC（マネージド・フューチャーズ戦略型）

本ファンドを富裕層が買っている理由

- 20年以上の長期運用で年平均リターン約10%
- 株式の暴落時に高いリターンを達成
- 流動性の高い先物メインの運用

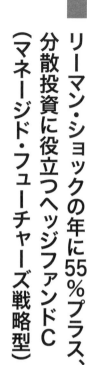

【図表4-20】相場暴落時に強さを発揮 先物主体のヘッジファンドC

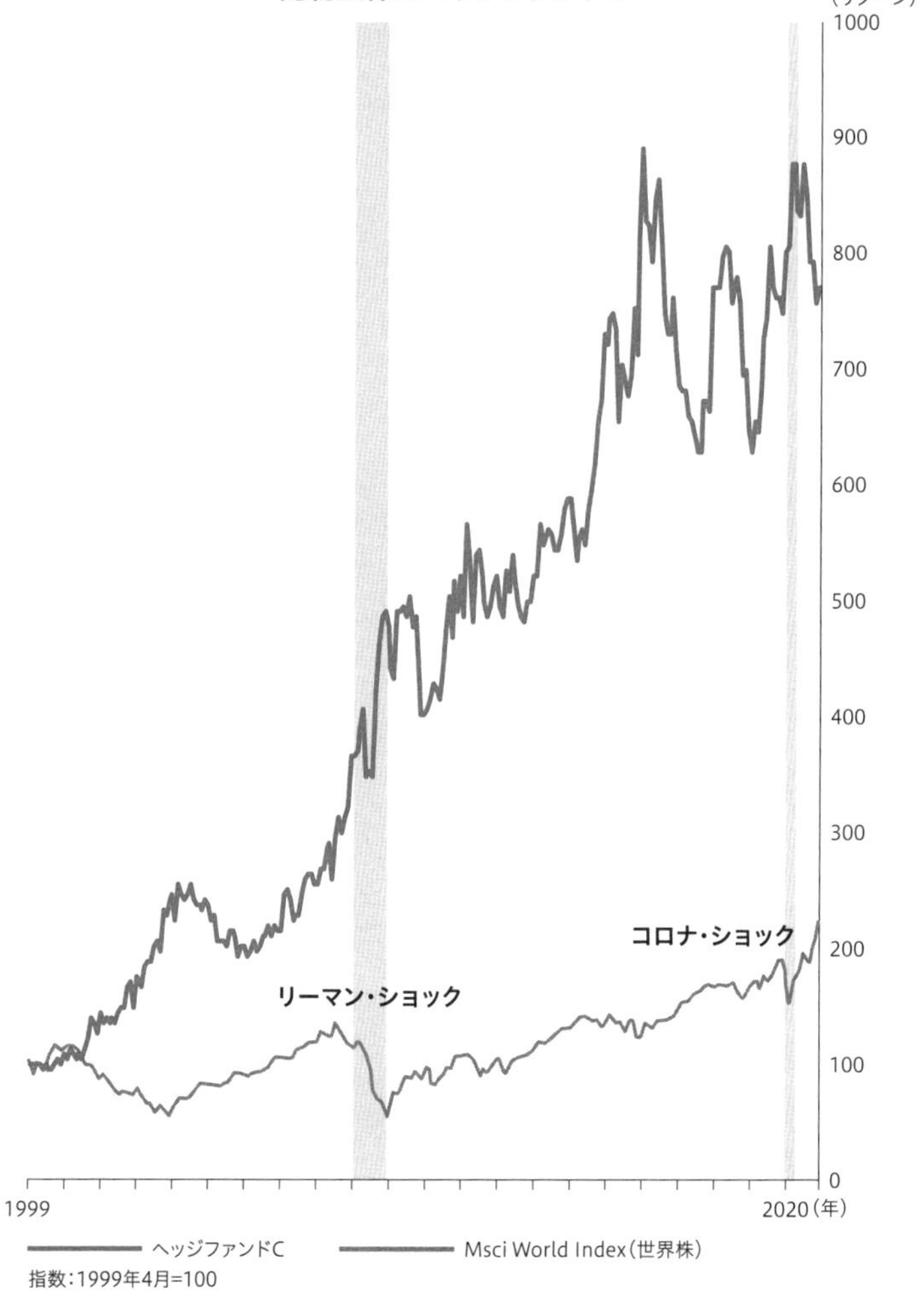

指数:1999年4月=100

超低金利時代に求められる分散投資

超低金利下の資産分散

伝統的な分散投資は、株と債券によって行われてきました。一般に、株価が上昇局面にあるとき、投資家は債券を売って株を買うので債券価格は下落します。一方、株価が下降局面では、投資家は株を売って債券を買うので債券価格が上昇します。株と債券は逆の動きをするので、両方を同時に持つことがリスク分散になると考えられてきました。そもそも債券価格は、金利が上がると下落し、金利が下がると上昇するものでしたが、近年のように超金融緩和が進むと、金利がゼロ近辺に張り付くので、株が上昇しても債券価格は下落せず、株が下落しても債券価格は上昇しなくなっています。

そうした変化の中で、機関投資家は、分散投資効果を効かせながら着実にリターンが得られる新たな投資商品を求めています。その答えの一つが、CTA（コモディティ・トレーディング・アドバイザー）と呼ばれる、投資アドバイザーがマネージド・フューチャーズ戦略（第2章112ページ以降参照）に基づく手法、トレンドフォローで運用するヘッジファンドです。

トレンドフォロー戦略とは

トレンドフォローは、先物相場の上昇・下降傾向（トレンド）を見極め、それに沿ったポジションを構築するものです。株も債券も同時に下落した1997年のアジア通貨危機や、2008年のリーマン・ショックのときにもパフォーマンスを下げることなく、高い分散投資効果を発揮しました。とくに、1990年代後半から2000年代前半に高いリターンを上げたマン・グループ、ウィントン・キャピタル、AQRキャピタル・マネジメントなどのクオンツ系トレンドフォロー・ヘッジファンドは、世界中の投資家の資金を集め、人気戦略の頂点に上り詰めました。

コロナ・ショックで注目を集めたニューヨーク系ヘッジファンドCの特徴

中でもリーマン・ショックの年に55%のリターンを上げた「ヘッジファンドC」は、2

020年3月のコロナ・ショックのときにも8・8%のリターンを上げ、運用業界向けのニュースサイトなどで再び注目を浴びることとなりました。

ヘッジファンドCは、企業や財団法人、世界最大級の年金基金など、分散投資先を求める数多くの機関投資家がポートフォリオに組み入れています。

HFMが発表するマネージド・フューチャーズ関連のアワードや、機関投資家向けファンド情報会社、アロケーター社が発表する「インベスターズ・チョイス・アワード」などの受賞歴も多く、信頼性の高いファンドです。

ヘッジファンドCが下げ相場に強い理由

ヘッジファンドCの基本的特徴

トレンドフォロー戦略を採用したヘッジファンドは下げ相場に強いのが特徴ですが、中でもヘッジファンドCはトップクラスのパフォーマンスを上げています。

この戦略は上げ相場でも下げ相場でも、大きなトレンドが出たときに高いリターンを目指すことができる点から、リスクヘッジに向いた戦略であるといえます。

投資対象は、主に株式・債券・通貨・商品の先物です。この四つの資産クラスのうち、85以上の流動性の高い資産を選んで取引対象としています。

基本的にシステムで売買するため透明性（取引の検証可能性）が高く、流動性（現金化のしやすさ）が高いのも特徴です。

生身の人間が運用するファンドの場合、そのパフォーマンスはファンドマネジャーの体調やインスピレーションなどにも左右されますが、システムが売買するヘッジファンドCには、そうしたリスクもありません。

逆に、85以上もの資産をそれぞれのタイミングを見計らいながら同時並行で取引するという、人間ではほぼ不可能な手法を用いてリターンを最大化します。

ヘッジファンドCとほかのトレンドフォロー・ヘッジファンドの違い

ヘッジファンドCは、マン社やウィントン社などが運用する一般的なトレンドフォロー戦略のヘッジファンドに比べて、より短期のトレンドをフォロー（追従）することで、比較的トレンドが出にくい近年の市場においても安定的なリターンを達成してきました。ポジションを建ててから、つまり取引を開始して手仕舞いするまでの平均的な期間は8日と

7月	8月	9月	10月	11月	12月	年間
-3.4	-6.7	0.2	-4.3	1.4	1.4	**3.2**
8.5	-4.4	-0.9	-0.4	-1.8	7.3	**6.8**
1.1	1.4	-2.7	-8.4	0.9	-7.7	**5.3**
-2.0	0.4	7.0	0.0	-1.4	16.3	**-12.9**
-6.3	-7.6	-2.6	0.2	4.5	-6.3	**7.0**
-2.0	-1.6	2.2	8.7	-5.5	14.2	**5.7**
5.8	3.2	3.8	5.2	3.2	8.0	**16.3**
-1.4	-1.7	-0.2	2.1	4.4	1.6	**15.9**
-3.5	-3.9	-2.6	-0.7	3.6	0.1	**0.9**
1.0	-4.1	-3.9	-2.9	2.1	3.1	**-4.1**
7.0	7.5	6.1	-6.8	10.1	-4.9	**20.8**
-1.7	3.6	-5.2	1.8	-11.2	-6.9	**-11.8**
1.4	-1.3	20.6	10.1	5.0	0.4	**55.8**
-11.8	13.8	6.7	-3.7	4.0	2.1	**18.1**
0.4	0.2	7.5	5.9	2.5	-0.5	**25.7**
2.3	2.9	0.1	4.4	-3.4	4.3	**0.0**
-1.3	-1.0	6.2	-0.6	-1.3	-7.7	**-11.4**
1.8	4.2	-4.6	-3.3	1.1	-2.8	**2.7**
0.8	6.9	1.0	-3.5	16.9	-1.8	**39.9**
-4.5	7.4	3.0	0.6	10.4	4.0	**17.2**
3.2	-2.8	4.9	8.0	18.1	-5.2	**44.3**
-1.7	1.1	-0.1	0.0	0.0	4.2	**-2.5**

単位(%)

【図表4-21】ヘッジファンドCのリターン

・過去20年の長期実績が年率9.9%と高い信頼性がある
・リーマン・ショック、コロナ・ショックなどの下げ相場で高いリターン実績
・先物を中心として運用しているため、投資対象の流動性と価格の透明性が高い

	1月	2月	3月	4月	5月	6月
2020	0.6	8.8	-0.2	-4.4	-0.4	5.3
2019	-2.5	4.0	-1.5	6.5	6.1	2.1
2018	0.0	-0.2	3.1	1.4	-0.5	-5.4
2017	-4.1	-0.9	0.0	-2.7	-0.8	-2.3
2016	9.2	-6.7	-0.6	-3.6	6.6	2.2
2015	-0.7	2.9	0.3	-1.6	-10.7	7.4
2014	0.1	-4.5	-5.4	3.2	1.9	-2.3
2013	4.5	-0.5	9.1	-3.5	0.9	1.9
2012	2.3	-5.1	-2.3	8.7	-3.3	5.7
2011	5.8	-6.5	16.4	-5.9	-9.4	11.4
2010	0.2	1.6	1.8	3.3	-1.5	-2.2
2009	-2.3	-7.6	-2.4	13.3	0.4	0.6
2008	14.9	-0.5	1.3	4.9	4.2	-13.5
2007	-3.2	-0.5	6.3	-0.8	6.8	2.1
2006	-3.0	0.6	14.6	0.9	-3.2	-6.1
2005	2.6	0.4	-3.5	1.5	5.2	-4.0
2004	3.9	-1.4	-5.6	1.3	-10.0	1.4
2003	6.2	0.9	-7.9	14.4	-4.6	-1.9
2002	-13.7	16.5	-1.4	-2.5	9.2	3.8
2001	-5.4	12.1	-5.6	3.9	-2.2	3.7
2000	-1.5	7.1	-2.8	8.0	-4.2	-2.6
1999				-2.7	2.8	-1.8

短く、従来のトレンドフォロー戦略よりモメンタムファクター（要因）をより重視した運用といえそうです。モメンタムとは、価格の上げ下げの「勢い」のことで、モメンタムファクターは、バリュー（割安度）やグロース（成長性）、低ボラティリティ（リスク）などと同じく、株式のリターンに貢献する要因の一つです。

また、ヘッジファンドCの戦略は、平均リターンを下回る成績が続いたあと、トレンドの変化を促すサプライズ（材料）によって、平均リターンの著しい押し上げが期待できるという特徴を持っています。

世界株が大きく下落した月のヘッジファンドCの実績

232ページの【図表4-22】は、過去に世界株が大きく下落したときのヘッジファンドCの運用成績を抽出したものですが、10回のうち7回はプラスになったことがわかります。とくにリーマン・ショックのあった2008年10月と、コロナ・ショックのあった2020年3月は大きなプラスになっています。いかに株式との相関性が低いかが、この結果からもわかると思います。

また、もし読者の方がヘッジファンドCを運用開始時（1999年4月1日）に購入する際、投資資金の50％をヘッジファンドCに、50％を株（世界株）に分散投資をしていたとするなら、年平均価格変動率はヘッジファンドC単体だと19・7％、世界株単体では15・5％だったところが、ファンドと株を組み合わせたポートフォリオ全体で15・1％に低下します。

分散投資によってリスクを低減することは可能ですが、ここまでポートフォリオ全体のリスクを抑えられることは珍しく、非常に良い組み合わせであることがわかります。

「少々、直近の成績がもの足りない」という方もいるかもしれませんが、株式との相関性が低いので、同時に株式を運用すればそちらのリターンが高くなるはずです。

株式だけを持っている方は、ヘッジファンドCをポートフォリオに入れることで、リスクを減らしながら高リターンを狙うことができます。

【図表4-22】世界株下落時のヘッジファンドC

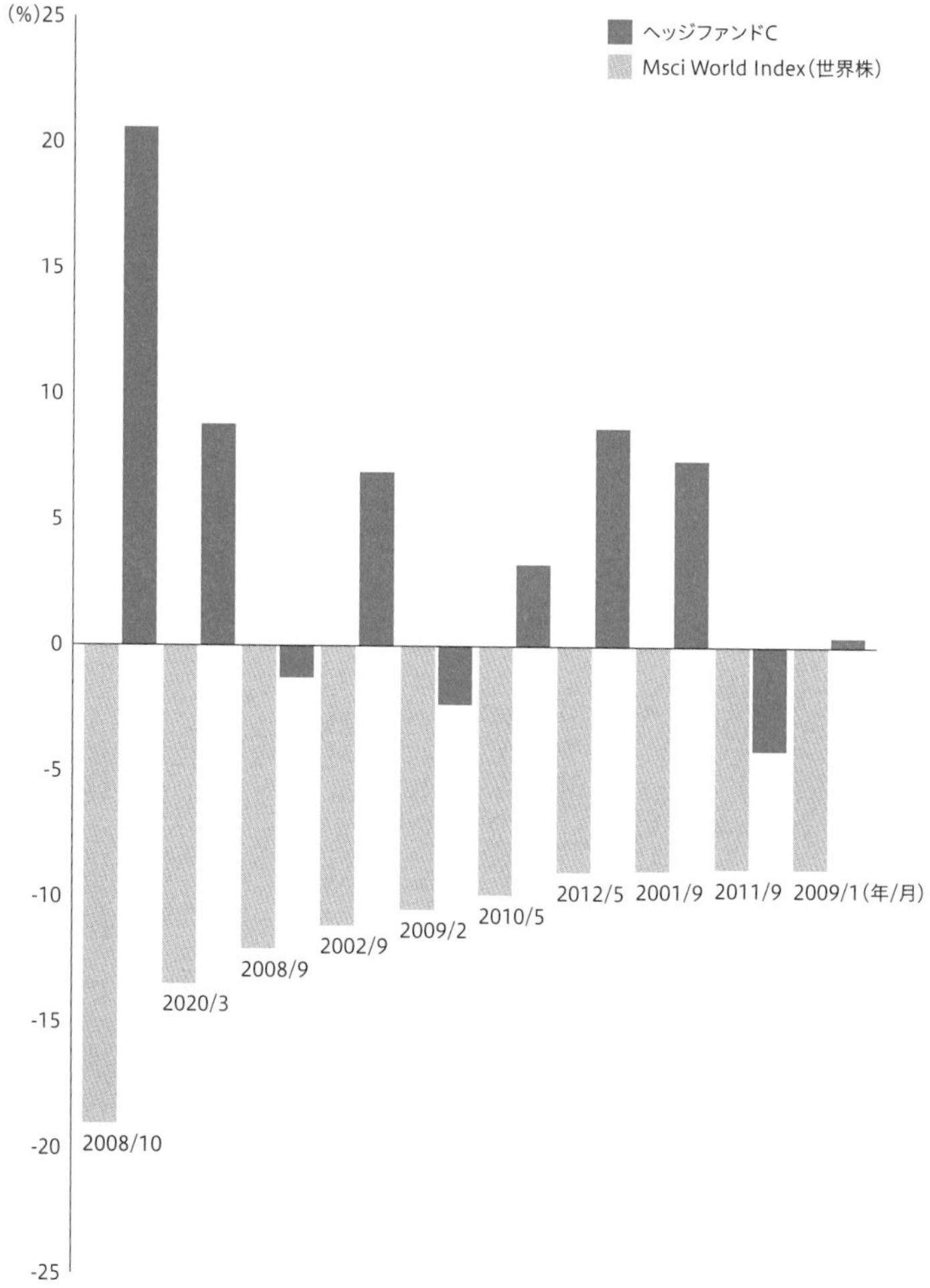

【図表4-23】ヘッジファンドCの基礎データ

運用会社	**米国**
登記場所	**ケイマン諸島**
設定年月	**1999年4月**
解約タイミング	**月次**

	ヘッジファンドC	MSCI World Index
年平均リターン	**9.9%**	3.7%
年平均価格変動率	**19.7%**	15.5%
シャープレシオ	**0.5**	0.2
相関性(連動性)	-0.09	

事務管理会社	○
カストディアン(信託銀行)	○
独立監査法人	○

主要投資対象	
株	○
債券	○
通貨	○
商品	○
不動産(リート含む)	○
その他	○

【図表4-24】「ヘッジファンドC」投資期間別損益分布

投資期間開始時期を1カ月ずつずらしながら計測した、1年、3年、5年ごとのリターンの分布を示しています。

	1年		3年		5年	
	ヘッジファンドC	世界株	ヘッジファンドC	世界株	ヘッジファンドC	世界株
最大	**62.4%**	50.9%	**141.3%**	78.3%	**148.2%**	123.1%
最小	**-26.0%**	-48.4%	**-29.2%**	-47.7%	**0.6%**	-29.7%

【図表4-25】「ヘッジファンドC」期間別損益分布図：1年

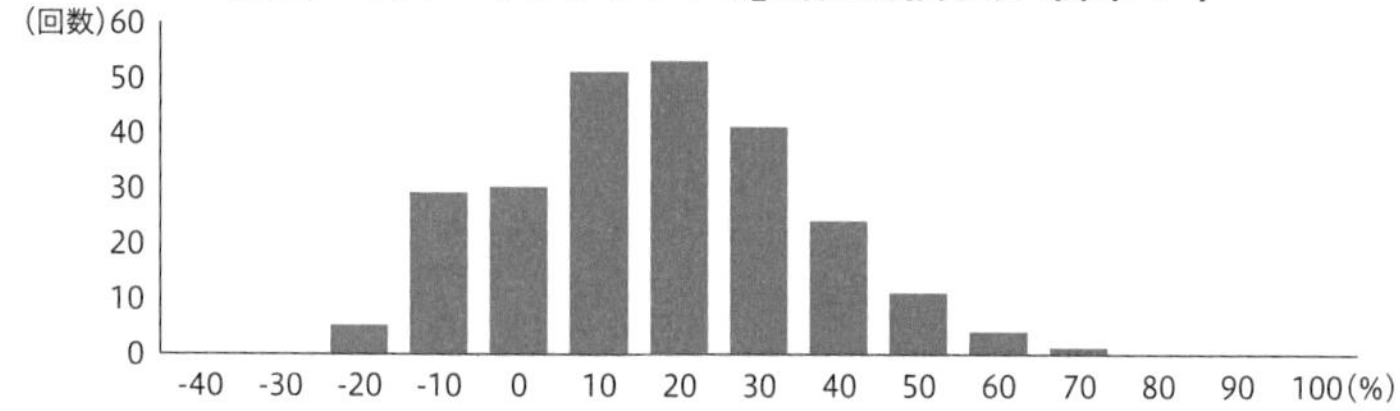

【図表4-26】「ヘッジファンドC」期間別損益分布図：3年

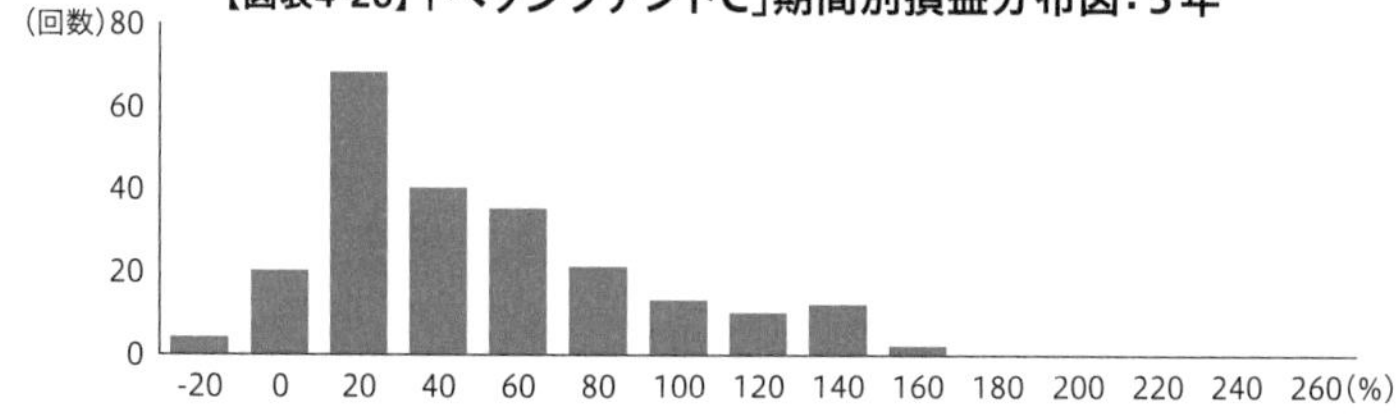

【図表4-27】「ヘッジファンドC」期間別損益分布図：5年

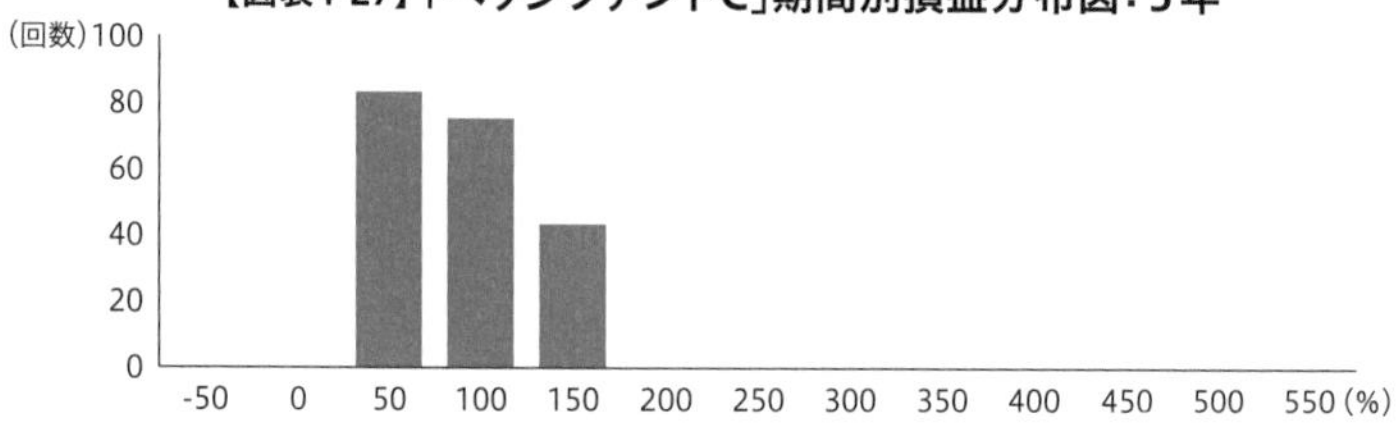

回数とは開始タイミングを1カ月ずつずらして期間損益を計測できた頻度を指す。

【図表4-28】ヘッジファンドCと世界株の散布図

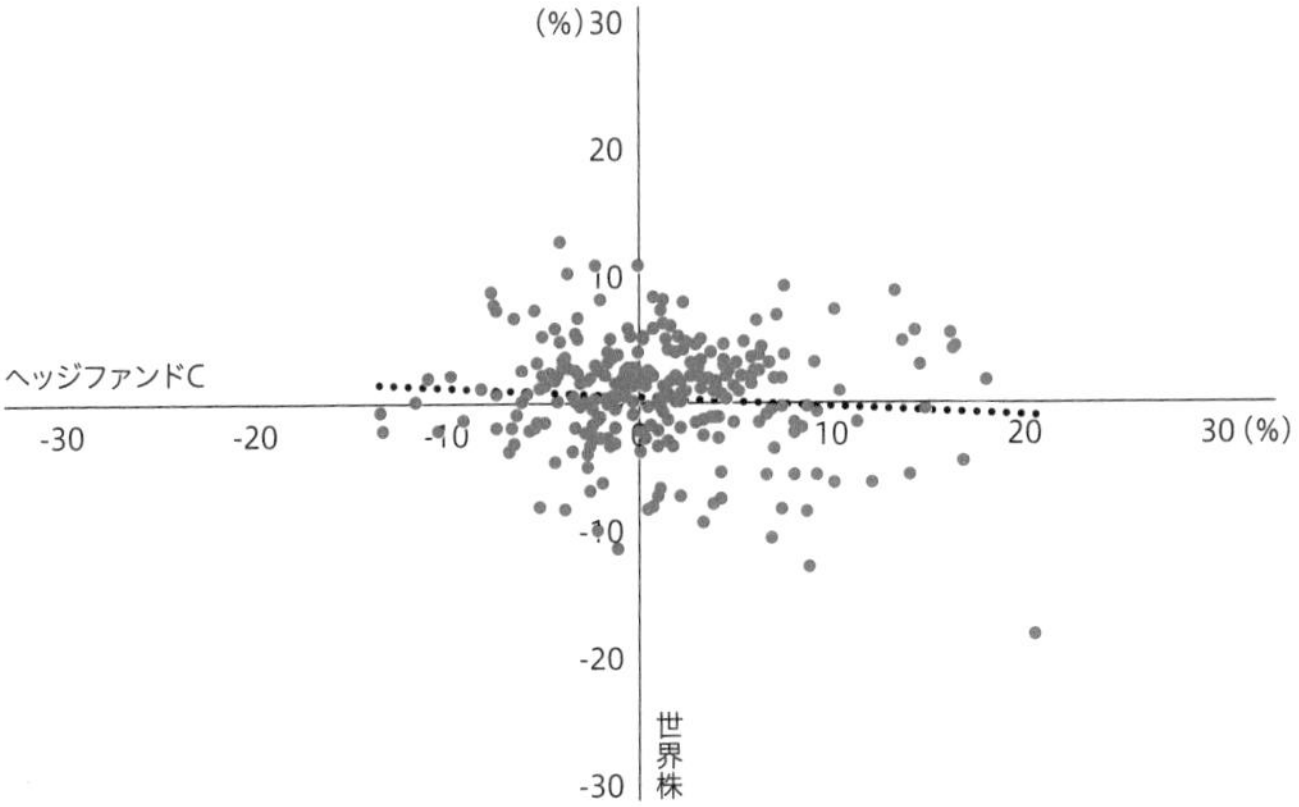

【図表4-29】世界株とヘッジファンドCの1年相関性推移

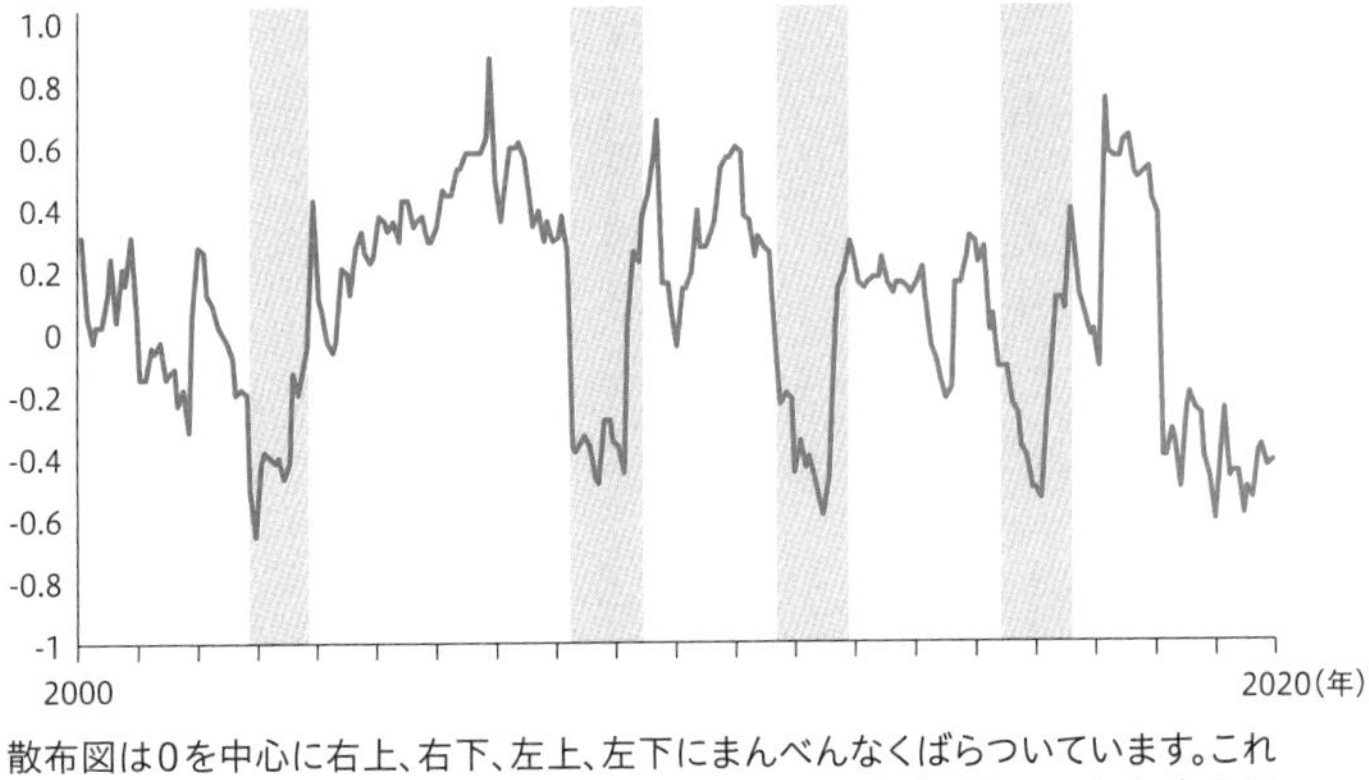

散布図は0を中心に右上、右下、左上、左下にまんべんなくばらついています。これはヘッジファンドと株がまったく無関係に動いていることを示しています。左上はヘッジファンドがマイナスで、株が儲かっていることを示し、右下は株が損をしているときにヘッジファンドが儲かっていることを示します。1年相関性推移を見ても、逆相関になる時期もあり、下げ相場などでもリターンが狙えるファンドであることがわかります。過去の実績からは株式との高い分散投資効果が期待されます。

直近10年間、年ベースでマイナスが一度もない
ヘッジファンドD
(株式ロング・ショート戦略型)

本ファンドを富裕層が買っている理由

- 運用開始来の年平均リターンは24・9%と世界トップクラス
- 直近10年、暦年ベースでマイナスは一度もなし
- 専門知識を活かしたヘルスケア株式での運用に特化

【図表4-30】直近10年間はマイナスなし ヘルスケア株特化ヘッジファンドD

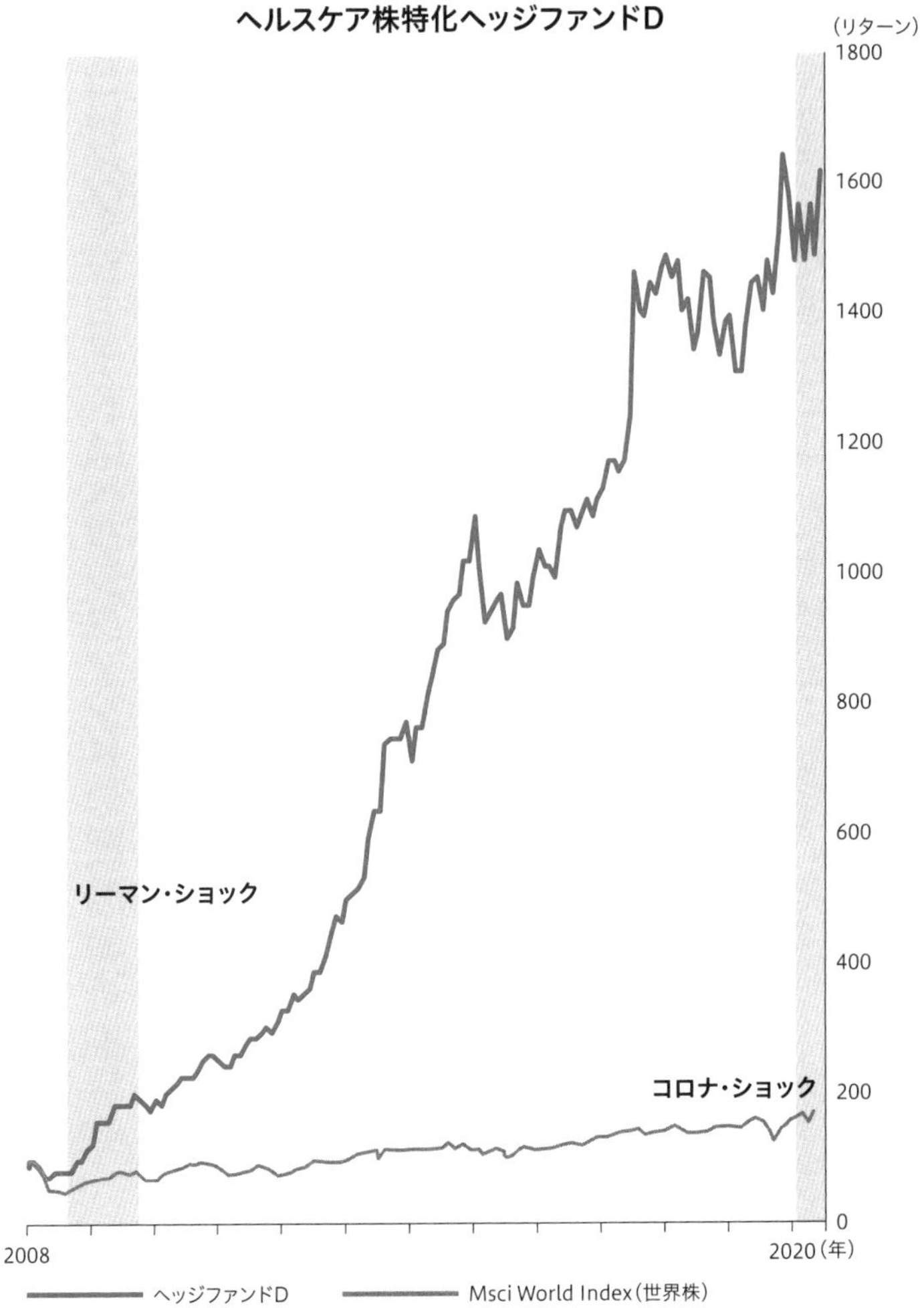

指数:2008年6月=100

株式ロング・ショートはヘッジファンドの戦略の基本

そもそもヘッジファンドは、「リスクをヘッジするファンド」という意味で、本来は市場リスクをコントロールしながらリターンを目指す運用手法でした。市場リスクをコントロールするために主に利用されたのが、レバレッジと空売りでした。

伝統的なロングを主体とする投資手法が「風任せの帆船」だとした場合、ヘッジファンドは「エンジンを搭載した船」のようなものです。追い風のときにエンジンをかければスピードがアップしますし、向かい風でエンジンをかければ、風に押し流されずブレーキの役割を果たします。つまり、風向きがどちらに変わっても、リスクを抑えながら収益を上げ続けることが狙えるわけです。

第2章でも述べましたが、1949年にアルフレッド・W・ジョーンズによって創られた世界初のヘッジファンドは、市場リスクという言葉が生まれる前から、レバレッジと空売りを活用し、リスクのコントロールに注力したことで、大きなリターンを実現しました。

投資信託と株式ロング・ショート戦略のリスクコントロールの違い

一般的な投資信託は、セクターや資産の分散と、現金比率の増減によってリスクをコントロールします。たとえば、株式投資信託であれば、特定業種における下落の影響を避けるには、ほかの複数業種の銘柄を購入するのが一般的な手法です。

しかし、空売りができるのであれば、先の特定業種の銘柄をあらかじめ空売りしておくことで市場リスクをコントロールすることが可能になります。

年利24・9％、直近10年間は年ベースでマイナスになった年は一度もない

「ヘッジファンドD」は、年平均リターン24・9％と非常に高い実績を誇る株式ロング・ショート戦略のヘッジファンドです。

運用資産はヘルスケア株に特化しており、ファンドマネジャーは、製薬業界のアナリストとしてキャリアを積み重ねてきたので、医薬業界に対する深い見識がリターンの源泉となっています。

ヘルスケア産業には、ジョンソン・エンド・ジョンソンなどの総合ヘルスケア企業から製薬会社まで幅広い業種があり、自動車セクターや半導体セクターなどに比べて景気変動の影響を受けにくく、個別企業の要因による変動が大きいセクターです。

たとえば、製薬企業の株価は、アルツハイマーやがんの新薬の治験結果によって株価が上昇したり、反対に独占販売してきた薬の特許切れによる収益の悪化見込みなどで株価が下落したりします。

こうした株価を形成する材料は、一般の投資家にも比較的わかりやすいものですが、ヘッジファンドDのファンドマネジャーのような専門家は異なる見解を持って、素人投資家とは異なる判断を下すことができます。

たとえば、前述した新薬の特許切れを迎えたメーカーは、ジェネリック薬の攻勢によって業績が悪化するだろうと予測されていても、薬を処方する医師が、効果の安定している正規の薬を指定することが多ければ、すぐに業績が悪化することはなかったりします。こうした一般の人の考えと、専門家としての情報に対する認識の乖離が、収益の源泉につながったりするのです。

著名な賞を受賞、業界の権威に

ヘッジファンドDは、典型的な株式ロング・ショート戦略のファンドです。リーマン・ショック直前の2008年6月に運用を開始し、直後に資産の約4分の1を失いましたが、その後復調し、翌2009年には120％近いリターンを上げました。

それから10年以上、年ベースでマイナスを記録することはなく、安定的な実績を上げています。2019年には、アロケーター社が発表する「インベスターズ・チョイス・アワード」のスペシャリスト部門賞を受賞しています。

また、新型コロナウイルスの感染が拡大した2020年には、『ウォール・ストリート・ジャーナル』などのメディアにファンドマネジャーのコメントが掲載されるなど、ヘルスケア産業の専門家としての地位も確立しています。

投資配分

ヘッジファンドDは、10～20銘柄のロングポジションと、5～15銘柄のショートポジシ

7月	8月	9月	10月	11月	12月	年間
6.8	6.0	-5.7	5.7	-4.8	8.4	**10.8**
0.9	-6.4	0.4	5.2	5.1	0.2	**8.2**
1.1	-1.9	1.5	-5.1	1.3	-5.6	**7.6**
2.0	3.4	0.1	-1.6	1.6	6.0	**12.8**
4.0	-2.5	0.1	-1.6	7.3	2.8	**13.8**
7.3	-7.0	-9.1	1.8	2.1	0.8	**9.5**
-8.0	7.9	0.3	5.6	4.0	4.4	**38.8**
8.2	0.6	2.4	2.8	12.2	6.2	**72.2**
5.2	-0.3	9.0	-3.8	3.4	2.8	**29.9**
-2.0	-3.3	-1.2	7.5	1.2	5.7	**21.4**
5.9	-1.9	10.2	4.4	0.5	6.7	**21.4**
12.9	21.8	2.4	-0.5	13.1	2.7	**119.3**
-0.5	-4.0	-16.2	-3.8	11.7	0.0	**-11.8**

単位（%）

【図表4-31】ヘッジファンドDのリターン

・実績ベースで平均リターン20%を超える世界トップクラスのリターン実績
・月次の価格変動率は高いが過去10年において年ベースでのマイナスがない実績
・株式で運用しているため、投資対象の流動性と価格の透明性が高い

	1月	2月	3月	4月	5月	6月
2020	-3.3	5.6	-3.5	6.1	8.0	-3.3
2019	2.1	6.8	-0.6	-4.4	-3.7	3.3
2018	17.5	-3.9	-0.7	3.6	-1.1	2.6
2017	-0.6	-2.2	1.4	2.9	-2.8	2.5
2016	-7.2	1.9	8.0	-3.6	0.2	4.7
2015	1.2	5.3	2.4	0.7	4.9	0.1
2014	0.4	16.4	0.2	0.9	0.1	2.7
2013	5.7	-0.2	7.7	6.7	6.5	-2.2
2012	2.7	0.8	2.8	2.4	-2.0	4.1
2011	-0.1	-0.7	4.1	5.3	5.9	-2.1
2010	-3.0	1.7	6.3	-0.5	-4.6	-4.8
2009	1.3	-2.7	5.2	9.8	7.7	10.0
2008						2.5

ョンで運用を行います。基本はロングポジション優位で、資産の90〜110％相当額のロングポジションと、10〜20％相当額のショートポジションを持ちます。

ロング・ショート戦略は、下手な運用マネジャーが手を出すと、これから上がる株を空売りし、これから下がる株を買い持ちしてしまうことで、両方で損をする「ダブルパンチ」になってしまいます。

ところがヘッジファンドDは、2009年以降、パフォーマンスがマイナスの年はなく、しかも年ベースのリターンが7％を切ったことがありません。

この実績は、適切な銘柄の選択と卓越した分析能力のなせる業といえます。平均リターンは24・9％とかなり高く、これは2009年に119・3％のプラスとなったことが原因ですが、これを除いた2010年以降の平均リターンで見ても21・3％となっています。

ウォーレン・バフェットの投資法でもそうですが、株式投資においてはその選球眼・分析力がすべてです。ヘッジファンドDはいうなれば、ヘルスケア業界に特化したウォーレン・バフェットみたいなもので、その運用実績が彼らの目利きのすごさを証明しています。

世界株との相関

世界株との相関性は0・57です。ヘッジファンドCのように保有する株とのリスク分散目的でポートフォリオに組み入れるのではなく、むしろ、世界株式に投資する代わりに、積極運用目的で組み入れるのが望ましいファンドです。

【図表4-32】ヘッジファンドDの基礎データ

運用会社	**米国**
登記場所	**デラウェア・ケイマン**
設定年月	**2008年6月**
解約タイミング	**4半期ごと**

	ヘッジファンドD	MSCI World Index
年平均リターン	**24.9%**	5.4%
年平均価格変動率	**18.3%**	16.8%
シャープレシオ	**1.37**	0.32
相関性（連動性）	0.57	

事務管理会社	○
カストディアン（信託銀行）	○
独立監査法人	○

主要投資対象	
株	○
債券	
通貨	
商品	
不動産（リート含む）	
その他	

【図4-33】「ヘッジファンドD」投資期間別損益分布

投資期間開始時期を1カ月ずつずらしながら計測した、1年、3年、5年ごとのリターンの分布を示しています。

	1年		3年		5年	
	ヘッジファンドC	世界株	ヘッジファンドC	世界株	ヘッジファンドC	世界株
最大	**138.8%**	50.9%	**242.1%**	73.0%	**759.6%**	123.1%
最小	**-11.3%**	-31.2%	**25.7%**	-9.9%	**35.2%**	2.2%

【図4-34】「ヘッジファンドD」期間別損益分布図：1年

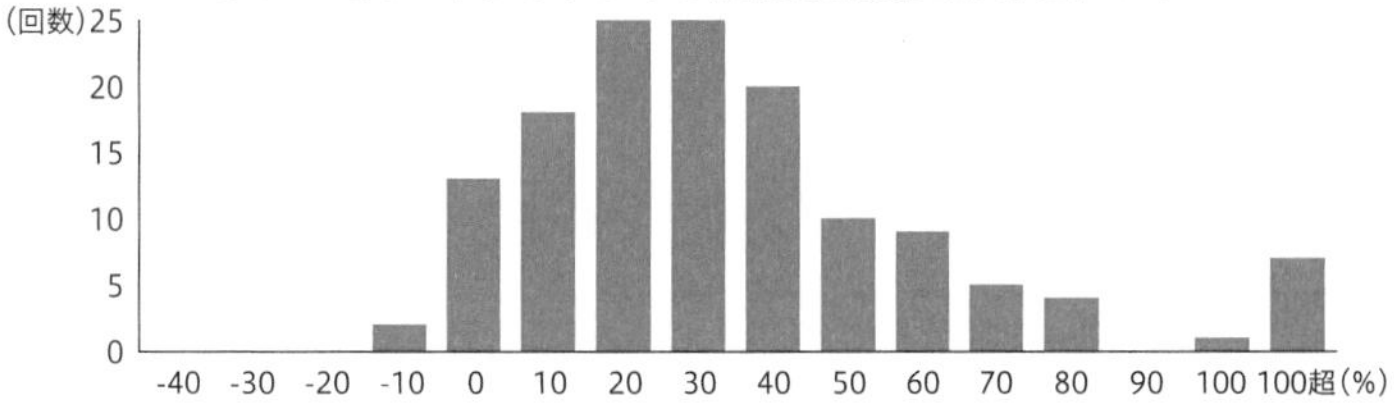

【図4-35】「ヘッジファンドD」期間別損益分布図：3年

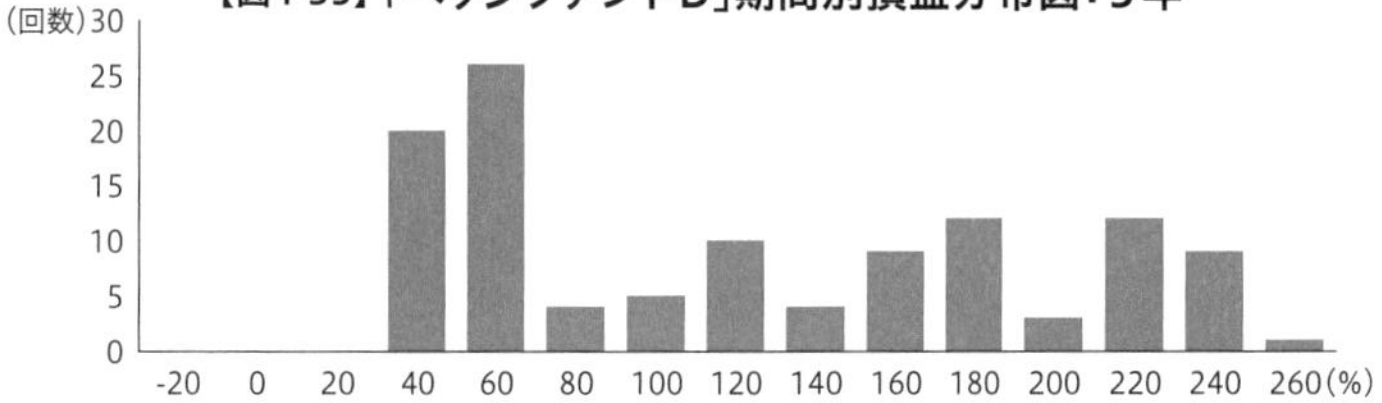

【図4-36】「ヘッジファンドD」期間別損益分布図：5年

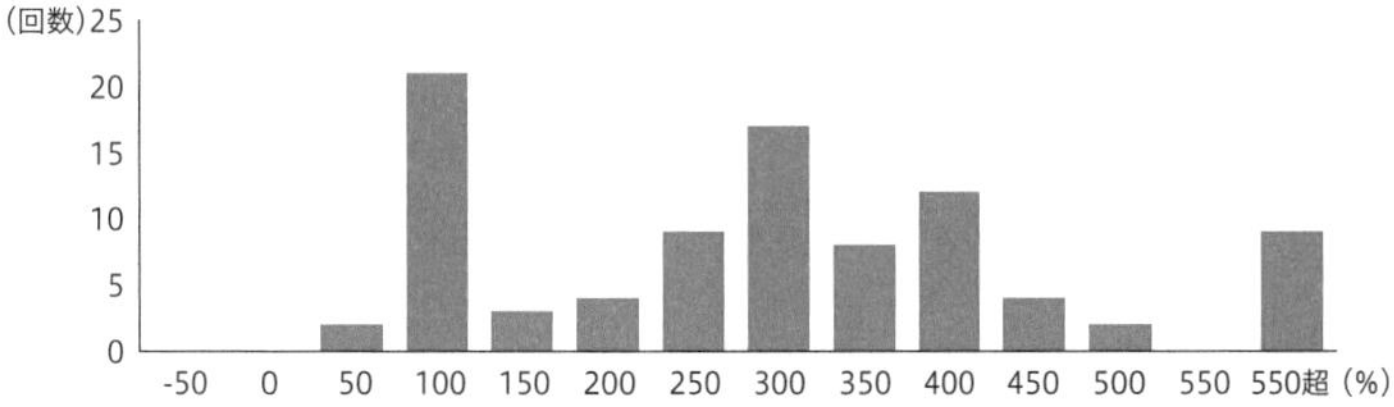

回数とは開始タイミングを1カ月ずつずらして期間損益を計測できた頻度を指す。

【図表4-37】ヘッジファンドDと世界株の散布図

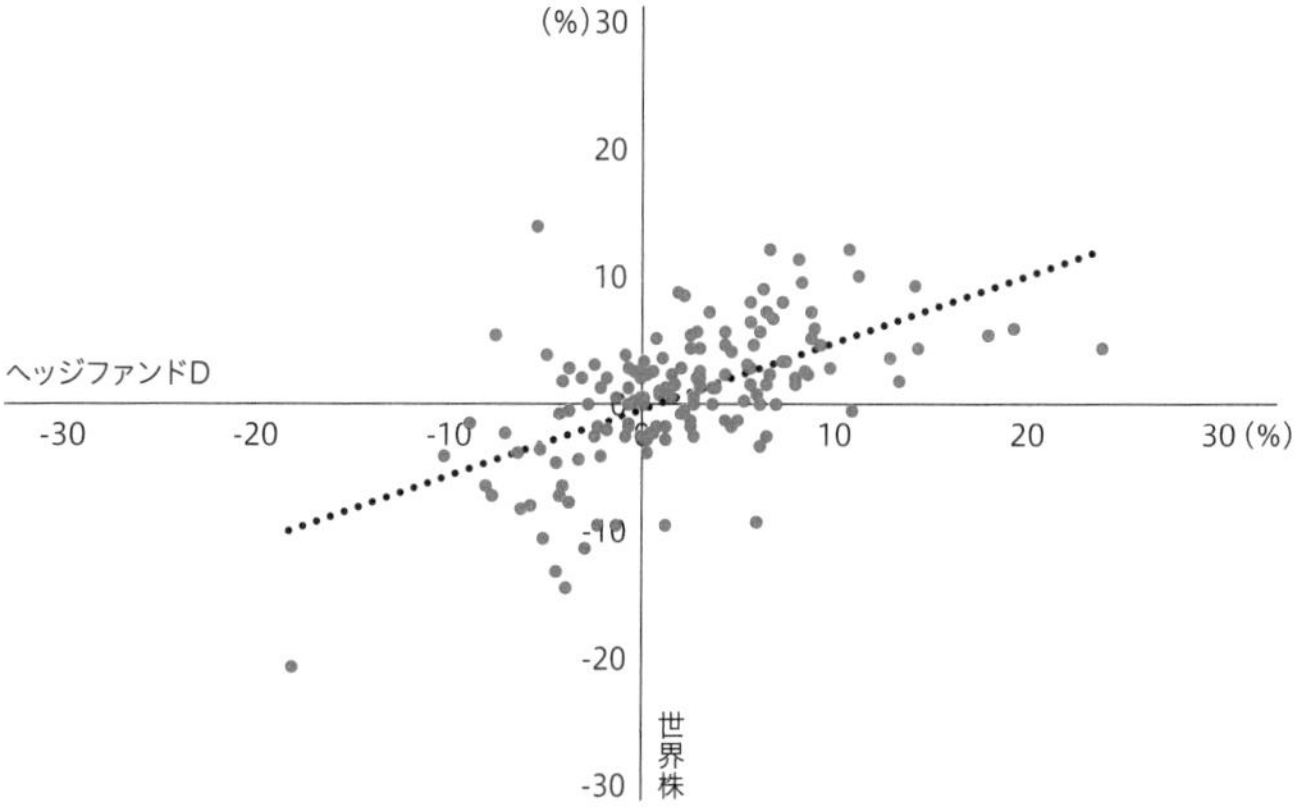

【図表4-38】世界株とヘッジファンドDの1年相関性推移

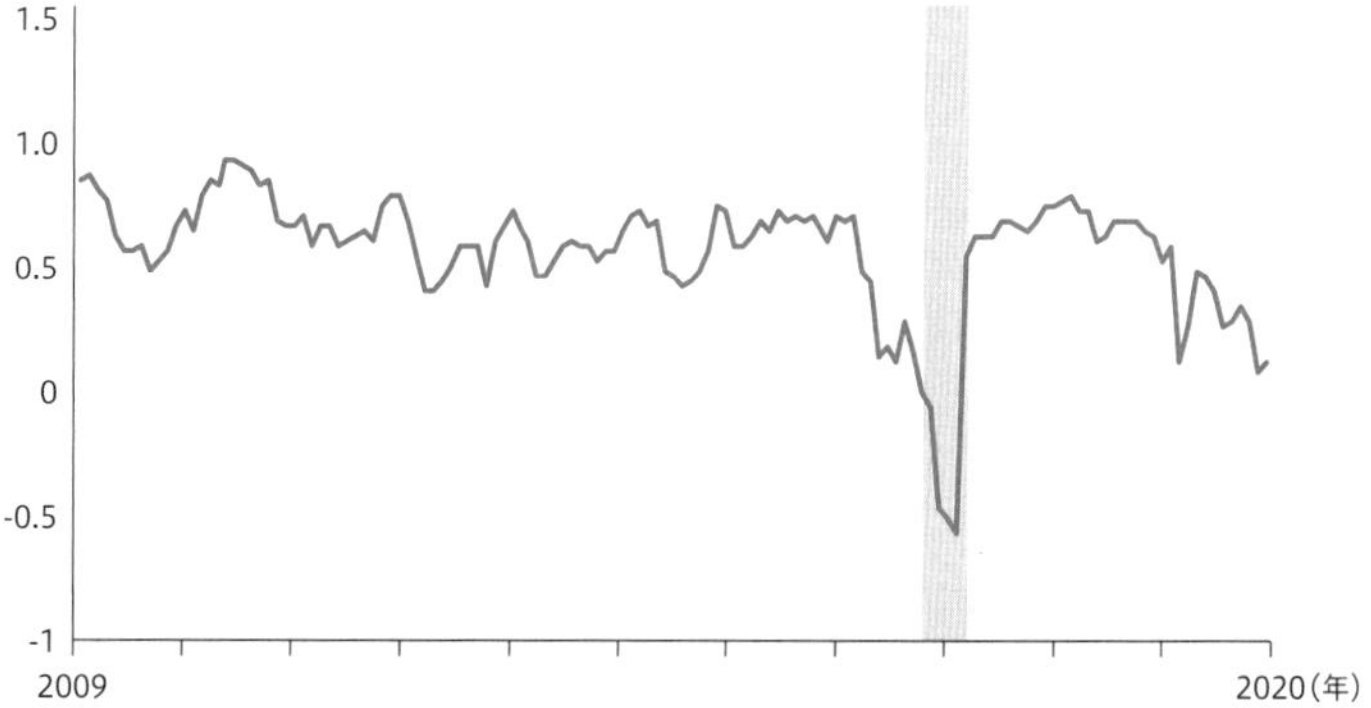

散布図を確認すると0を中心に右上から左下に直線状に並んでおり、世界株とヘッジファンドは同じ時期にリターンが出て、同じ時期にマイナスが出ていることがわかります。ただし、ヘッジファンドAに比べると、ばらつきは中央に多く、上下のばらつきが小さいことがわかります。1年相関性は0.5前後に多くがあります。株式ロング・ショート戦略であるため、株式に投資しているファンドとしては、多少の分散投資効果はあるといったところでしょうか。

以上、厳選したヘッジファンド4本をご紹介しました。

これ以外にも、年平均利回り10％以上を10年間以上実現しているヘッジファンドはいくつもありますが、日本居住者の資金を受け入れるタイミング、いわゆる窓が開いているタイミングは、ファンドによりまちまちです。

新規資金の受け入れをクローズされてしまう前に一度検討してみてください。

次の第5章では、これらのヘッジファンドをどのように個人投資家のポートフォリオに組み込んでいくべきか、その実践編を解説していきます。

第5章

誌上相談会 3人の富裕層の具体的なヘッジファンド活用事例

ヘッジファンドで資産運用を始めるまでの五つのステップ

「最適な資産運用」は十人十色

この章では、実際にヘッジファンドを購入した富裕層が、投資アドバイザーにどのような課題を相談して、どのような提案を受けて、どのような運用ポートフォリオを組んだのか、実際にどれだけの運用成果が得られたのかについてケーススタディーを紹介します。あなたと同じ立場の投資家がどのように判断してヘッジファンドを購入したのかを「追体験」することで、あなた自身の資産運用に関する新しい視点を得ることを目的にしています。

具体的には次の三つのケースをご紹介します。

- 投資初心者の医師・田中さん（仮称、40代）「仕組債と新興国債券で大損失、ヘッジファンドで挽回を目指す」
- 投資に詳しい会社役員・山田さん（仮称、30代）「プライベートバンクも扱っていない優秀なヘッジファンドを買いたい」
- 不動産管理法人を売却した佐藤さん（仮称、50代）「海外不動産だけでなく、ヘッジファンドでも投資したい」

なお、各人の相談事項に関して詳細を解説しますが、ご相談者個人が特定されないようにするために、いくつかの顧客事例を複合した上で、本筋と関係のない部分については一部、事実と異なる記載をしている場合がありますことをあらかじめご了承ください。

具体的な相談事例をご紹介する前にまずはご留意していただきたいのは、資産運用を考える上で難しいのは、万人に通用する「最適な運用」というものがないことです。

これは食事の好みと一緒で、求めるリターンの大きさ、リスク許容度、いつごろ現金化したいのか、自分で運用をしたいのか、専門家に任せたいのかなど、それぞれの好みがあり、それに合った形で運用の仕方や運用する商品を決める必要があります。

ですから、ここに紹介する事例はあくまでも一例にすぎません。自分に合った運用の仕方やポートフォリオを知りたい場合は、中立的な立場の専門家からのアドバイスを受けてください。

実際にヘッジファンドを購入したい富裕層が一番気になる点である、業界最大手のヘッジファンドダイレクト株式会社の投資助言サービスの流れをこれからご説明します。

投資助言を受けるための相談の流れ

ヘッジファンドダイレクト株式会社の投資助言サービスにおける相談の流れは、①お客さまの資産状況の確認、②投資可能期間の設定、③運用目標の設定、④リスク許容度の確認、⑤ポートフォリオの作成となっています。

【ステップ1】資産状況の確認

適切なアドバイスを行うため、お客さまの資産状況や年齢、家族環境などをうかがいま

【図表5-1】ヘッジファンドダイレクトにおける相談の流れ

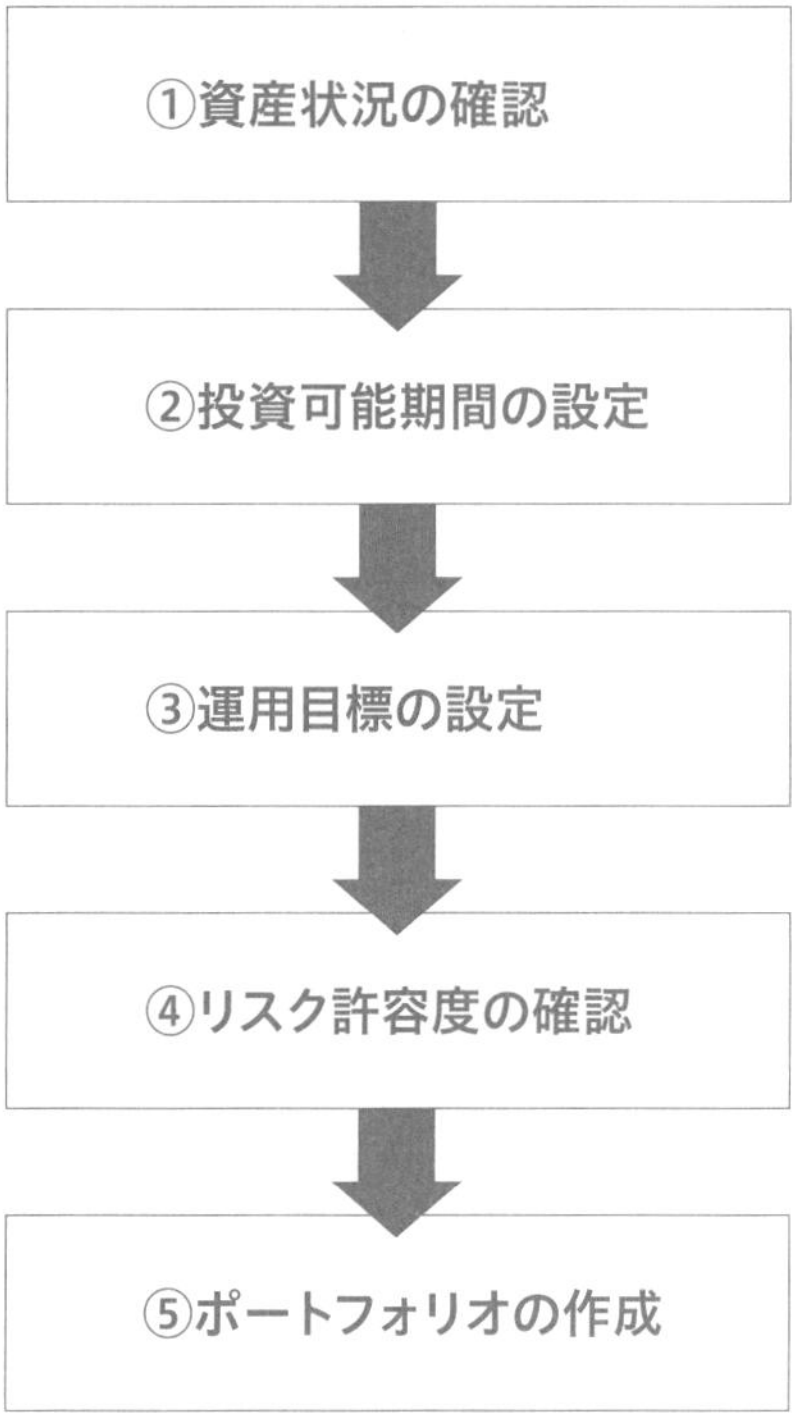

す。資産状況や年齢などによって提案可能なヘッジファンドは変わってきます。一般的に資産が多い方や年齢が若い方ほどリスク許容度は高いと考えられます。

また、最低投資金額の高いヘッジファンドや、購入できる投資家の資産や収入の条件を設けているヘッジファンドもあるので、これらの条件を満たしているかどうかによって、提案できるヘッジファンドも変わります。

【ステップ2】投資可能期間の設定

資産状況とともに、投資可能期間も、どのような投資ができるのかを判断するために非常に重要です。一般的に投資可能期間が長いほど、価格変動リスクの高い商品を組み入れた積極的な運用が可能となり、反対に投資可能期間が短いほど、安定的な運用が向いているといえます。

ときどき、「1年で実績を出したい」といったご要望をいただくこともありますが、当社では基本的にお断りしています。というのも、1年や2年といった短期の運用ではパフォーマンスが安定せず、運用目標を達成するのが困難であるためです。

また運用を請け負うヘッジファンド側も、長期で預けてくれる安定的な投資家を好む傾向にあるため、短期の運用はお断りしています。

投資期間をある程度長く取れれば、パフォーマンスがいい年も悪い年も含めた過去の平均的なリターンを参考にしながら、適切な商品を提案しやすくなります。

ご自身の資産を短期資金・中期資金・長期資金と分けて、それぞれに応じた運用目標を立てることをおすすめします。短期資金は円建てが望ましいですし、即時に換金できる金融商品が向いているので、あまりヘッジファンドはおすすめできません。ヘッジファンドに向いているのは中期から長期で運用する資金です。

【ステップ3】運用目標の設定

運用目標の設定はお客さまによって異なります。ヘッジファンドの購入目的も、たとえば資産保全や、株式を持っているので分散投資のため、積極的にリターンを取るためなど、まさに十人十色です。

ときには、「世界の一流品を所有してみたい」と、知的好奇心を満たすためにヘッジファンドの購入を考えるお客さまもいらっしゃいます。

いずれにしても、ご相談を受ける際には、それぞれの希望をもとに具体的な数字（運用目標）を設定します。

たとえば、「年平均リターン10％以上の積極運用を目指したい」「仮にリーマン・ショック級の金融危機が起きたとしても、マイナスを20％くらいまでに抑えたい」「金利がほとんどつかなくなった債券の代わりに、リスクを抑えた形で4％以上を目指したい」といった具体的な数字に落とし込んでいきます。

運用目標については、キャッシュフロー表などを利用して正確に計算する方法もありますが、計画が長期になるほど、あとから予想もつかなかった出来事が起こったり、修正が多くなったりしてしまいます。ひとまず大きな方向性だけを定めて、実践しながら調整を加えていったほうが現実に即しているといえます。

【ステップ4】リスク許容度の確認

ヘッジファンド投資では、保有している間の目先の損益に一喜一憂して当初の目的を見失ってしまうことがあります。長期で保有したほうがより大きなパフォーマンスが得られるのに、瞬間的な上昇に喜んであっさり売却したり、一時的なマイナスに恐れをなして手離したりすると、運用目標を果たせなくなってしまいます。

【図表5-2】ポートフォリオ作成までの流れ

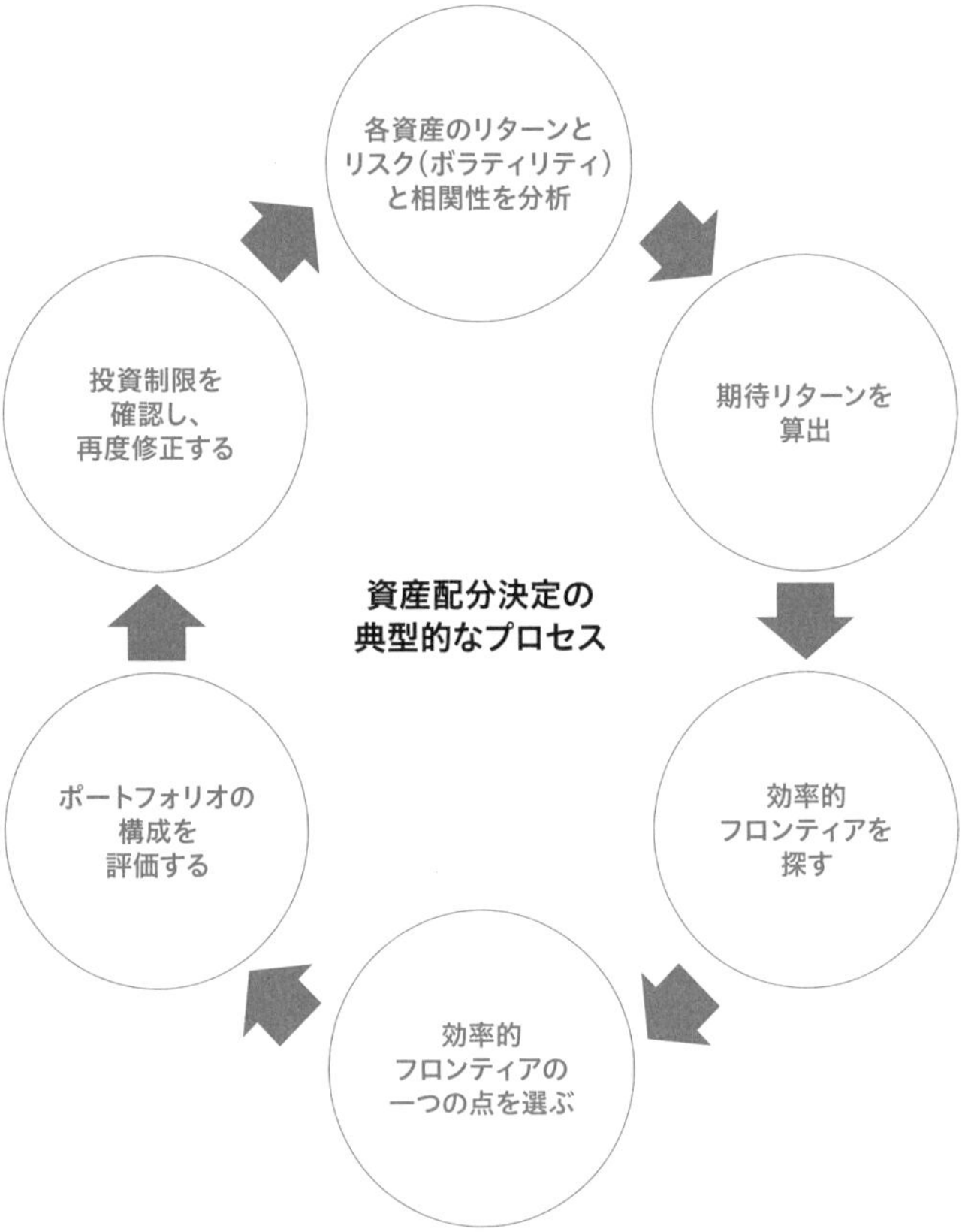
各資産のリターンとリスク（ボラティリティ）と相関性を分析
期待リターンを算出
効率的フロンティアを探す
効率的フロンティアの一つの点を選ぶ
ポートフォリオの構成を評価する
投資制限を確認し、再度修正する
資産配分決定の典型的なプロセス

一時的にマイナスになってもどれだけ耐えられるのかを確かめるために、前章の「マキシマム・ドローダウン」（199ページ以降参照）で説明したとおり当社ではお客さまのリスク許容度を判定させていただきます。

ご相談を受ける段階だけでなく、ポートフォリオを作成したあとにも、改めてリスク許容度を確認します。

【ステップ5】ポートフォリオの作成

最後に、運用目標を達成するためのポートフォリオを作成します。そのために、「効率的フロンティア」（【図表5‐2】参照）、つまり、ポートフォリオで分散投資を行う際に、一定のリスク水準で最大のリターンを得られる集まり（範囲）を定める必要があります。

たとえば、平均リターンが10％、最大下落許容度30％までの運用をしたい場合、その希望に近い平均リターン10％前後のヘッジファンドだけを組み入れるか、希望よりも、もっと積極的なものと、もっと安定的なものを組み合わせて、ポートフォリオ全体として目標の達成を目指すか、という二つの選択肢があります。

前者はブレット型（集中投資型）、後者はバーベル型（バランス投資型）と呼ばれてい

【図表5-3】ポートフォリオの二つの型

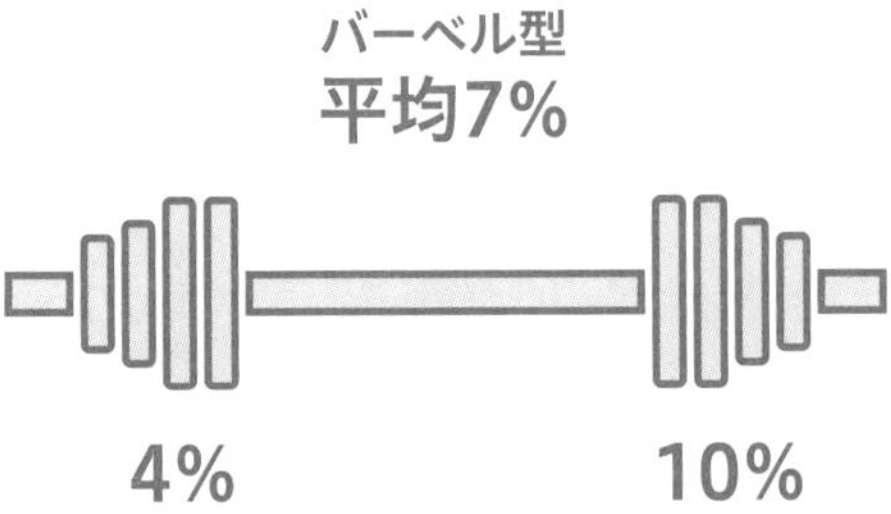

期待リターンより高い資産と低い資産を組み合わせてポートフォリオを作る方法。投資対象が多様なものを組み込める一方、期待リターンが高い場合は、選択肢が少なくなり、実行できないことも。

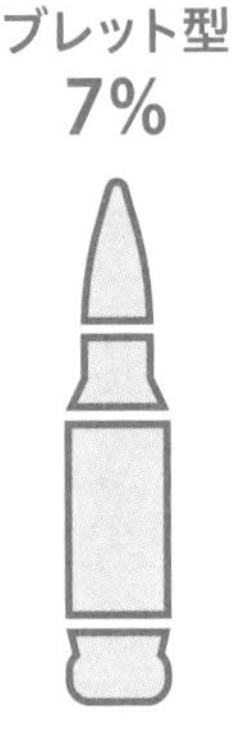

期待リターンに近い投資対象を集中的に投資する方法。投資家の期待に近い投資対象のみで運用するため納得感が高い一方、分散投資効果が限定的になりやすい。期待リターンが高いときは集中投資型になりやすい。

ます（【図表5 - 3】参照）。なお、ブレットとはイラストのように弾丸（bullet）のことです。一般的には債券のポートフォリオ作成時に使う用語ですが、イメージしやすいように、当社ではそのように説明しています。

目標とするリターンが控えめなら、組み入れられるファンドの種類が多くなるのでバーベル型、ブレット型両方を選択可能です。一方、ハイリターンを目指す場合はファンドの選択肢が少ないためブレット型になってしまいます。

いずれにせよ、運用目的に合致したポートフォリオを作成します。

それではここからは具体的なケーススタディーをご紹介します。

ケーススタディーにおける話者は、ヘッジファンドダイレクト株式会社のコンサルタント（投資アドバイザー）です。コンサルタントがお客さまの置かれた状況をどのように分析して、何を提案したのか、それがどのように受け入れられたのかを語るスタイルになっています。

相談事例① 投資初心者の医師・田中さん（40代）仕組債と新興国債券で大損失、ヘッジファンドで挽回を目指す

二度と失敗したくないので、プロに任せたい

東京で代々続く小児科クリニックを経営している40代の開業医・田中さんから、資産運用に関するご相談を受けました。

田中さんは、預金5000万円のほか、2億円ほどの株式などを持っておられます。

普段は仕事が忙しく、なかなか運用に時間を割くことができないため、安心して運用を任せられるところを探しているとのことでした。

【ステップ1】資産状況の確認

日本株5000万円、米国株4000万円、仕組債5000万円、トルコリラ債3000万円、ブラジルレアル債3000万円、現預金5000万円

日本株は20%、米国株は30%ほどリターンが出ていたそうですが、仕組債（さまざまな金融派生商品を組み込んだ債券）はマイナスが40%となっている状態でした。また、トルコリラ債は為替が急落し、価値はおおよそ半分に。ブラジルレアル債も同様に30%ほどの含み損になっていました。

当初は仕組債などを売却してヘッジファンドを購入したいというご希望でしたが、仕組債や新興国債券は流動性の問題から売却時のコストが高くつくため、日本株・米国株のみを別の商品に買い替える運用計画を立てることとしました。

【ステップ2】運用期間の確定

最初にご相談にいらっしゃったとき、田中さんは運用期間については無頓着なようでした。当面、クリニック経営の安定的な収入があり、余裕資金も10年以上は運用に回せるの

で、投資期間による投資先の制限はない状態でした。これなら、リターンが高い代わりに、即時換金性が低いヘッジファンドでも選択可能だと判断しました。

【ステップ3】運用目標の確定

田中さんは、仕事が忙しいので運用には手間をかけたくないと考えていました。
またご自身が専門職についていることもあり、「資産運用のような専門的なことは、専門家に任せたい」ともおっしゃっていました。自身の判断で購入した仕組債や新興国債券が大きくマイナスになったことがトラウマになったようです。安全だと思っていた債券が大きくマイナスになったことで、今は好調な保有株式もいずれマイナスになるのではないかと不安に感じているとのことでした。

田中さんは、どちらかというと安定的な運用を希望されているとのことでした。

こうした場合、資産運用を提案するアドバイザーには、お客さまのご要望の〝標準〟レベルを正確に把握することが求められます。

「安定的」といっても、お客さまが求めるレベルと、アドバイザーが考えるレベルとでは異なることが多いからです。

たとえば、証券会社はリスク・リターンの評価基準の〝標準〟、いわば水準点を世界株に置くのが一般的なので、債券は「安定的」、新興国株は「積極的」と見なすことが多いようです（【図表5‐4】参照）。

一方で銀行は、海外債券を標準に置き、預金を「安定的」、世界株を「積極的」と見なすことが多いようです。

このように、同じ金融の専門家でも、何が「安定的」で「積極的」なのかという基準は大きく異なります。ましてやお客さまは金融の専門家ではないのですから、「安定」とはどのレベルなのかを、しっかりヒアリングして把握する必要があるわけです。

268ページの【図表5‐5】は、通常リスクと表示される年平均価格変動率は年平均リターンからどのくらい価格のぶれがあるかを示しています。たとえば平均リターンが5%、年平均価格変動率が20%の場合、マイナス15%～プラス25%の間に3回中2回（68%）は収まると考えられます。

改めて確認したところ、田中さんにとっての「安定的」な運用とは、海外債券よりは積極的で、世界株よりはリスクを抑えた運用であることがわかりました。

リターン目標は、当社による助言手数料の控除後で年6%ほどのリターンは目指したい

【図表5-4】資産ごとの平均リスク・リターンのイメージ図

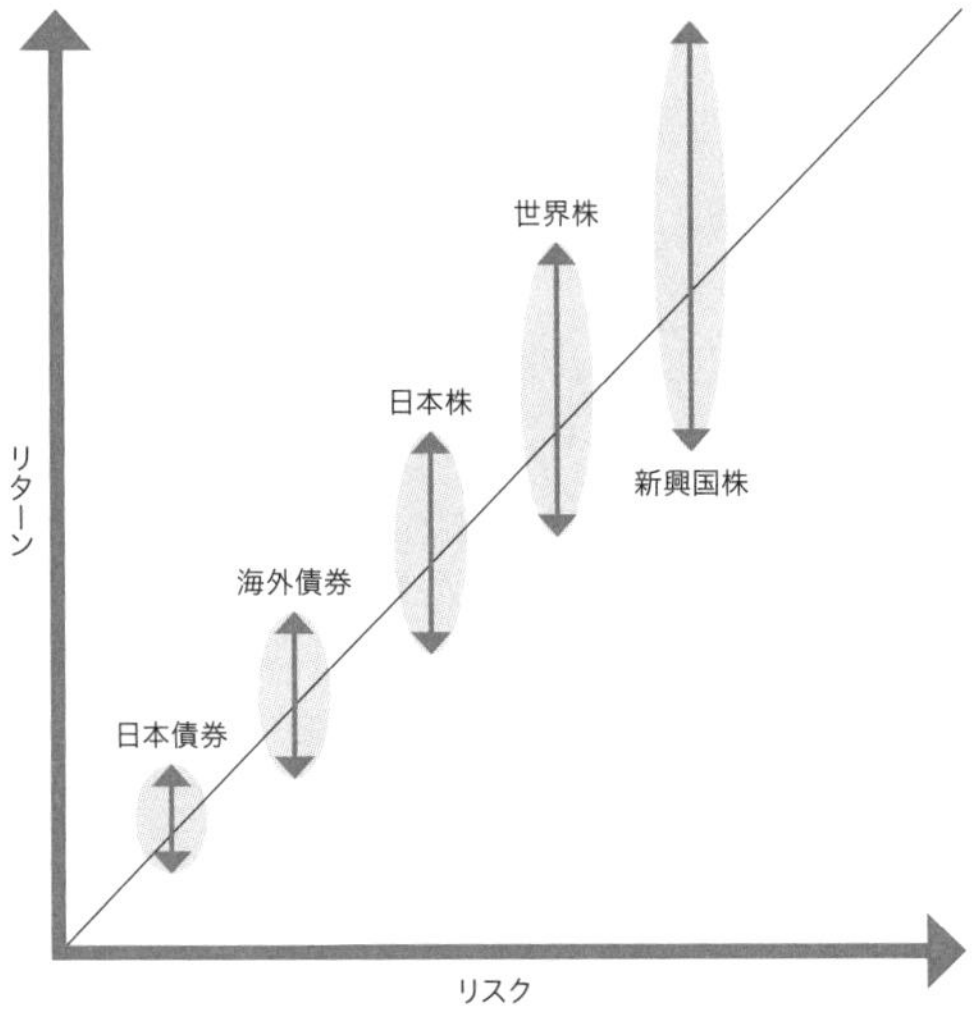

縦軸は平均リターン(年平均利回り)を示しており、平均リターンの高い資産ほど上下の価格変動リスク(年平均価格変動率)が高くなるよう、上下の矢印を長く表示しています。

資産運用の各種資産のイメージとして、世界株はおおよそ価格変動リスクが15ほど、海外債券は7くらい、新興国株は20くらいとイメージしておくと良いと思います。

価格変動リスクが示すデータは、平均値からプラス・マイナス1リスクの範囲内で68%、プラス・マイナス2リスクの範囲内で95%収まるということを示しています。

たとえば平均リターン10%、価格変動リスクが15%の場合、10%±15%=−5%〜+25%の間の成績になる可能性が68%、10%±15%×2=−20%〜+40%の間に収まる可能性が95%あるということになります。

平均リターン±価格変動リスク=68%
平均リターン±価格変動リスク×2=95%

【図表5-5】リスクとリターンの関係性

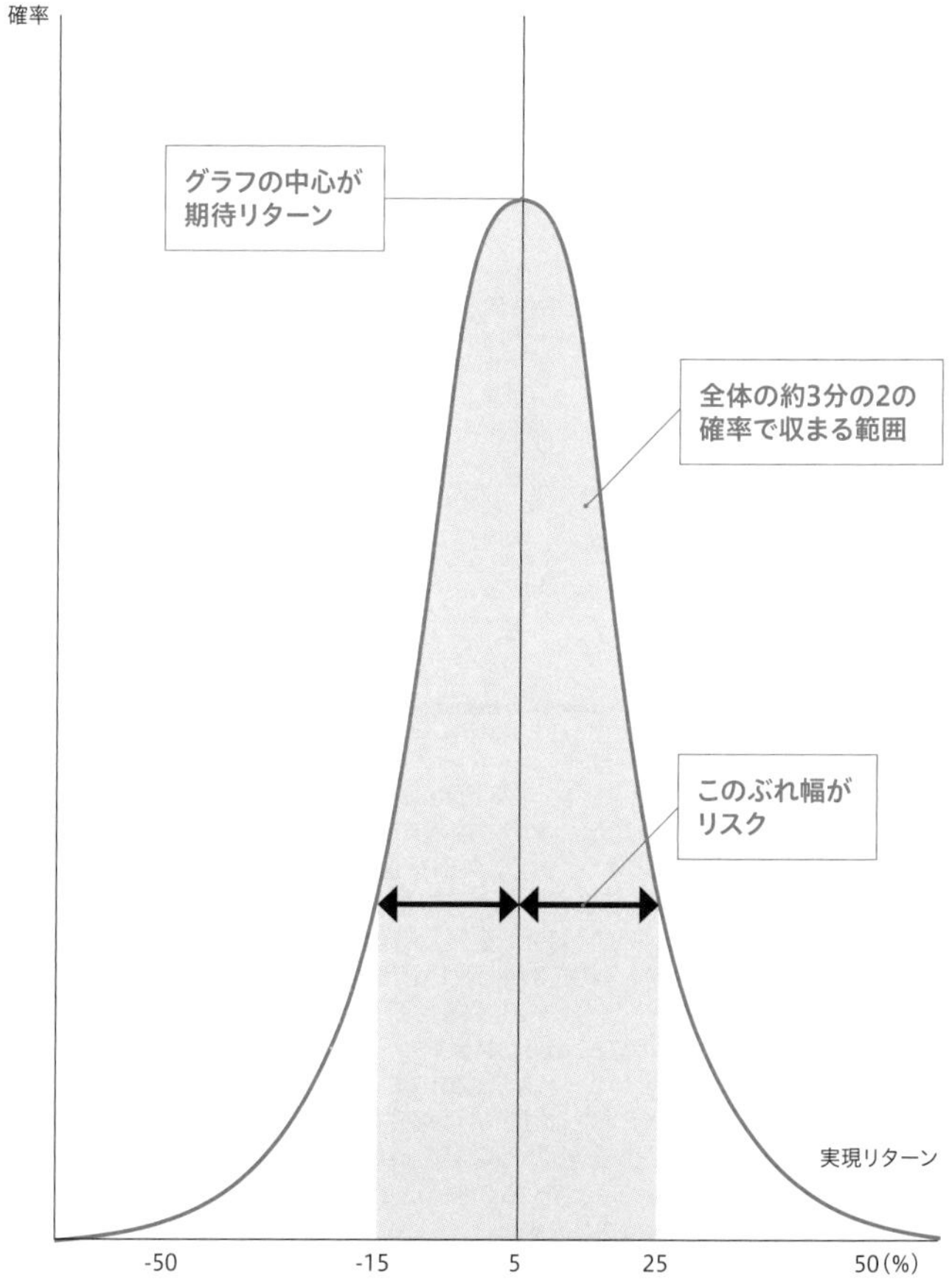

この図は、「ある個別銘柄への投資の期待リターンが5%のとき、そのリターンが3分の2の確率で上下20%のぶれの範囲内で収まる」ことを示す正規分布の例。このとき、期待リターンは5%、リスクは20%と表現する。

とのことでした。そこで、当社の助言手数料である運用資産の年0・9％を考慮して、年7％のリターンを目指すこととしました。

【ステップ4】許容リスクの確定

また、一時的なマイナスをどのくらい許容できるかについては、田中さんが株式を保有していることから、直近の株式相場の動きをもとに20％くらいまでのマイナスは許容できるだろうという判断となりました。

【ステップ5】ポートフォリオ作成

田中さんは、すでに保有している株式の銘柄をできるだけ残しながら、ポートフォリオを作成する方向で検討したいとのことでした。すぐに換金できない仕組債と新興国債券は満期まで約3年保有することにしたので、これらは短期投資と位置付け、ポートフォリオから外すことにしました。

日本株は20％儲かっているので、5000万円の元手に含み益を加えると6000万円。

米国株も30％儲かっているので5200万円となっています。

そこで、株式部分の一部を売却しヘッジファンドに買い替えることで、平均リターンが年7％以上、一時的な下落がマイナス20％以内に収まりそうなポートフォリオを作成する方針を立てました。

今回は株式を組み入れたポートフォリオを作成するため、株式との相関性の低いヘッジファンドを選定することにしました。組み入れたのは、第4章で紹介したトレンドフォロー型の「ヘッジファンドC」と、安定型の「ファンドオブヘッジファンズE」（複数のヘッジファンドに投資するファンド、詳細は後述）です。

二つのヘッジファンドと田中さんがもともと保有していた株式・債券のインデックスの過去の実績（2001年初めから2020年末までの20年）より分析を進めていきます。

より低いリスクで、より高いリターンを安定的に効率的フロンティアから見るリスク・リターン

【図表5‐6】は2001年から2020年の間の日本株（TOPIX）・米国株（S&

P500）・世界債券、安定的なファンドオブヘッジファンズE、ヘッジファンドCの年平均リターンなどの基礎データです。下の段には各資産の相関性（連動性）も記載しています。さらに、過去の実績から計算した米国株・世界債券・日本株だけで組んだ場合の最適ポートフォリオと、ヘッジファンドCとファンドオブヘッジファンズEを加えた場合の最適ポートフォリオを比較しています。この場合左上にあるほうが、リスクが少なくてリターンが高いことを示しています。

【図表5－7】は縦軸にリターン、横軸にリスクを示した図です。ポートフォリオに、ヘッジファンドを組み入れた場合のリスクとリターンが効率的な組み合わせと、株や債券などの伝統的資産のみで組み合わせたリスク・リターンの効率的な組み合わせを示しています。縦軸の7％から横に線を引いてみてください。株と債券のみのポートフォリオで年平均リターン7％を目指そうとした場合は約12％ほどのリスクを取ることになりますが、ヘッジファンド込みのポートフォリオのリスクは約7・5％に抑えられています。

リスクから確認するリターンのばらつき

【図5-6】田中さんに提案したファンドの基礎データ

	S&P500	TOPIX	世界債券	ファンドオブヘッジファンズE	ヘッジファンドC
年平均リターン	7.5%	3.5%	4.8%	5.0%	9.3%
価格変動リスク	15.1%	17.5%	5.5%	3.2%	19.7%

	S&P500	TOPIX	世界債券	ファンドオブヘッジファンズE	ヘッジファンドC
S&P500	1.00				
TOPIX	0.62	1.00			
世界債券	0.17	-0.11	1.00		
ファンドオブヘッジファンズE	0.29	0.33	0.18	1.00	
ヘッジファンドC	-0.13	-0.14	0.19	0.20	1.00

【図表5-7】2001～2020年の効率的フロンティア

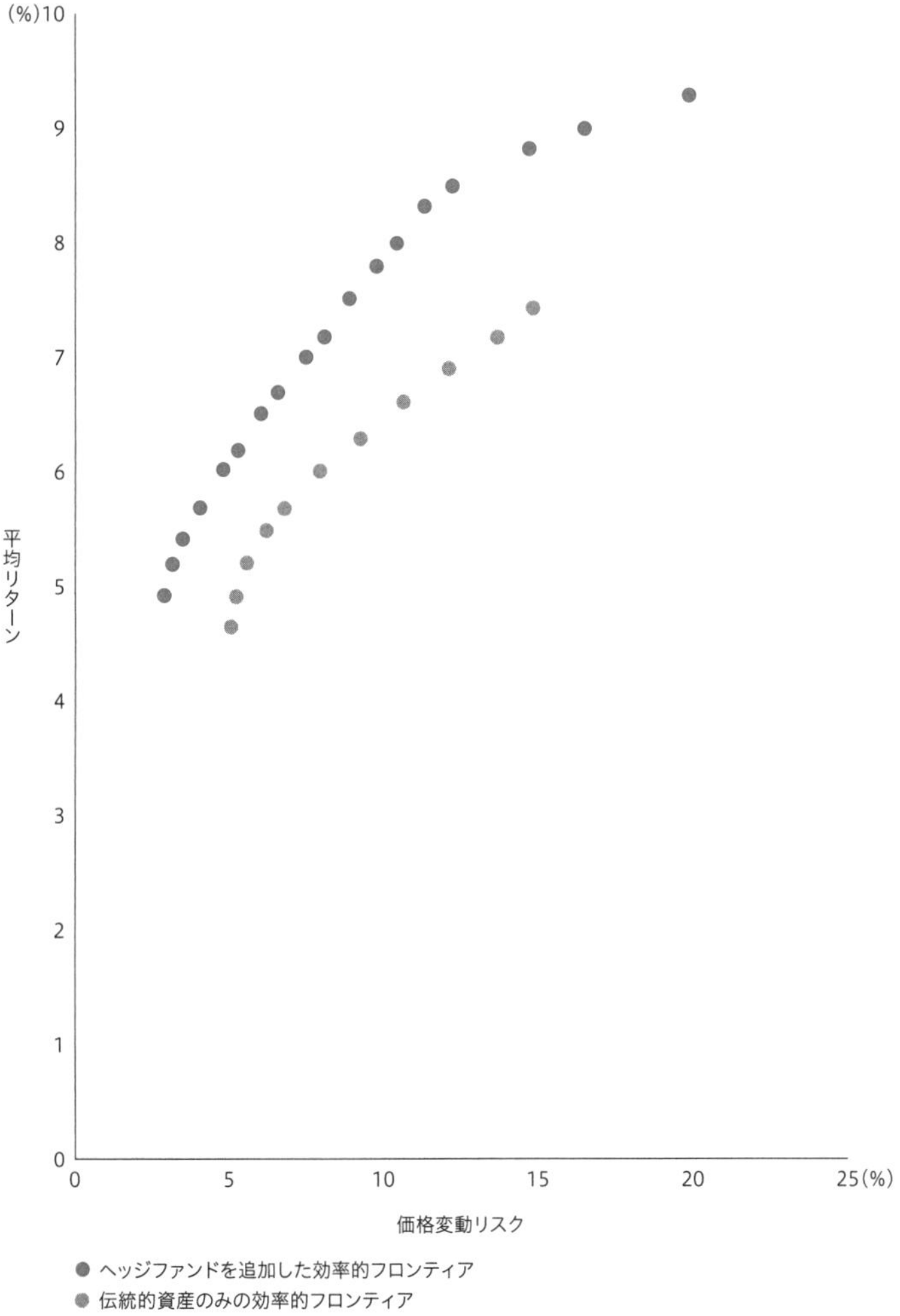

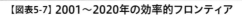

平均リターン7％、価格変動リスクが7・5％の場合、投資家はどのようにこの数字をとらえれば良いのでしょうか。【図表5-5】のリスクとリターンの関係性を改めて確認してみましょう。平均リターンから、価格変動リスクを差し引くことでどのくらいばらつきがあるか確認できます。平均リターン7％、価格変動リスク7・5％の場合、7％±7・5％を計算してください。

結果はマイナス0・5％から14・5％と計算されます。統計的には3年のうち2年はマイナス0・5％から14・5％の範囲内に収まります。反対に6年のうち1年は0・5％以上のマイナスとなり、6年に1回は14・5％以上の実績になると考えられます。

「自分は運が悪い。最悪のケースを確認しておきたい」という人は、価格変動リスクを2倍したものを平均リターンから引いてみてください。その成績以下になるのは2・5％の確率と考えられます。今回のヘッジファンドを組み入れたポートフォリオの場合は、100年中2・5年はマイナス8％（平均リターン7％－〈リスク7.5％×2〉）以下になると考えられます。

株と債券だけで年平均リターン7％を目指したポートフォリオでは、運の悪いケースの場合は約マイナス17％となりますが、ヘッジファンドを組み入れたポートフォリオなら損

【図表5-8】田中さんの安定的ポートフォリオの資産配分

リスク・リターン		資産配分				
平均リターン	リスク	S&P500	TOPIX	世界債券	ファンドオブヘッジファンズE	ヘッジファンドC
7.0%	7.5%	30.0%	0.0%	0.0%	40.0%	30.0%

失は約マイナス8％まで縮小します。

田中さんの安定的ポートフォリオ

田中さんの要望から、今回は効率的フロンティア上の平均リターンが7％、価格変動リスクが7・5％のポートフォリオを選びました。このポートフォリオの資産配分は、米国株が全体の30％、安定型のファンドオブヘッジファンズEが40％、ヘッジファンドCが30％のポートフォリオでした。当初は日本株は残しておく方針でしたが、過去の定量データから、今回は米国株のみとしました。

田中さんのポートフォリオの価格変動リスクが低い理由を確認してみましょう。一つはリーマン・ショックやコロナ・ショックといった金融危機時に株価の下落を先物トレンドフォロー型のヘッジファンドCが補っていることです。二つ目は、非常に安定しているファンドオブヘッジファンズEが40％を占めていることです。この二つのヘッジファンドと好調な米国株を組み合わせたことが、リスクとリターンのバランスの取れたポートフォリオを可能としたのです。

【図表5－9】の過去実績チャートを確認してみると、株式だけや、ヘッジファンドCだけに投資した場合に比べて、ファンドオブヘッジファンズEを組み入れたポートフォリオのほうが、滑らかな上昇チャートになっていることがわかります。

このチャートは過去20年間のもので、相場のいい時期だけでなく悪い時期のパフォーマンスも含まれていますので、参考にすべきデータだと思われます。

また、【図表5－10】と【図表5－11】は、このポートフォリオで投資した場合と、米国株（S&P500指数）に投資した場合の過去の損益推移を示したものですが、米国株のみに投資した場合に比べ、一時的なマイナス幅も、最大の上昇幅も小さくなっており、損益が安定していることがわかります。過去実績においては、リスク許容度の目安としていた20％以内をクリアし、期待リターンの7％も達成していたことがわかります。

債券投資でも集中投資には要注意

日本の投資家には、「債券」＝「安全」という考えが根付いているようです。そのため、実はリスクの高い仕組債に大きな金額を投入してしまう例が見受けられます。田中さんの場合、とくに問題だったのは仕組債のリスクを理解していなかった点と、リスク分散投資としてトルコリラ債とブラジルレアル債を買ってしまった点です。

金融機関にしかうまみのない仕組債

そもそも仕組債は、金融業界に身を置く者にとっては悪名高い金融商品です。というのも投資家が取ったリスクと、期待できるリターンに大きな非対称性があるからです。

債券とオプション（権利）やスワップ（交換）取引などのデリバティブ（金融派生商品）を組み合わせた金融商品で、あらかじめ決めた一定の条件に達するまでは高い金利が支払われますが、ある一定の条件に達すると、大きく損をする仕組みとなっているものもあり

【図表5-9】資産ごとの過去実績チャート

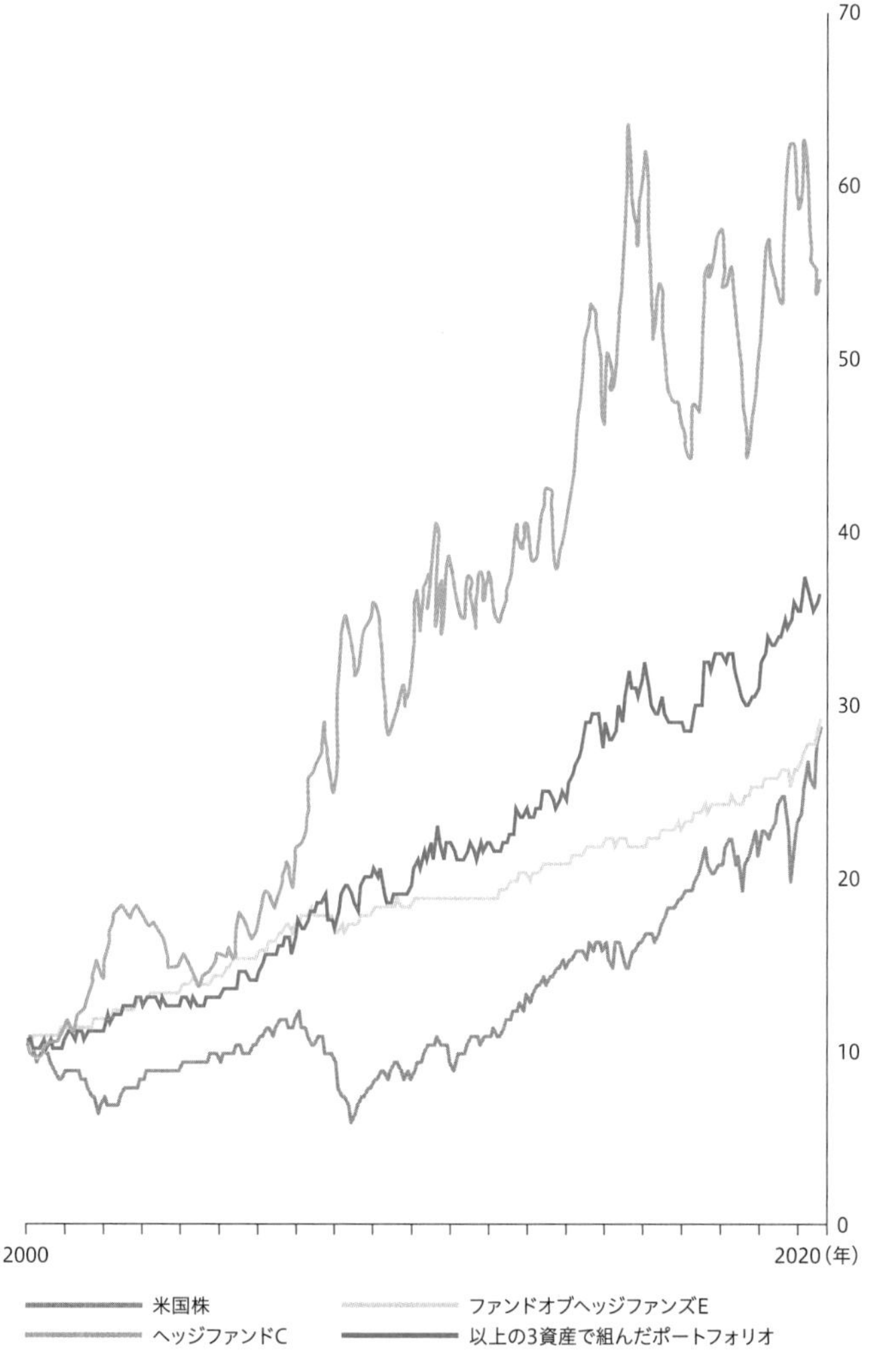

【図表5-10】田中さんのポートフォリオ1年運用時損益推移

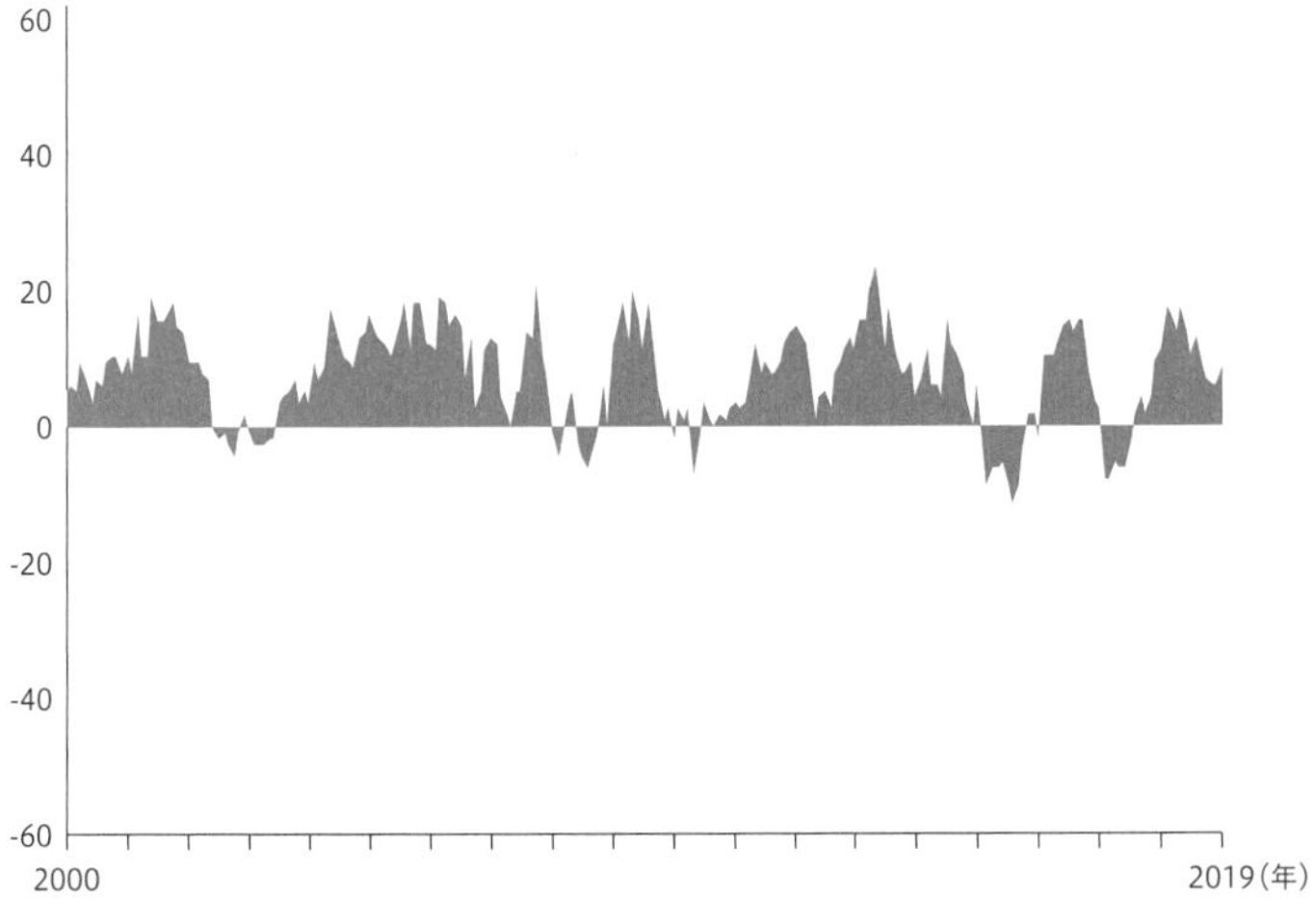

【図表5-11】参考：米国株1年運用時損益推移

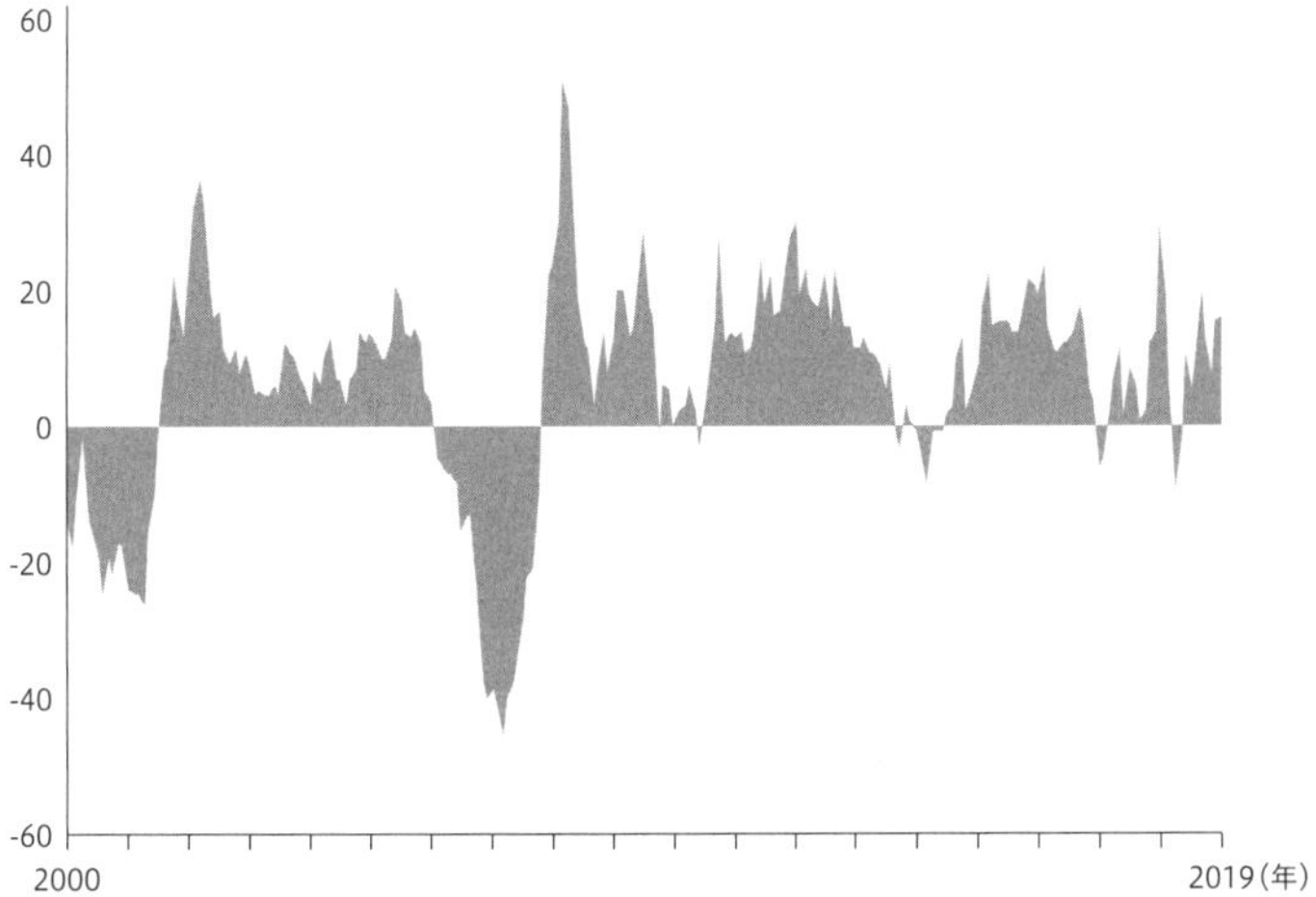

【図表5-12】田中さんのポートフォリオの構成

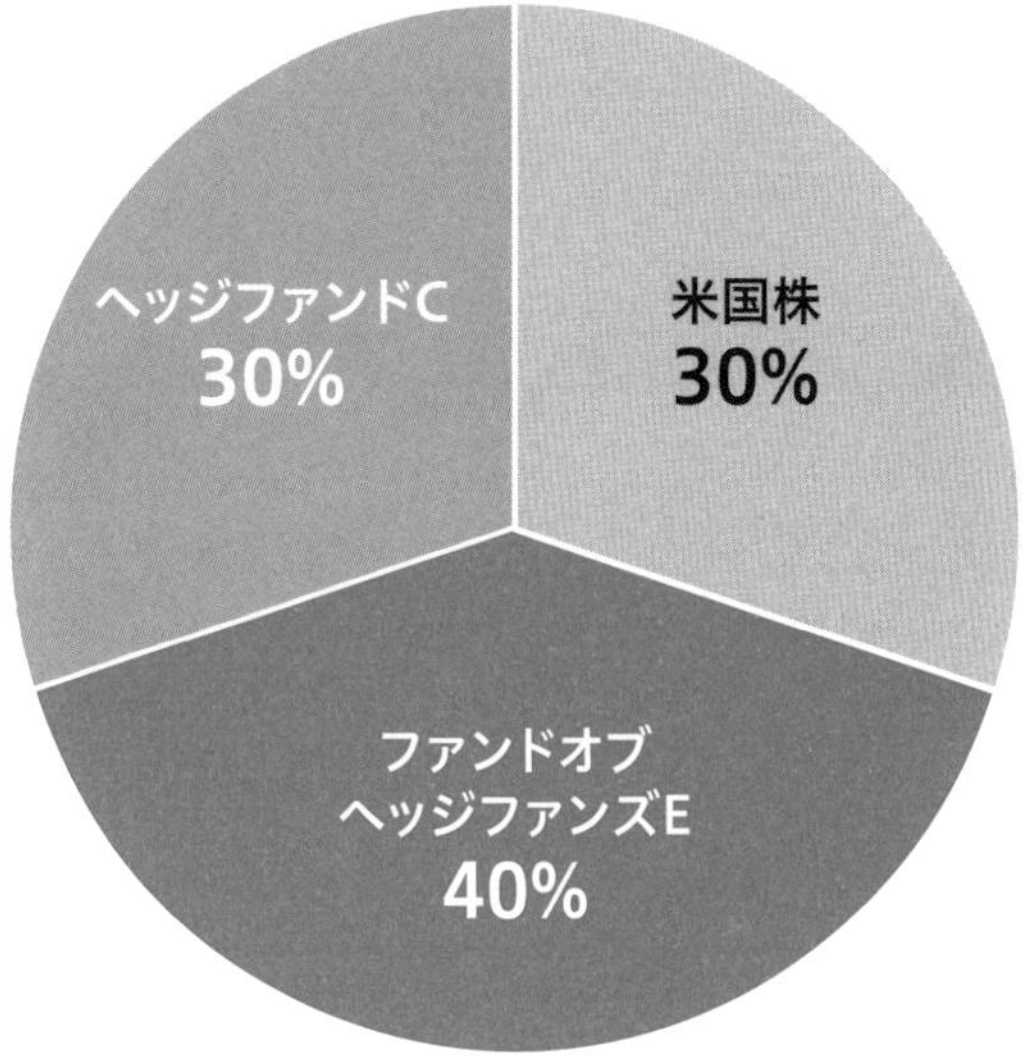

ます。

一定の条件とは、たとえば「日経平均が40％下落した場合」とか、「為替が10％円高に振れた場合」といった条件です。この条件に到達することを「ノックイン」といいます。

一般的な仕組債は、ノックインしなければ購入した元本が保証されますが、ひとたびノックインすると、元本が著しく減少する仕組みになっています。田中さんが仕組債で40％もの損を出したのも、判定基準として設定されていた欧州銀行の株価が下落してノックインしてしまったからです。

しかも仕組債は、たとえ大きな損を被ったとしても、そこで中途解約するとさらに多額の損失が発生するので、持ち続けるしかありません。その間、ノックインの判定基準である株価指数や為替相場がさらに下落すると、ますます元本の減少幅が大きくなってしまうのです。損が膨らんでも、まったく手の出しようがない〝仕組み〟になっていることが、仕組債という商品の最も大きな問題点だといえます。

このようなリスクの大きさを考えると、一般の方が仕組債を購入するメリットは皆無といえます。多額の資金を集めて手数料を稼ぐ金融機関にしか、うまみのない商品であるとの指摘さえあるほどです。

高金利通貨投資のリスクと注意点

また、田中さんが投資していたトルコリラ債とブラジルレアル債は、どちらも経常収支赤字やインフレ率が高い国の債券です。そのため、トルコリラとブラジルレアルのカントリーリスクは似通っており、実質的には分散投資になっていなかったといえます。

そもそも、なぜこれらの国の通貨は高金利なのかといえば、金利を高くしないと預金をしてもらえなくなることが一つの理由です。

インフレ率が高い国では、物価の上昇とともに、通貨の価値がどんどん下がります。低金利でお金を預けると、その間にモノの値段が上がって買えなくなってしまうので、少なくともインフレ率と同等以上の金利を設定しなければならないわけです。言い換えれば、高金利の通貨は、価値の下がりやすい通貨でもあるといえるのです（第3章139ページ以降参照）。

また、経常収支が赤字の国は、外貨を獲得するために金利を引き上げる傾向があります。こうした国は、景気が悪化して金利を引き下げると、海外資本が流出して通貨安に一気に拍車がかかる恐れもあります。

さらに言えば、トルコやブラジルは政治も不安定な国です。基本的には、こうした政治的にも経済的にもカントリーリスクの高い国の資産を購入するのはおすすめできません。田中さんの場合、仮にポートフォリオに組み入れるとしても、メインの投資先というよりは、部分的に組み入れる投資対象と考えるべきだったと思います。

相談事例② 投資に詳しい会社役員・山田さん（30代）プライベートバンクも扱っていない優秀なヘッジファンドを買いたい

誰にでも投資できるものではなく、特別に有利な金融商品が欲しい

公認会計士出身の山田さんは、ソフトウェア会社にＣＦＯ（最高財務責任者）として迎えられ、会社の株式上場に貢献しました。上場前に自社株を取得できたことなどによって、若くして5億5000万円ほどの資産を手にしました。

上場後、会社の事業も軌道に乗ってきたことから、少しずつ自社株の現金化を始め、その投資先を求めていました。

一時期はネット証券を通じて米国株を５０００万円ほど売買していましたが、毎日の値動きが気になり、仕事に支障が出るのでやめたそうです。ご相談にいらっしゃったときは、上場時に主幹事を務めた証券会社のプライベートバンキング部門から、米国大型株やテクノロジー株、ハイイールド（高利回り）債などの投資信託を中心とする運用の提案を受けていました。また、欧州系のプライベートバンクから、債券中心の運用の提案を受けています。

このプライベートバンクからは、ほかにもラップ口座とヘッジファンドの提案を受け、ヘッジファンドに興味を持ったことで当社にもご相談いただいたとのことでした。

山田さんは、プライベートバンクや、証券会社のプライベートバンキング部門から提案されるのは一般的な投資信託などが多く、ネット証券でも買えるものばかりだと感じていました。せっかくコンサルティングを受けるのだから、どこでも買えるようなものではなく、優秀な投資商品が買いたいというご意向でした。

長期的には、ベンチャー企業への出資や、新しい事業を始めることも考えているけれど、当面は本業に専念するため、手間のかからない運用を行いたいということでした。

【ステップ1】資産状況の確認

自社株2億5000万円、自社株を売却した現金などが3億円

【ステップ2】運用期間の確定

まだ30代後半なので、運用期間は20年以上としました。ただし、資金の一部は今後事業資金などとして使う可能性があるということでした。

【ステップ3】運用目標の確定

ご相談にいらっしゃった時点での資産を棚卸しすると、資産のほぼ100%が円建てでした。円が将来、暴落するリスクも皆無とはいえないので、通貨はバランスよく持つほうが良いと感じ、円建て資産と外貨建て資産を半分ずつ持つことにしました。

当初は米ドル建てとユーロ建ての資産に4分の1ずつ投資しようかと思ったようですが、南欧の債務問題や英国のEU離脱などでユーロに対する不信感がぬぐえなくなり、なじみ深い米ドルで半分を運用することにしました。

ヘッジファンドでの運用目標は年10%以上を目指すことにしました。

【ステップ4】許容リスクの確定

山田さんは、保有している自社株の値動きが大きく、リーマン・ショックで株価が一時は半分になった経験もあるので、リスク許容度は高いと自己分析しました。「一時的に50％近く下がっても問題ない」とのことでした。

【ステップ5】ポートフォリオ作成

運用できる現金の総額は3億円でした。山田さんは当初、その半分以上で証券会社のプライベートバンキング部門が販売する投資信託を購入し、それを補完する形でヘッジファンドを購入することを検討していました。

しかし、証券会社からメインの運用先として提案されたのは、直近の成績は良いものの、第2章で説明したとおり（152ページ以降参照）長期の投資に不向きなテーマ型の株式投資信託（業種や投資テーマを限定して銘柄を組み入れる株式投資信託）ばかりでした。

そこで当社は、当時の株式市場は全体的に割高感もあったので、「金融商品を買うにしても、少し様子を見たほうがいいのではないでしょうか」と提案しました。結局、山田さんは証券会社での投資信託の購入を見送りました。

投資タイミングをずらすための債券投資

その上で当社は、安定運用に関して良い提案をすることが多い欧州系のプライベートバンクに口座を開き、5年以内に再度投資先を検討する短期用の資金はそちらで運用することをすすめました。

これを受けて山田さんは、プライベートバンクに開いた口座で日本企業の外貨建ての劣後債などを中心に5本の商品を2000万円ずつ、合計1億円分を購入しました。5年間、毎年2000万円ずつ満期を迎え、その都度、新しい投資に資金を投入できるようにしたのです。このほかに、大型の米国株を5000万円ほど購入されました。

山田さんのヘッジファンド・ポートフォリオ

残りの現金1億5000万円のうち、5000万円は現金のまま保有し、1億円は当社が推奨するヘッジファンドで積極的に運用することにしました。分散投資効果を得るため、株式ロング・ショート戦略型、債券レラティブ・バリュー戦略型、グローバル・マクロ戦略型の中から、成績の良いファンドを選んでポートフォリオに組み入れました。第4章で紹介した「ヘッジファンドA」「ヘッジファンドB」「ヘッジファンドD」の3本です。

【図表5-13】三つのポートフォリオ案の平均リスク・リターン分布

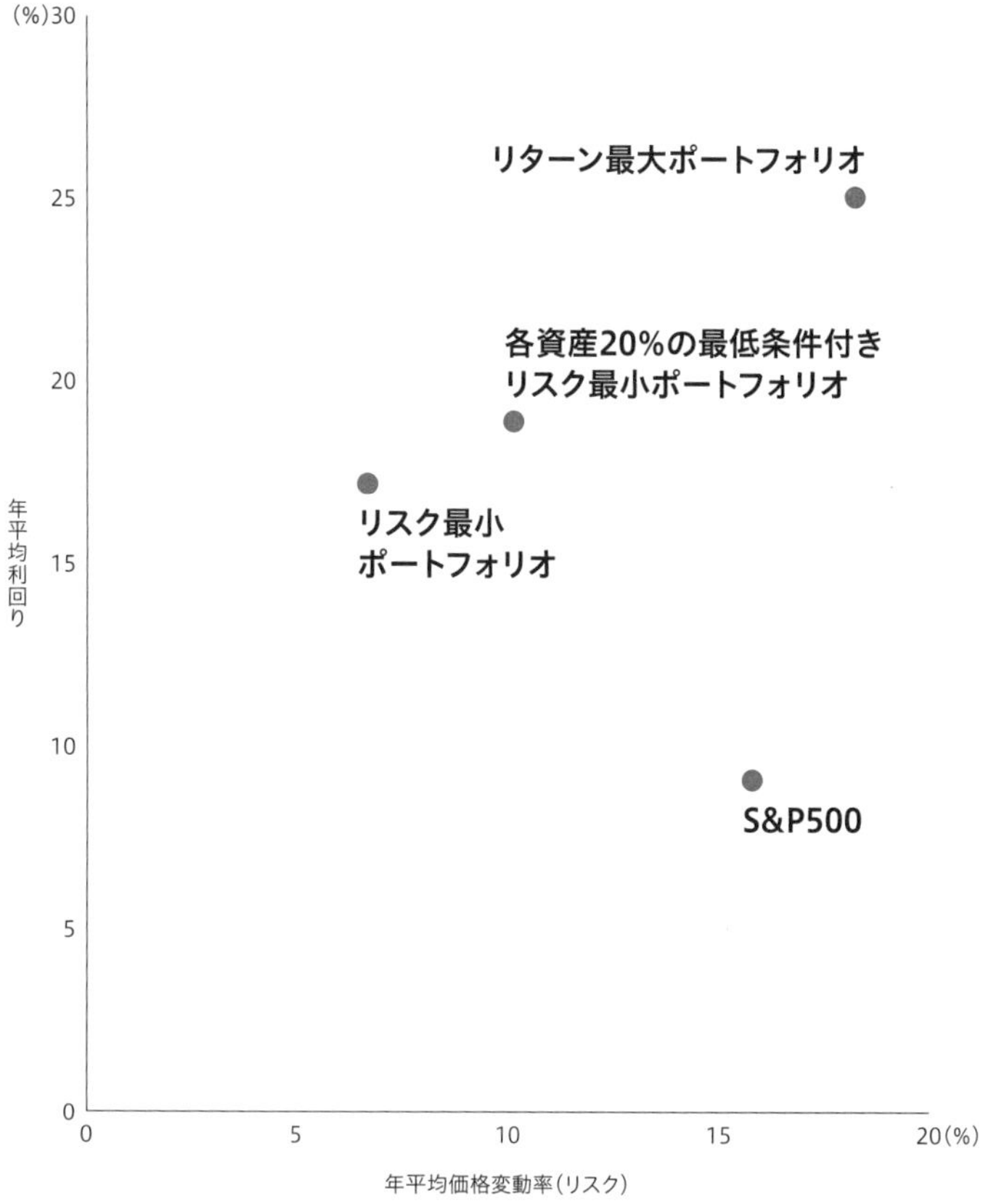

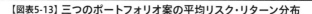

【図表5-14】三つのポートフォリオ案の過去実績

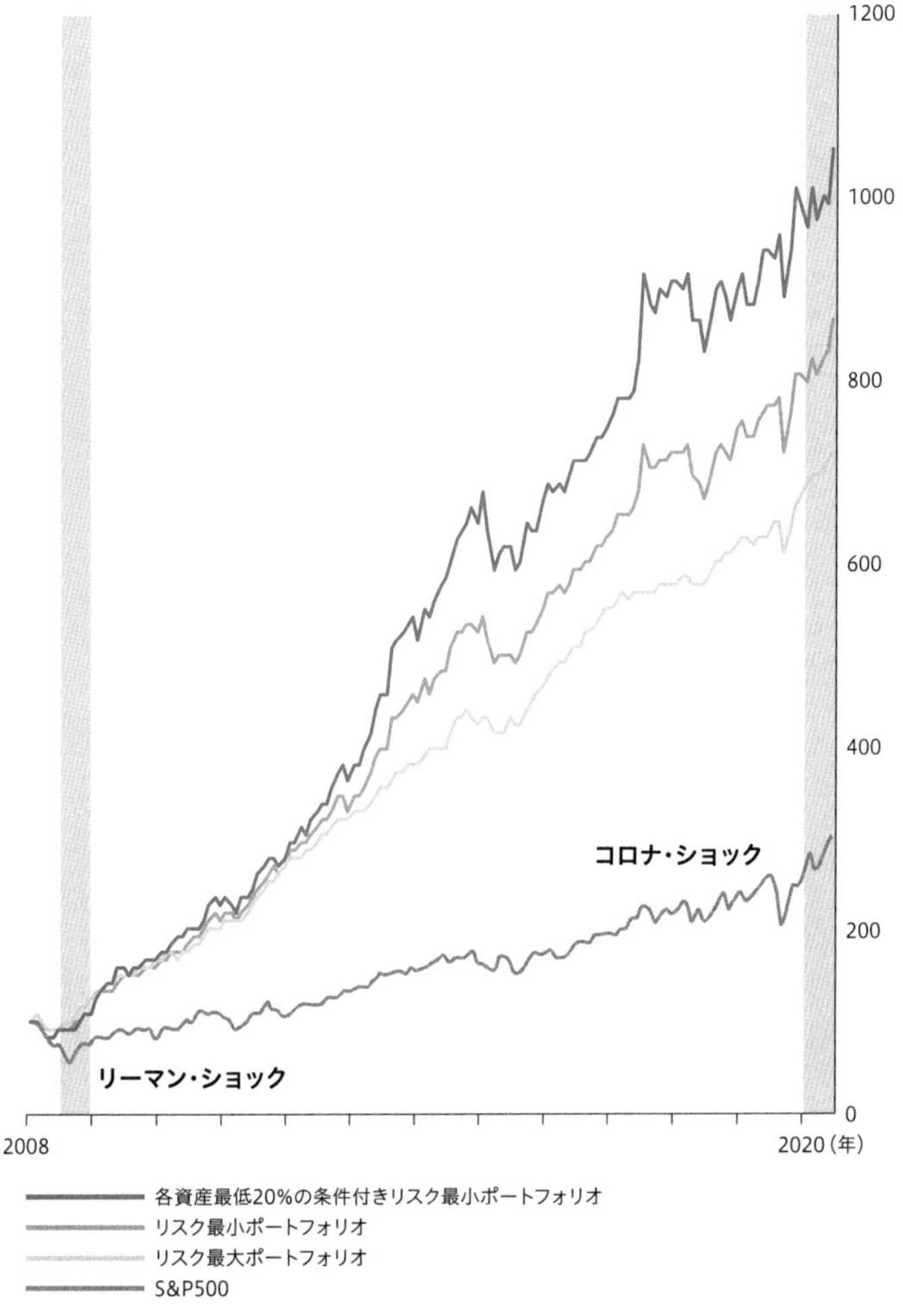

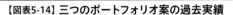

【図表5-15】山田さんのポートフォリオの構成

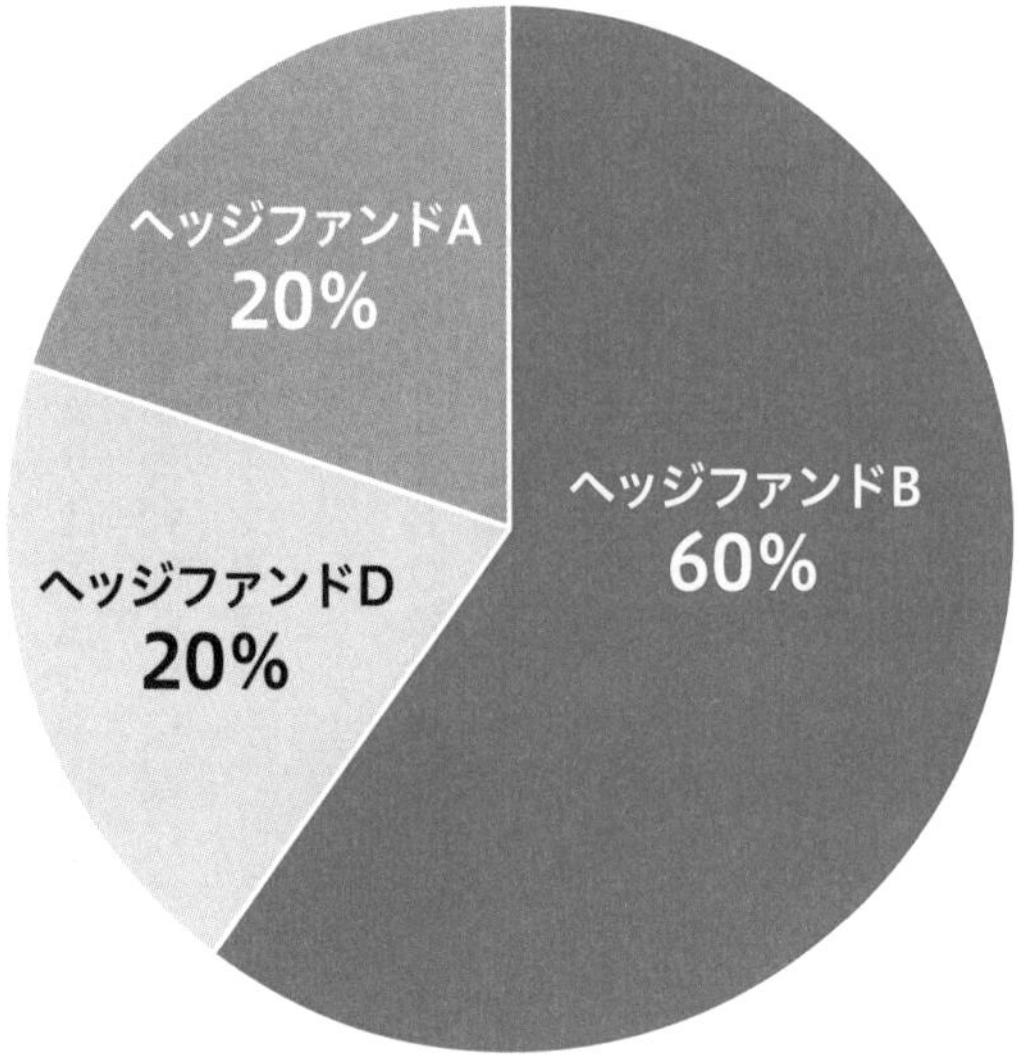

ポートフォリオの作成に当たっては、①リターンを最大化するポートフォリオ、②リスクを最小化するポートフォリオ、③1銘柄を最低20％組み入れるという条件付きでリスクを最小化するポートフォリオの三つを提案しました（【図表5－13】【図表5－14】参照）。【図表5－13】は縦軸に年平均利回り、横軸に年平均価格変動率（リスク）を示しています。リスクを取って高いリターンを狙うか、リスクを抑えて安定的なリターンを狙うかでポートフォリオの構成が大きく異なります。

２００８年６月から２０２０年12月までの、採用候補ファンドの算出可能な長期の過去実績を見たところ、同じ期間の米国株（Ｓ＆Ｐ５００）の年平均リターンが９・０％、価格変動リスクが15・９％に対して、③のポートフォリオの年平均リターンは18・８％、価格変動リスクは10・２％となり、山田さんは想像以上の「ローリスク・ハイリターン」であることに驚かれていました。

第１章（69ページ）でも解説したように、年平均リターンは数値が大きければ大きいほど運用実績が高かったことを示し、価格変動リスクは数値が小さければ小さいほど、その期間の値動きの幅が小さく、下落リスクが低かったことを示します。

ただし、この期間は市場環境が良く、Ｓ＆Ｐ５００もヘッジファンドも平均リターンは多少高く出ていた可能性があるので、全体として期待リターンは2〜3割ほど割り引いて見たほうがいいと思います。

この提案をもとに、③1銘柄を最低20％組み入れるという条件付きでリスク最小化するポートフォリオを選ばれた山田さんは、ヘッジファンドAを2000万円分、ヘッジファンドBを6000万円分、ヘッジファンドDを2000万円分購入することにしました。

山田さんの全体ポートフォリオ

最終的に山田さんのポートフォリオは、ヘッジファンド33％、債券33％、米国株17％、現金17％のポートフォリオで運用を開始しました。ヘッジファンド部分は年平均リターン18・8％、価格変動リスクは10・2％のポートフォリオを採用しました。債券利回りが2％、米国株が9％の平均リターンとしたとき、ポートフォリオ全体では8・4％の期待リターンとなります。結果的には運用開始時点では目標リターンが10％に満たない資産配分となりました。しかし毎年、満期を迎える債券の資金を、タイミングをずらしながら株やヘッジファンドへの投資に振り替えていくことで、最終的には期待リターン10％を目指せるように調整していく予定となっています。

富裕層にとっての為替リスクの考え方

ところで、山田さんは運用目標を相談する時点で、すでに通貨はバランスよく持つほうが良いと感じ、円建て資産とドル建て資産を半分ずつ持つ方針を立てておられました。

同様に当社に相談にいらっしゃるお客さまから、よく為替リスクについての質問を受けます。ここ数年は、ドル円相場が比較的小さい幅で動いているのであまり気にされない方も多いですが、円建ての資産だけを運用している方の中には、「偏りすぎているので、為替リスクが高いのではないか？」と、少し不安に感じる方もいらっしゃるようです。また反対にドル資産を持つことで、円資産には感じることのない為替リスクを取ることによる不安を感じる方もいらっしゃいます。

そうした方にアドバイスするのは、「両方の資産を保有して、仮に円高が進んだ場合は円建ての資産を売って使い、ドル高が進んだらドル建て資産を売って使えばいいのではないですか」ということです。

円高が進むと、ドル建ての資産が損をすると感じると思いますが、現金化して使わなければ損をする（損失が確定する）ことはありません。一方、円安の場合、損すると感じる方は少ないかもしれませんが、海外から多くのものを輸入している日本にとって、実は円安のときは資産が実質的に目減りしているのです。

円建て資産、外貨建て資産の両方持っておき、円高のときは円建て資産を、円安のときは外貨建て資産を売って使うことが、長期的には一番有効な為替リスクヘッジ策です。これは資産の少ない方にはできませんが、本書の読者である富裕層の方々にとっては有効な方法だといえます。

相談事例③ 不動産管理法人を売却した佐藤さん（50代）
海外不動産だけでなく、
ヘッジファンドでも投資したい

10年間で2倍以上に資産を安定的に殖やしたい

関東にお住まいの地主兼不動産投資家の佐藤さんは、近年、地価が急速に上昇したものの、今後は少子・高齢化が進むことも懸念して、不動産管理法人を売却しました。売却によって得た資金は約30億円に上りました。現在は不動産経営のコンサルティングや、海外の不動産投資、ボランティア活動、寄付活動などを行っておられます。

国内不動産は割高と考え、徐々に海外不動産を増やしていく予定でしたが、２０２０年に海外不動産投資の税制が変更されたことから方針を転換し、ほかの投資手段を検討したいと考え、海外ヘッジファンド投資についてご相談いただきました。手始めに5億円くらいから運用を始めたいとのことでした。

【ステップ1】資産状況の確認

米国などの海外不動産に、借入金を含めて5億円ほど投資していますが、30億円の資産の大半は現金で保有しておられました。ほかに資産株（価格変動が小さくて高配当の株）や、株主優待目当てで購入した地元の鉄道会社の株などをわずかに保有している程度でした。

【ステップ2】運用期間の確定

運用期間は10年を想定。あくまでも購入に充てるのは資産の一部だけで、ヘッジファンドの中のどのような商品を組み合わせて最適化するのかは、お任せしたいとのことでした。

【ステップ3】運用目標の確定

運用後の資金は今後のボランティア活動や寄付活動に役立てたいので、10年で2倍以上を目指したいとのご希望でした。

【ステップ4】許容リスクの確定

10年間は投資を継続する予定なので、短期的な下落リスクは多少高くても構わないとのことでした。ただしポートフォリオ全体でマイナスが40%を超えるのは避けて欲しいとのご要望をいただいています。

【ステップ5】ポートフォリオ作成

佐藤さんは、10年間の運用で資産を2倍にしたいという明確な目標をお持ちだったので、「コア・サテライト戦略」に基づいてポートフォリオを作成することにしました。

コア・サテライト戦略とは、安定運用するコア部分と、積極運用するサテライト部分に分ける投資戦略です（【図表5‐16】参照）。コア部分は、過去の長期実績から安定的と判断できる資産に投資し、サテライト部分は逆に短期の実績や予想をもとに、お客さまの希望する積極運用の資産への投資を行うのが特徴です。

当社は、推奨するヘッジファンドを3年以上は保有していただくことを前提としているため、サテライト部分については3年を超えてから変更することをおすすめしました。ま

【図表5-16】コア・サテライト運用とリスク逓減戦略

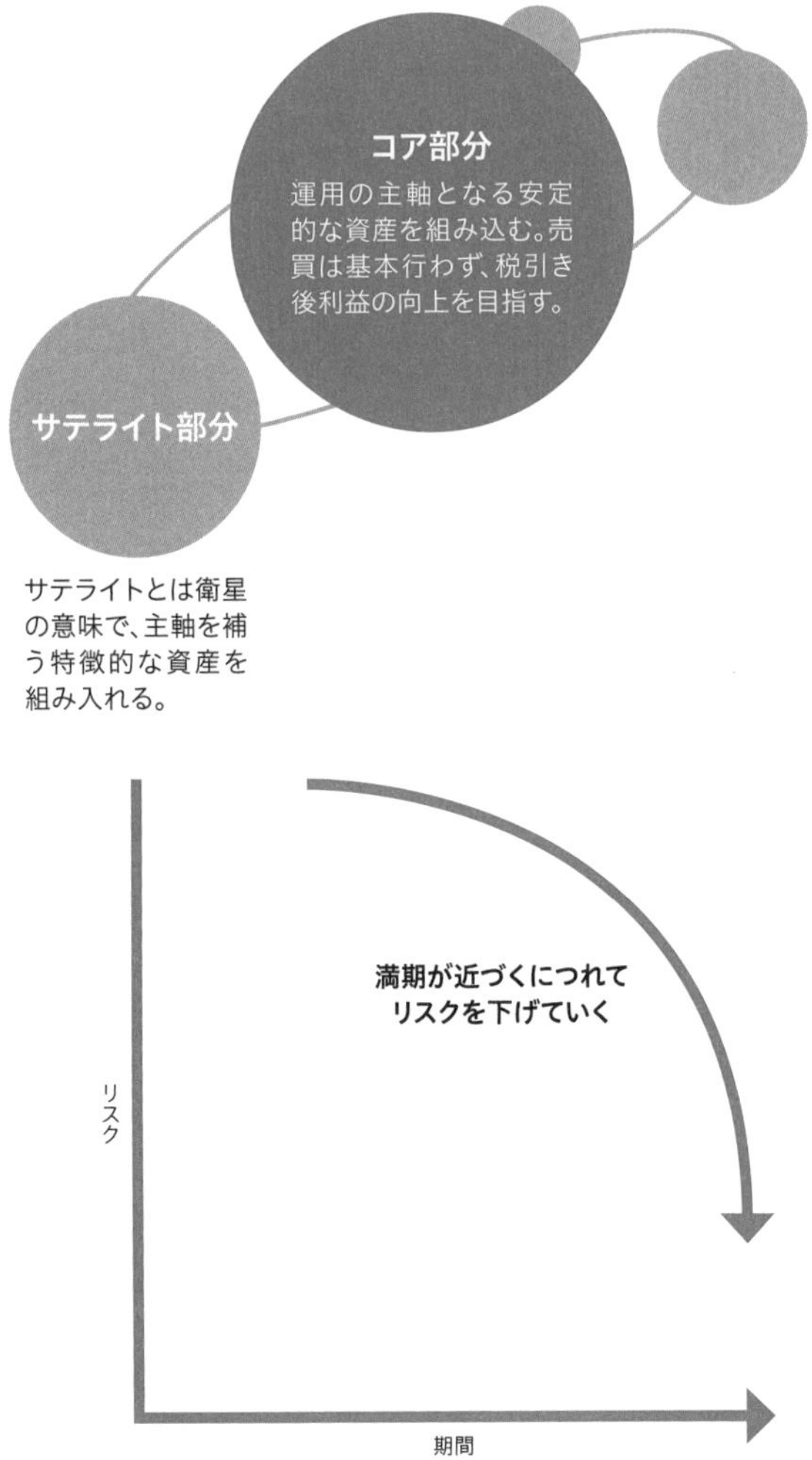
コア部分
運用の主軸となる安定的な資産を組み込む。売買は基本行わず、税引き後利益の向上を目指す。
サテライト部分
サテライトとは衛星の意味で、主軸を補う特徴的な資産を組み入れる。
満期が近づくにつれてリスクを下げていく
リスク
期間

た、当初の5年は少しリスクを取った運用を行い、6年目以降はリスクを抑えた運用にすることも提案しました。

コア・サテライト運用の効果

コア・サテライト運用のメリットとして、課税後リターンの最大化があります。運用は、長期運用の場合だと、売買を行ったタイミングで課税を受けたあとの資金で再投資となります。そのため、売買はできるだけ少なく行ったほうが、課税後リターンの最大化にとってはメリットがあります。しかし、まったく売買しないと、環境に合った投資の実行が困難になります。そこで考え出されたのがコア・サテライト戦略です。

コア・サテライト運用は売買を最小限にしながら、環境に応じて柔軟にポートフォリオを変更することで、課税後リターンの最大化を目指す運用手法です。また投資対象のメインを自分が信じる、そして比較的広範に、分散された投資対象を選ぶことになるため、一時的に下落したときでも投資を継続しやすいというメリットもあります。

2倍を目指すための72の法則

あらかじめ運用期間が決まっていて、その間に資産を2倍にするために必要な年利回りを割り出すときには、「72の法則」を用いると簡単に計算できます。計算方法はとても単純で、72を運用年数で割るだけです。この法則を使って計算してみると、10年間で2倍にするのに必要な年利回りは7・2％(72÷10)となります。

資産保全に有効な実績のファンドオブヘッジファンズE

最初の5年間は年平均リターン7・2％よりも積極的に運用し、目標達成の可能性が高まった時点でリスクを下げた運用に転換することにしました。

佐藤さんのケースでは、ヘッジファンドのみでポートフォリオを作成するので、コア部分には前出の「ファンドオブヘッジファンズE」を組み入れることにしました。

ファンドオブヘッジファンズEは、前述のとおり1本で複数のヘッジファンドに分散投資できるので、ポートフォリオの中核として使いやすい投資商品です。また、運用期間も長く、信頼性の高いヘッジファンドといえます。平均リターンは6・3％で、価格変動リスクは約3・2％と安定した実績を上げています。月次の勝率（騰落率）は75％と高く、

【図表5-17】20年で4倍になった「ファンドオブヘッジファンズE」

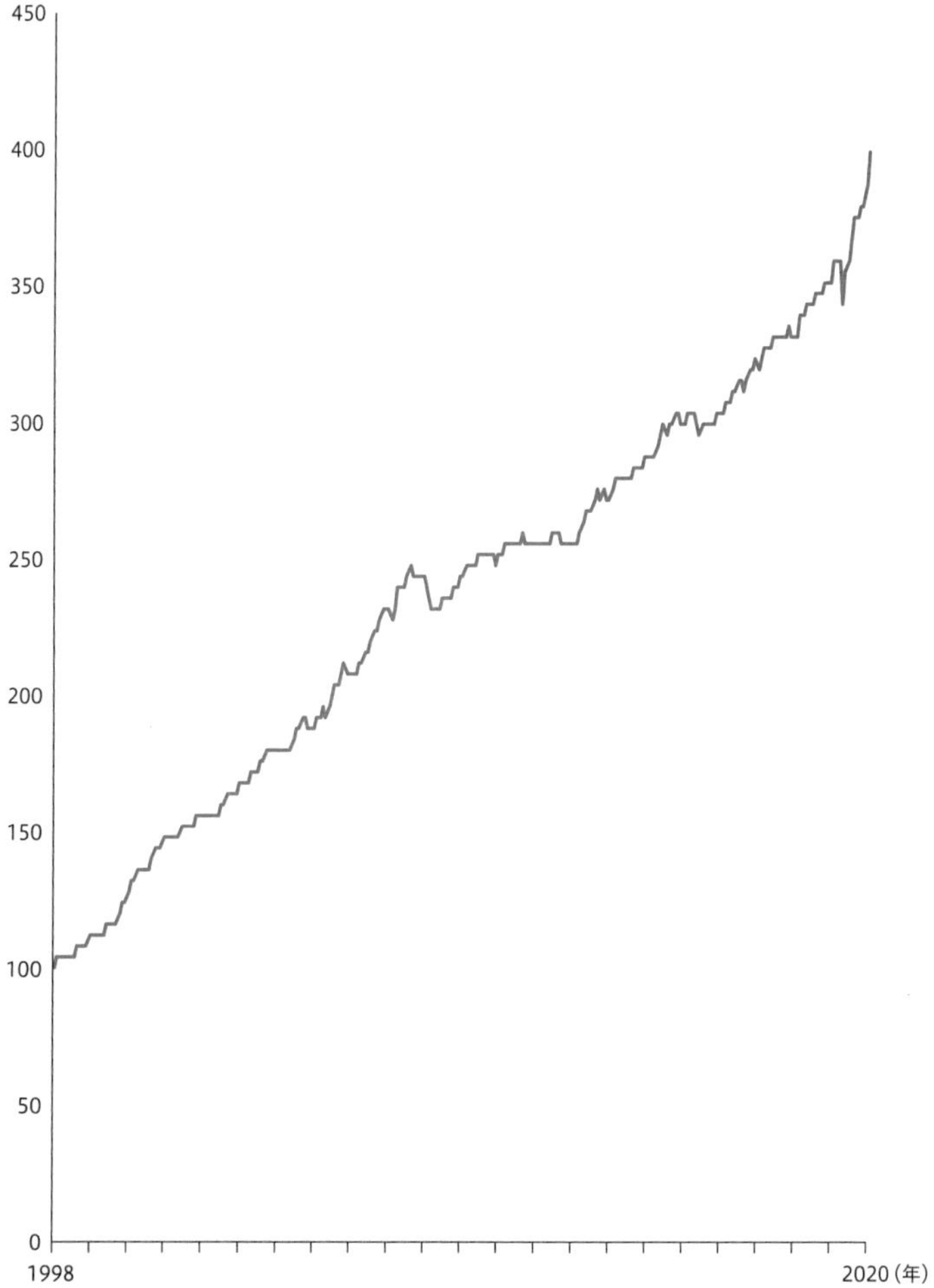

98年＝100

【図表5-18】「ファンドオブヘッジファンズE」の月次損益分布

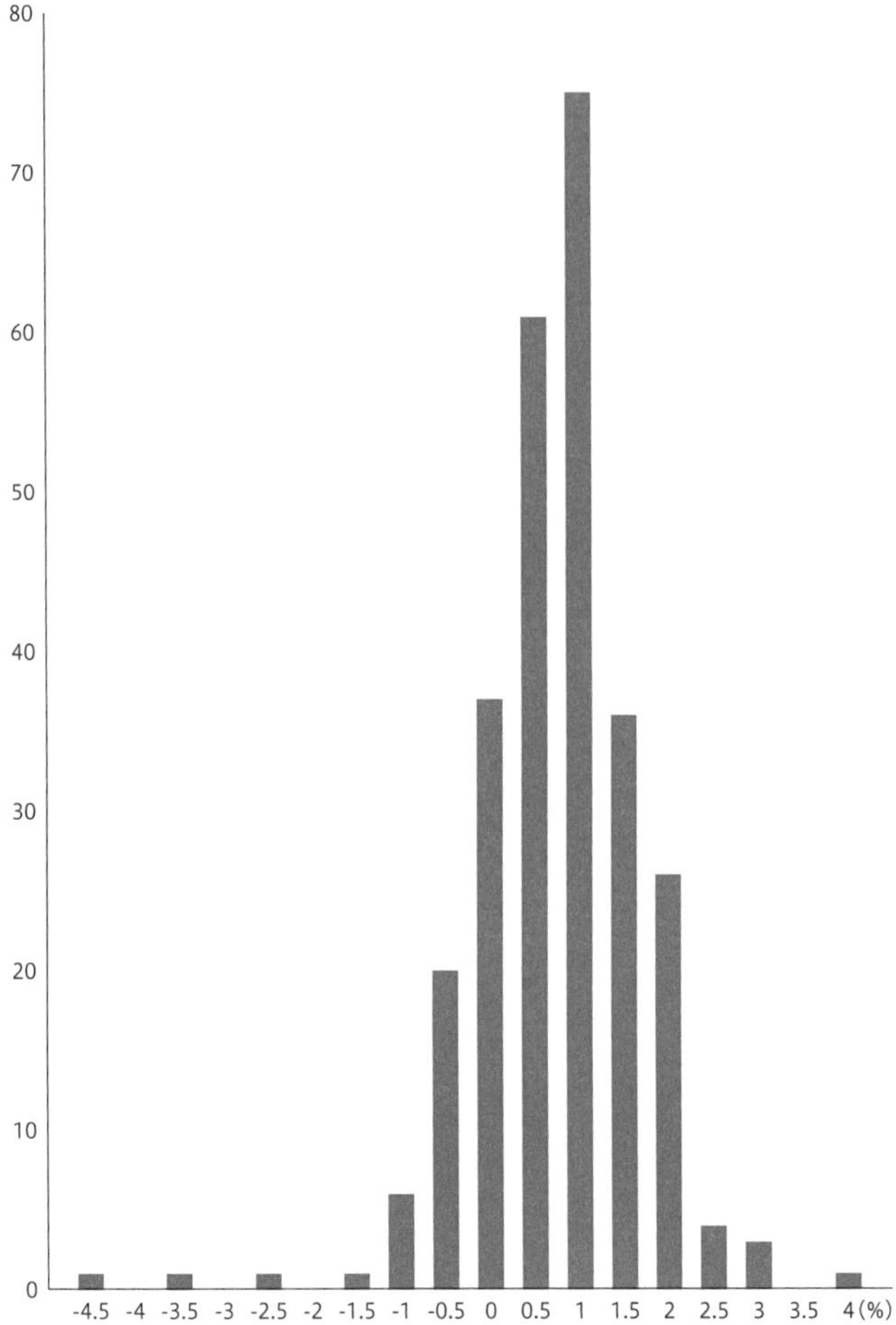

その意味でも安定していることがわかります。

ファンドオブヘッジファンズEのパフォーマンスは2020年も好調に推移し、コロナ・ショックのあった3月以外はすべてプラスでした。安定運用型のファンドとしては珍しく、通年でも10%を超えるリターンとなりました。

佐藤さんのコア・サテライト・ポートフォリオ構成

この結果、佐藤さんはコア部分については10年間、ファンドオブヘッジファンズEを持ち続けることとし、コア部分の比率も資金全体の60%に抑えて、残りをサテライト部分に振り向けることにしました。

残りの40%は、グローバル・マクロ戦略型の「ヘッジファンドA」と、債券レラティブ・バリュー戦略型の「ヘッジファンドB」に20%ずつ投資することにしました（【図表5-19】参照）。

グローバル・マクロ戦略型のヘッジファンドAは平均リターンが18%を超える、ハイリスク・ハイリターンファンドで、サテライト部分として組み入れるのに向いたファンドです。また債券レラティブ・バリュー戦略型のヘッジファンドBは平均リターン13％、価格変動リスク6・3％とバランスの取れたヘッジファンドで、ドローダウンを抑えながら平均リターンを底上げするのに役立ちます。

【図表5‐20】は、運用期間が一番短いヘッジファンドAに揃えて佐藤さんのポートフォリオを構成する資産の過去実績データを算出したものです。

2006年10月末からヘッジファンドAに20％、ヘッジファンドBに20％、ファンドオブヘッジファンズEに60％を投資した場合、年平均利回りは11・8％、年平均価格変動率は11・3％と非常にバランスの良い実績となったことがわかりました。

このポートフォリオの長期の過去実績であれば、10年で倍にしたいという目標も、最大下落率を40％未満に抑えたいという要望も十分に達成可能だと考えられます。

当初はヘッジファンドAを組み入れて積極運用を行い、目標の2倍に近づいてきた時点でヘッジファンドAを売却して、より安定的な運用に切り替えるのが良いと思われます。

資産運用の中でもとくに重要なのは出口戦略です。前半は積極的な運用を行うことで、後半に過度なリスクを取ることが抑えられ、目標に向かってバランスの取れた運用が可能となります。

【図表5-19】佐藤さんのポートフォリオの構成

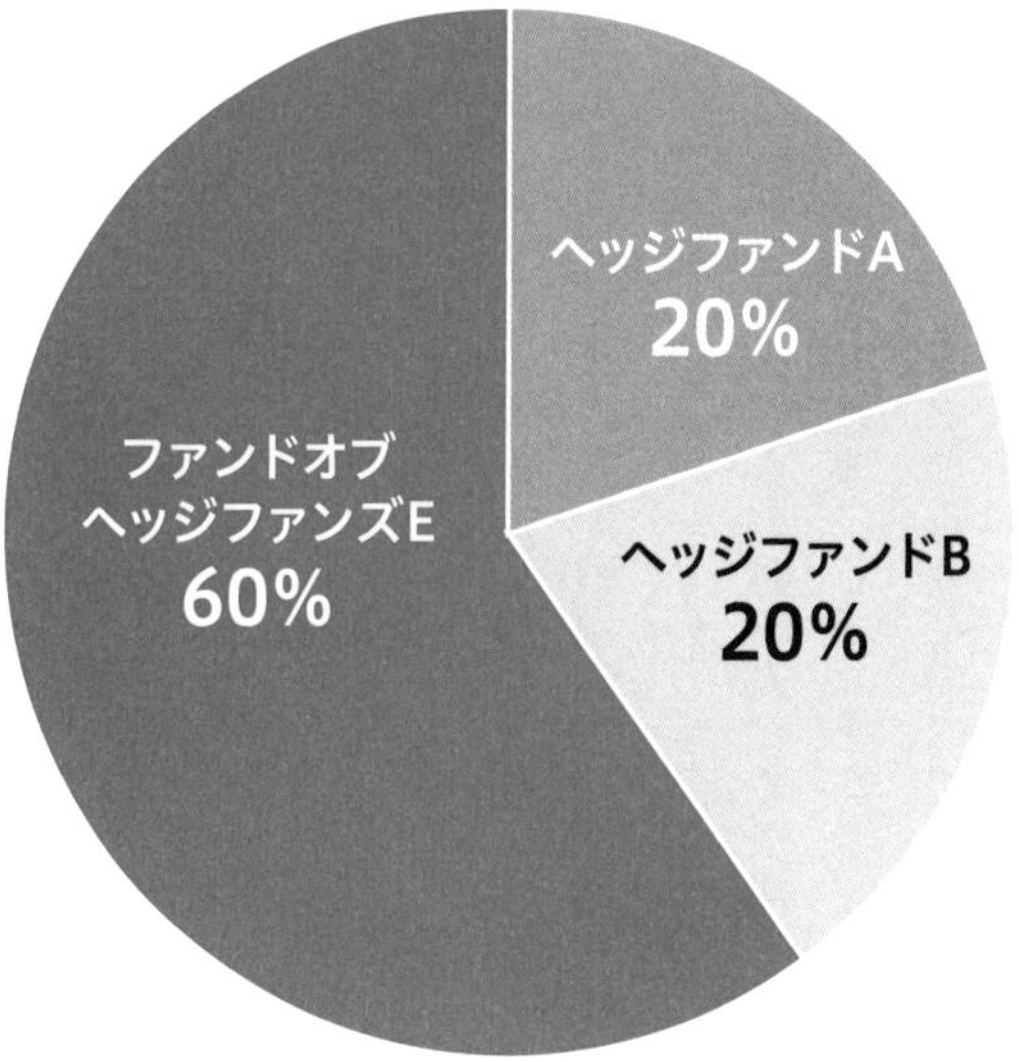

【図表5-20】佐藤さんのポートフォリオの過去実績

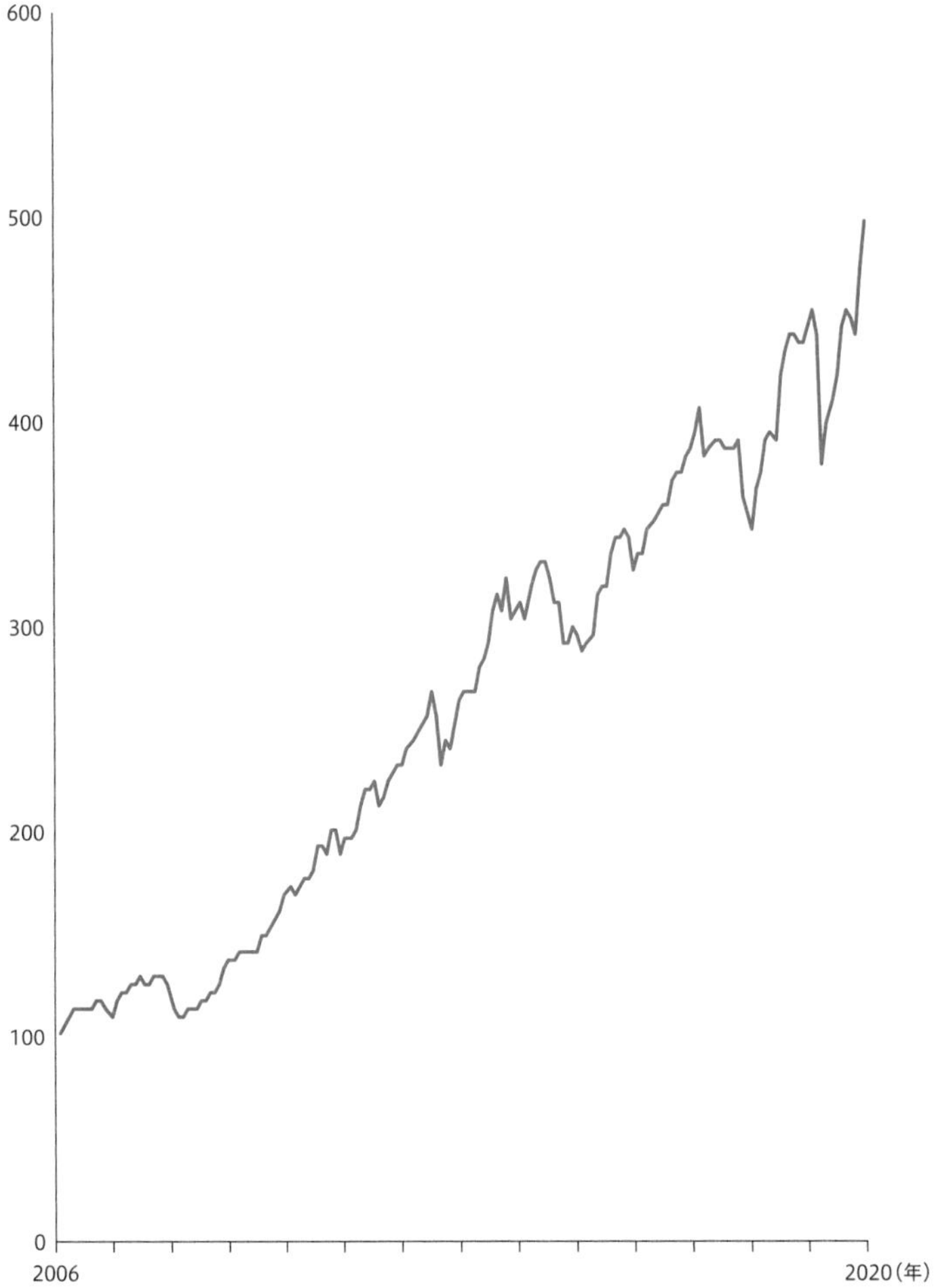

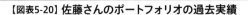

以上、代表的な相談例をご紹介いたしました。あなたにとって役に立つ事例がありましたら幸いです。

おわりに

いかなる企業にも、3種類のイノベーションがある。
製品とサービスにおけるイノベーション、市場、
消費者の行動や価値観におけるイノベーション、
製品を市場に持っていくまでの流通における
イノベーションである。

P・F・ドラッカー（経営学者）

金融庁「顧客本位の業務運営に関する原則」の採択企業として公表継続率97％で個人投資家のインフラ的なサービスに

本書を最後までお読みいただき、本当にありがとうございました。

そこで最後に、皆さまのアドバイザー選びの一助となるように、私が２００８年に創業したヘッジファンドダイレクト株式会社が歩んできた道のりを、皆さまと共有させていただきたいと思います。

当社の経営を支えているのは、富裕層を中心とする個人投資家からの投資助言料収入（顧問料収入）のみです。

提供する価値が顧客に認められて対価をいただける限りにおいてのみ、企業は存続を許されます。そのため、価値が認められなくなると、すぐに淘汰される厳しい世界の中で、12年間営業を続けてきました。

おかげさまで当社は、累計投資助言契約額９５７億円（２０２０年12月末現在、業界第

1位）、顧客数も企業オーナーや開業医などを中心に、数千人の富裕層に強く支持されるまでに成長できました。皇居前の大手町駅に直結する当社のオフィス（大手町ファーストスクエア）には毎日たくさんのお客さまがコンサルタントとの相談のために訪問してくださっています。

既存のお客さまからの投資助言料収入のみで会社のすべての経費が賄えるため黒字を続けており、極論すれば明日から新規に投資助言契約を一つも取らなくても、これまでのストック収入だけで会社を長期間継続させることができます。

投資助言サービスの継続率は97％（2020年度実績）で、解約される方がほとんどいない、ある意味で投資家向けのインフラのようなサブスクリプション・サービスとして受け入れられています。

さらに俯瞰してみると、当社は「日本最大級の海外ファンド投資プラットフォーム」ともいえます。客観的なレビュー情報を提供するアマゾンが消費者と世界中の商品をマッチングさせるプラットフォームであるように、中立的な情報を提供することで投資家と世界中のファンドをマッチングできる場を日本最大規模でご提供しています。

当社をご利用いただく投資家が増えることでますます、ヘッジファンド側からの情報提供が増えて、ヘッジファンド情報が増えるからますます、当社を訪れる投資家数が増えるという「ネットワーク効果」で、一度「業界Ｎｏ．１」になると強固な参入障壁を築くことができるということは、創業時から意識していました。

その営業体制ですが、新規顧客を求めて強引に営業をする必要がないため、当社にはいわゆる営業マンは一人もいません。いるのは投資アドバイスを行うコンサルタントだけです。

当社は確固たる企業文化を持っています。能力主義かつオープンで、誠実で顧客志向であることを信条として、それを共有できる人材だけを精力的に雇用しています。

新規のお客さまはすべて、私の著書を購入したり、オンラインで無料で読んだり、すでに契約いただいているお客さまからの口コミで当社のサービスを知ったりして、自分から当社にお問い合わせいただいた方です。とくに「ヘッジファンド」で検索すると、当社の公式ＨＰが上位に来るので、そこから当社を知ってくださる方も多いです。

当社は今でこそ、「顧客本位の業務運営に関する原則」を採択した金融事業者として金融庁の公式HPに掲載されるようにもなりましたが、ここまでの道のりは決して、平坦なものではありませんでした。

正直、潰れてもおかしくない試練を経験しました。それはNHKにも報道された大きなニュースなので、そのあたりをこれから詳細に振り返ってみたいと思います。

ビジョン：日本の投資家を、グローバルに

そもそも私がヘッジファンドダイレクト株式会社を立ち上げたきっかけは、日本の個人投資家がグローバルな選択肢の中から優良な金融商品を自由に選べるようにしたい、という強い想いでした。

当社の前身となる会社を創業する前、私は新卒で入社した三井物産株式会社で海外投資やIT関連の新規事業立ち上げなどに従事していました。海外投資関連部署では、総合商社におけるさまざまな事業領域（エネルギー、食品、消費財）で行われる海外投資の事業審査に従事していて、たくさんの稟議書で事業・業界分析をする機会に恵まれました。

そこで気がついたのは、既存事業者が寡占していて、最終消費者の利益にならないことを力ずくで強いているような古い業界であればあるほど、消費者利益を代弁する新しいベンチャー企業（ゲームチェンジャー）の登場によって業界に変革が起き、いわゆる創造的破壊が起こるという事実でした。

仕事を通じて、世界各国のさまざまな業界に関する知識が入るにつれて、私は日本の金融業界にこそ、イノベーションを起こす余地があることを感じ取っていました。

当時も今もそうですが、日本の金融業界は少数の大手金融機関により寡占されています。その上、世界で流通しているファンドのわずか4・9％しか日本では買えない鎖国状態です。その結果、年利10％以上を10年間以上継続している優秀な金融商品を個人投資家が入手することは困難です。

個人投資家は、より低リスクで、1円でも高いリターンが本当は欲しい。それにもかかわらず、国内の大手金融機関は自社の商品が売れなくなってしまう恐れがあるため、海外の優良な金融商品の存在を個人投資家に伝えていませんでした。日本国民の多くが儲かる金融商品の存在を知らなければ、そもそも資産運用をしたいという需要は起こりません。

その結果、日本国民の資産の大半が銀行預金として何十年も塩漬けにされ、投資収益を生むことがなかったため、他国のような経済成長の好循環が起こらず、今やＧＤＰはアメリカの４分の１、中国の３分の１にまで転落してしまいました。

そんな貧しい日本の金融環境に風穴を開けて、この社会的課題を解決したいと私は考えました。

この課題を解決するために必要なのは、販売手数料を目当てに特定のファンドを売りさばくのではなく、個々の顧客ニーズに合致したファンドを世界中から探してきて、中立的な立場から提案できる新しい金融機関です。

そこで、あえて販売業者としての証券業登録ではなく、お客さまからフィーをいただく投資助言登録というライセンスを関東財務局から取得して２００８年に当社を創業するに至りました。

日本の投資家を、グローバルに。

個人投資家をより豊かにすることで、日本経済全体の発展に貢献する。

そのような志が善でありさえすれば事業がうまくいくはずだと、日本実業界の父、渋沢栄一の著書『論語と算盤』のようなことを考え、イノベーションを起こしているつもりの私でしたが、物事はそう簡単には進みませんでした。

お客さまの支持を集めて急成長を始めたそのときに、当社に対する最大の危機が訪れたのです。

業界全体に対する規制　各社が軒並み業務停止処分に

それは7年以上前の2013年のころでした。

まったくのゼロから創業して5年、当時は東京都港区神谷町のオフィスで従業員数50人程度。投資助言契約額は400億円程度になり、直近3年間の売上高成長率は119%を記録し「デロイト トウシュ トーマツ リミテッド 日本テクノロジーFast50」において受賞するなど、業容が急拡大していました。

当時の商号は「アブラハム・プライベートバンク」でした。

現在のヘッジファンドダイレクト株式会社は対象顧客を富裕層を中心にしていますが、

当時は顧客層をもっとマス方向に広げようとしていました。当社のサービスが『週刊文春』に特集されたことから、海外ファンドで資産運用をしたいという問い合わせが急増したからです。

そこで、ヘッジファンドを含む海外ファンドへの月5万円からの積立投資ができる「いつかはゆかし」というサービスを立ち上げました。複利で長期運用して老後資金1億円を目指そうというコンセプトでした。

投資助言会社として日本で初めてテレビCMを実施、関東を中心に一気に長期積立支援サービスの「いつかはゆかし」の知名度が高まり、海外ファンドを活用した資産運用が一般的な認知を得られそうになったその矢先のことでした。

当社を含む海外ファンド助言会社3社に対して、業務停止命令が金融当局から出されたのです。

実は同時期に「架空の高利回りを騙る海外ファンド」を舞台にした大がかりな詐欺事件(被害総額1365億円のMRI事件と、被害総額1458億円のAIJ事件)が発生しており、これが海外ファンドを取り扱う業者に対する金融当局による規制強化の契機となってしまったのです。当社に前後して、海外ファンド業者の少なくとも7社が金融当局からの行政処分を受けました。

2013年10月に下された当社に対する半年間もの業務停止という重い処分は、NHKニュースや、フジテレビの『めざましテレビ』でも報道されました。

法令解釈に係る見解の相違

「顧客資金を紛失したわけでも、いかがわしいファンドをすすめたわけでもない」（英『フィナンシャルタイムズ』2013年10月17日）

行政処分の理由は、いわゆるインサイダー事件のような金融犯罪ではありませんでした。投資家に危害・被害を与えたなどでもありませんし、民事や刑事の事件でもありません。

当時の金融商品取引法には具体的な定義がなかった業法上の境目を巡り、当局と当社の見解が相違してしまったことが理由でした。

日本経済新聞では、「金商法で『紹介』と『勧誘』の違いが曖昧になっていることにも原因がある。解釈に迷う条文も多い。今回、当局は検査結果を通じて法令違反か否かの線引きを出した形だ」として、「投資助言業界全体に影響を与える規制」と大きく報道されました（『日本経済新聞』２０１３年10月７日）。

具体的に問題になったのは、投資助言業登録をしていた当社の親会社がファンド会社からの「アフィリエイト広告収入」を得ていたことです。その広告収入を金融当局は「販売手数料収入」と見なしました。業法上、販売手数料を受け取るには、証券業登録が必要になります。

当時の当社は、アフィリエイト広告収入と販売手数料収入は性質が違うものであると整理しており、そもそも親会社の行うメディア事業と、その子会社の投資助言業は無関係に運営されていたので、よもや当社に証券会社のライセンスが必要とは認識していませんでした。

しかしながら、親会社のアフィリエイト広告収入が販売手数料とまずは見なされた上で、次にそれを当社の収入として一体と見なされた結果として、当社は証券業登録が必要な状態にあるとされてしまいました。そう見なされた結果、その次は登録を有していないのだから営業は認められないとされ、6カ月間の業務停止処分が下されました。

当社は営業開始時から、日本を代表する複数の大手法律事務所の意見に従い、規制を遵守していたつもりではありましたが、法令を解釈する権限は金融当局にあります。

当社は処分命令にすべて従い、親会社でのアフィリエイト広告業務をすべて停止することで、証券業登録が必要と見なされうる業務をなくした上で、投資助言会社としての業務を再構築しました。

行政処分事由で一番大きかったのはこの業法上の問題でしたが、並行して長期積立支援サービスの「いつかはゆかし」の広告についても虚偽の広告をしていたと当局から指摘されました。

当社が出稿した雑誌広告では「15・34％のファンド（過去5年実績）」を推奨しているかのような旨を記載していましたが、実際の現場では「15・84％のポートフォリオ（過去10年実績）」を推奨していたのです。本来であれば、広告記事の社内チェックを徹底してミスがないようにするべきところでした（詳細は当社公式HP上の「アブラハム・プライベートバンク株式会社に関する過去の一部報道について」をご覧ください）。

「間違い」を「虚偽」と断じられてしまう厳しい金融規制。それを改めて学ばせていただきました。

この点を深く反省し、社内の広告審査体制を強化することで規制に対応しました。このような業務改善を積み重ねることで、業務停止期間が明けた2014年以降、無事に投資助言業務を再開することができました。

当社が業務再開したのちの2014年6月になってから、投資助言会社はファンド側から金銭を得てはならない旨が規制上、明文化されました（金融庁監督指針）。

誤解とデマの拡散

当社は無事業務を再開できたものの、この行政処分は世間において当社に対する非常に大きな誤解を残すことになりました。業法上の解釈の問題で業務停止になった点と、広告表記の指摘を受けたことがミックスされて、まるで当社が架空の高利回りファンドをネタにした詐欺を働いたから業務停止処分がなされたかのように思い込む人が出てきました。

実際に同時期に発生したＭＲＩ事件やＡＩＪ事件という詐欺事件の影響もあり、今から振り返れば、当社も似たようなものとして見られてしまっても致し方ない状況でした。

当社は当時、会員すなわち、契約していただいているお客さまに限定して情報を提供していて、お客さま以外の方への情報については積極的ではなかったことも、このように誤解を招く要因になっていました。

加えてネット上では「『いつかはゆかし』で、月５万円の積立で１億円を目指せるなんて誇大広告をしたから行政処分を受けた」という誤解も蔓延していました。

月５万円を年利10％で30年間、複利運用すれば計算上、税引前で１億円になります。長期積立支援サービスである「いつかはゆかし」の「月５万円で１億円を目指せる」という広告が、金融当局に誇大広告と指摘されて行政処分を受けたという事実は一切ありません。

この処分に乗じて、事実無根のデマを各所に流す人もいました。海外の優良な金融商品を個人投資家が直接入手できるようになると、自社が販売する金融商品が売れなくなって困る立場の人たちでした。

そのようなネットのデマを鵜呑みにしてしまい、取引を断ってくる会社もありましたし、入社するつもりだったのに辞退することにした人もいました。

私としてはすべてが自分の責任であったため、ただただ頭を下げるばかりでした。

それでも支えてくださった数千人のお客さま

そのような事態にもかかわらず、当時の数千人にものぼるお客さまのうち、その9割もの方が、当社を信じてくれて、引き続き顧客として残ってくださいました。

加えて、ご心配をおかけしたにもかかわらず、逆に業務再開を応援してくださるたくさんの方々の声援に対して、経営者としての勇気をいただくことができました。

私にとってお客さまは修羅場を一緒に乗り切った仲間です。

東証一部上場（当時）の広告代理店大手のアサツー ディ・ケイから、当社に関する報道を見て初めてコンタクトをいただき、当社がまだ業務停止期間中であったにもかかわらずあえて出資をすることで信用補完をしてくださったことも、本当にありがたいと心に沁みました。

このあたりの詳細は、前著『富裕層のＮｏ．１投資戦略』（総合法令出版）内の「コラム」に記載してあり、当社公式ＨＰ上で無料で閲覧できます。

私たちは、グローバルで客観的なファンド・データベースからの事実を裏付けにして、自分たちがやっていることは真に個人投資家のためになっているという信念がありましたし、何より、そうやって応援してくださる皆さまの気持ちに応えたい一心で、風評被害には目もくれず、地道にサービスを継続していきました。

金融当局による業務停止処分は、最近では日本郵政グループが受けていますが、過去には大和証券・三井住友銀行・楽天証券やマネックス証券など、大手金融機関に対して多発しているものであって、各社は処分を厳粛に受け止め業務改善に努めていくのが金融業界のやり方です。

私も規制への対応力が甘かった自分の能力不足を反省しながら、大手証券会社の幹部を当社役員に招聘したりして、規制に対応できるよう会社の体制を整えていきました。

金融庁が「業務改善済み」と公表 大きなサイクルのＰＤＣＡ

２０１３年10月に6カ月間の業務停止処分を受け、親会社のアフィリエイト広告事業を停止するなどして業務改善を行い、ちょうど6カ月後に無事に業務を再開しましたが、その後も金融当局からのモニタリングが続きました。

金融庁の公式ＨＰに「アブラハム・プライベートバンクの業務改善が完了した」と正式に公表されたのち、しばらくして、当社に関する行政処分の記述自体が、関東財務局の公式ＨＰから削除されました。金融当局の公式ＨＰから文言が消えることがあるのかと驚いたと同時に、これでやっと一区切りがついたと安堵しました。処分からすでに3年以上も経っていました。事業再構築を終えたという対外的な証として、商号を現在の「ヘッジフアンドダイレクト」に変更したのもこのころです。

そもそも海外ファンド助言事業を着想したのは2007年。それは従来の証券取引法が改正されて、金融商品取引法が新しく誕生したときでした。新しい法令の出現を事業機会としてとらえ、複数の大手法律事務所に相談の上、海外ファンド助言業をスタートしたのが2008年です。

その6年後に、その金融商品取引法の法令解釈の問題で当局と見解が相違し、当社の急成長はストップしてしまいました。今度は大手法律事務所のみならず金融当局と熱心に相談の上、事業を再構築しました。そこから7年が経ち、累計助言契約額957億円で業界No.1の地位にたどり着けました。

起業家としての私から見ると、5年以上を一つのサイクルとした大きなPDCA（計画・実行・評価・改善）を2回、ぶん回してきたイメージです。1度目の失敗経験があったからこそ、逆に金融当局との何年間にもわたる密接なコミュニケーションの蓄積を得ることができて、より強い事業ポジションを確保することができたのです。

挑戦、失敗、改善のサイクルの中で、常にさらなる成長を目指していきたいと考えています。

業界全体の健全化へ

「(日本では市販されていない)海外ファンドのほうが儲かる」という情報は、インターネットが普及し始めた1990年代末ごろから富裕層の間では知られるようになっており、2010年ごろにはビジネス系週刊誌で頻繁に特集されていました。

富裕層による需要の急拡大を受けて、当時は50社程度の業者が存在していました。ところが2013年から2014年にかけての規制強化によって淘汰されてしまいました。

当社のようにコンプライアンス体制を強化して規制対応を果たした企業はほとんどなく、多くの企業が廃業してしまいました。一部の悪質な業者はモグリの違法業者となって香港やシンガポールに拠点を移していきました。

過去にはFX業界、最近であれば暗号資産(仮想通貨)交換業界がそうなのですが、投資家からの新しいニーズが生まれると、それに応えるべく供給者側が乱立します。すると投資家保護の観点から厳しい規制が発動され、業者の淘汰が起こります。そこで生き残った企業が社会に受け入れられていくことで、業界全体の社会的認知が確立していきます。海外ファンド業界は、その誕生から約20年間という時間による審判と、規制の強化によって、一定の市民権を得て整備がなされた段階といえるのかもしれません。

当社は業界最大手としての責任感を持って、これからも業界全体の健全化に尽力していきたいと考えています。

富裕層のみならず、日本経済全体を元気に

純金融資産1億円以上の富裕層は132・7万世帯で、保有金融資産は333兆円です（2019年時点、野村総研調べ）。

私は富裕層だけが豊かになれば良いと言いたいわけではありません。

富裕層は人口の約1%ですが、日本の富の約20%を保有しています。ということは「梃子の原理」ではないですが、富裕層を活性化させることで日本社会全体を活性化させることができます。

富裕層が海外の優良なヘッジファンドを直接購入することで、手取りリターンを今より年間1%だけでも増やすことができるとすれば、富裕層の資産が3・3兆円も増加することになります。

日本の全国民に対して消費税を1%増税しても増収は2兆円程度であることと比較すると、富裕層の資産運用益を殖やすのは、広く日本経済全体にとってもメリットがあるのです。

あなたにとって「お金」とは

私は事業家として、こんな風に考えています。

金融を事業領域にしているにもかかわらず、私は「お金を得ること」それ自体を最終目的にしていません。

私にとっての「お金」とは、より良い社会を創るための手段です。自分が生み出した事業によって、より良い社会を創ってみたいという、ある意味では自分勝手な夢を叶えるための手段です。

もし単なる商売として金融業界でお金を稼ぐことだけを目的にするなら、既存の販売業者のやり方で手数料を稼げばよいだけです。この章で書いてきたような苦難に耐える必要はまったくなかったわけです。

私は「日本の投資家をグローバルに」というビジョンを12年前に掲げました。

自分が存在していなかった世界と、自分が存在する世界。その差分こそが、自分がこの世に与えたインパクトであり、自分の人生の証です。

事業を通じて、一人でも多くの投資家にグローバルな投資機会を提供して、より豊かになってもらいたい。

自社の事業が一歩進むたびに、社会が一歩前進して、より良くなっていくと信じています。

私にとっての「お金」とは、より良い社会を創るための手段です。

あなたにとって、「お金」とはなんですか?

資本主義の世界では、よほど「お金の置き場所」を間違えない限り、あなたのお金がある意味で簡単に殖え続けていくという現実があります。

そもそも資本主義社会とは、現時点で富を有する人の富をさらに殖やすためのシステムだからです。資本拡大マシーンの花形は、昔は銀行、今はヘッジファンドです。

富裕層であるならば、年利10％以上の実績のあるヘッジファンドに資産運用をアウトソースすべきということはこれまで語り尽くしてきました。

あなたの手元の1億円を、今から年利10％で運用できれば、

10年後に2・6億円
20年後に6・7億円
30年後に17・4億円
になります。
手元に10億円ある方なら、174億円になります。

想像してください。

そのお金があれば叶えられる、あなたの「夢」はどのようなものですか？

本書を通じて、読者の皆さまの夢が叶うためのお手伝いが少しでもできたのであれば、そして、一人でも多くの皆さまの夢が実現することによって、この社会により良いインパクトを残すことができるのであれば、筆者として望外の喜びです。

〈参考文献〉

『進化する年金運用』三菱UFJ信託銀行著　日本経済新聞出版社刊
『オルタナティブ投資戦略』可児滋著　日本評論社刊
『オルタナティブ投資の実践』平山賢一著　東京海上アセットマネジメント株式会社監修　中央経済社刊
『ファンダメンタル・インデックス』ロバート・D・アーノット、ジェイソン・C・スー、ジョン・M・ウェスト著　東洋経済新報社刊
『アクティブ運用の復権』角田康夫著　金融財政事情研究会刊
『リスクアプローチによるファンド鑑定』山本明著　金融財政事情研究会刊
『現代ファイナンス分析　資産価格理論』Jean-Pierre Danthine著　ときわ総合サービス刊
『最新金融工学に学ぶ資産運用戦略』大庭昭彦著　東洋経済新報社刊
『実践ヘッジファンド投資』バージニア・レイノルス・パーカー著　日本経済新聞出版社刊
『ヘッジファンド投資入門』ジェームズ・オーウェン著　ダイヤモンド社刊
『合理的市場という神話』ジャスティン・フォックス著　東洋経済新報社刊
『現代ファイナンス論』ロバート・マートン、ツヴィ・ボディ著　ピアソン・エデュケーション刊
『ウォール街のランダム・ウォーカー』バートン・マルキール著　日本経済新聞出版社刊
『敗者のゲーム』チャールズ・エリス著　日本経済新聞出版社刊

髙岡 壮一郎 (たかおか・そういちろう)
ヘッジファンドダイレクト株式会社 代表取締役社長

三井物産株式会社勤務を経てヘッジファンドダイレクト株式会社を創業、同社を業界第1位に成長させた。同社を含むフィンテック企業グループの創業者として米国・欧州・アジアで事業を展開している。東京大学卒、スタンフォード大学経営大学院エグゼクティブプログラム修了。著書に『富裕層のNo.1投資戦略』『富裕層はなぜYUCASEE(ゆかし)に入るのか』

ヘッジファンドダイレクト株式会社
金融商品取引業者 関東財務局長(金商)第532号
東京都千代田区大手町1-5-1大手町ファーストスクエア ウエストタワー18階
純金融資産1億円以上の富裕層を対象に、ファンドの販売手数料を取らずに、中立的な立場から投資助言を提供
・個人向けヘッジファンド助言業として業界第1位
・創業2008年、契約額累計957億円(2020年12月末現在)
・投資助言契約継続率97%(2020年実績)
・「顧客本位の業務運営に関する原則の採択企業」として金融庁公式HPに掲載
・ヘッジファンドダイレクト株式会社 公式HP https://hedgefund-direct.co.jp

富裕層のためのヘッジファンド投資入門

2021年6月15日　第1刷発行

著　者　髙岡壮一郎
発行所　ダイヤモンド社
〒150-8409　東京都渋谷区神宮前6-12-17
https://www.diamond.co.jp/
電話/03-5778-7235(編集)　03-5778-7240(販売)
装丁　鈴木大輔(ソウルデザイン)
本文デザイン　下舘洋子(bottomgraphic)
執筆協力　渡辺賢一
編集協力　古村龍也(Cre-Sea)
制作進行　ダイヤモンド・グラフィック社
印刷　堀内印刷所(本文)・ベクトル印刷(カバー)
製本　ブックアート
編集担当　花岡則夫、小出康成

ISBN 978-4-478-11316-5

本書は投資の参考となる情報の提供を目的としております。本書に記載された情報は特定の金融商品への投資の勧誘または提案を目的とするものではありません。投資にあたっての意思決定、最終判断はご自身の責任にてお願いいたします。

本書の内容は2021年6月現在のものであり、予告なく変更される場合があります。また、本書の内容には正確を期するよう万全の注意を払いましたが、万が一誤り・脱落等がありましても、その責任は負いかねますのでご了承ください。